陕西人文社会科学文库

韩伟 著

唐代买卖制度研究

社会科学文献出版社
SOCIAL SCIENCES ACADEMIC PRESS (CHINA)

序

程天权

《唐代买卖制度研究》是在韩伟的博士学位论文基础上增改修订而成的。本书研究唐代买卖制度，既从唐代官法之律令制度角度做了有益的考察，又将注意力更多地放在对买卖制度之乡法即有关买卖交易的民间习惯或规范的考察上。而买卖乡法的考察主要来源于作者对当时数百份内容完整的买卖契约文书的分析与提炼。中国历代留存的契约文书数以千万计，仅仅是唐宋时代的买卖契约，数量就极为可观，可惜不少有缺失、存疑之处。这些契约文书大多是百姓日常生活中交易的记录，它们更多是具体的、特殊的，而不是普遍的、一般的，因此契约文书是否可以作为法律史学研究的材料，是首先需要解决的问题。很显然，以国家主义的法律中心论来看，即把法律特别是把国家以合法的立法程序制定颁布的成文法律规则，视为社会有序和发展的前提（在中国古代则是以皇帝名义颁布的律令），则民间的契约文书当然不能被纳入"法律"的视野。好在如今学界对这种法律中心论的认识已经发生了诸多变化。研究者一方面从法律多元的角度，强调了社会中有效"法律"的不同层面；另一方面，也认识到真正的法律其实是人们在行动中产生的自发秩序的安排，它可能是源自于历史、情感抑或民族精神，如萨维尼等历史法学派学者所论述的，也可能是源自于人们的经济理性，如近年来的法律经济学所揭示的。对复杂的社会现象，作者更愿跳出学科划分的限制，回归社会本原的真实之中。如是，则民间契约文书作为中国法律史研究的材料不仅是可行的，而且有其必然性，因为中国历史上的契约文书在百姓生活中发挥着远非今人所能想象的功能，它既是权利归属关系的证明，又是诉讼中证明案件事实的有力证据，更是反映财产流转关系的最重要的规则载体。物权靠它，债权靠它，司法证据同样靠它，中国百姓的日常生活都要靠它。契约文书在传统中国，绝不是单纯西方民法意义上的债与合同，它既是一种法律文书，也是私家档案，还是中国土地私有制及财产私有制历史演进的原始资料和物质载体。买卖活动涉及财产的流转与物权的变更，既包含债权关系，又有物权关系，这些都反映在契约文书中，故"买卖契约文书"无疑应是首选的材料。

正是基于这样的理论思考，作者超越了传统法律史通常只对国家律令制度的关注，而将研究的触角伸入到更为广阔的社会规范中，从中梳理、钩稽，分析探讨了涉及买卖交易的担保、违约、先买权等诸多规范，并从法学的角度，研究了这些民间规范的内在构造及法律文化内涵和意义。殊为不易的是，作者尝试进入其内在精神、价值的层面，分析制度背后的文化机理。如对于构成买卖习惯法效力之"报"的分析，体现出某些创新性。当然，这些规范并非唐代买卖制度的全部内容，或者说，相对于唐代十分多元的买卖制度体系而言，这一研究肯定存在涵盖不周之处。不过，唐代规范买卖的制度本身就是粗疏的，因为中国传统法重视实在的经验而不善于进行理性抽象，重视家庭伦理而不轻言权利义务，故有民事生活的规范却没有民法典的制定与民法概念的抽象，这使得类似买卖规范这样的传统民事法看起来确实不是那么严密与精确，但在实际生活中，它又的确是有效的。

该著作的考察侧重有关买卖契约材料的整理和分析，对于其内在的法学学理的思考存在着显著的不足。作为一项法学专业的研究，深入解读制度规范的历史生成及法律构造，进而揭示其内在的规律性，应该是更为重要的工作，而不是简单地将买卖契约等史料作分类编排，或进行形式化的归纳。此外，从更宽的视野看，买卖作为一种进入了贸易文明的人类社会所共有的交易形式，对西方买卖法的历史演进与当代发展作必要的考察，并与唐代的买卖制度进行深入的对比是十分必要的，该著虽然对此已经进行了初步的比较，但作为一种比较法的研究，其意欲达到的目的显然还未能完成。这些不足，都应该成为作者未来继续努力的方向。

　　读韩伟的书稿时，适逢习近平总书记提出欧亚"共建丝绸之路经济带战略构想"之时，作为涉及古丝绸之路上买卖法律规范的一项历史研究，本书做了史学、制度、习俗上由旧而新的历史接续的考察。时代虽然发生了天翻地覆的变化，但法律制度涉及人情事理等经久不变的因素，仍然值得今天认真对待。

中国人民大学教授、博士生导师

程天权

回到法学的法律史（代序）

中国法律史的研究正面临深刻的危机，2012年岁末的"法学核心课程风波"就是一次突出的展示。其实，不管是从外在的压力看，还是从学科内部的视角而言，中国法律史的研究都存在诸多挑战。一方面，以社会史、文化史等新史学理论武装的"新法律史"正在长驱直入，在法律史学界掀起一波波的研究热潮，法律史学充斥着新理论与新史料，学界风气的引领者也多是出身于史学的学者；另一方面，长期在法学院接受相对封闭的学术训练，使得成长于法学院的法律史学者很难在"新法律史"领域与历史学、社会学的学者相抗衡，一些"效颦"式的研究，被某些史学研究者看作"比附"，认为是先有了外国的框框，又不能体察中国史籍的"本意"，而将其当作报纸一样地翻检，从字面上查找自己所需要的东西。吊诡的是，自法学的视角看，法律史的学者也难以与传统的部门法学者形成有效的沟通与对话，中国法律史的研究很难说对当代法治有多少智识上的贡献，这就使法律史学的研究面临双重的尴尬与困境。

如何突破中国法律史研究面临的困局，有很多工作值得去做，但若从研究的方法来看，很重要的一点是突破既有的"史学的法律史"，真正回到作为法学的法律史。当然，我们必须承认，"史学的法律史"有其自身的价值，作为一门学问，我们首先需要了解的是它"从哪里来"，历史中的真实是什么？傅斯年先生将史学归为"史料学"，即辨明稽考史料之学问，在近代中国学术发端的当时，自有其道理，而且传统的中国法律史学者也的确是这么做的。但是，如果对"史学的法律史"再做推演，完全变成了隶从于契约、方志、笔记、档案等所谓"新史料"的研究，那无疑又走入了另一个极端。以司法档案材料为例，唐宋时期的司法档案尽管鲜见，但明清以来，有关司法案件的档案材料何止千万计，这些档案材料，我们今天看起来似乎极为珍贵，但放回至百多年前，它们不过就是记录了具体司法过程的普通文书，今天各地法院每年处理的案件成千上万，同样留下了"丰富"的档案，但今人或多视之如废纸，其真正具有学理性、开创性研究价值的又有几何？况且档案记录与社会真实是否完全一致至今还是个颇可深究的疑问。因此，作为一个法学学科，真正有价值的，不是挖掘出几多新史料，而应该是解决了多少具有现实意义的法治问题，概言之，即需要重新回归具有法学品性的中国法律史。

在这个意义上，韩伟博士的新著《唐代买卖制度研究》或许是一个初步的尝试，虽然所选用的敦煌、吐鲁番契约文书本身已不是新史料，但借助于法学的视角，仍可以进行多方面的探讨。"买卖"是一种古老的交易形式，从西周至当代，赓续不断。它与人们的生活须臾不可分离，我们几乎每时每刻都在进行着这样的活动，那么，买卖中的权利、义务如何分配，买卖的法律结构如何设计，无疑是值得关注的法律问题。但是，很显然，"买卖法"尚未构成中国传统法的一个法律部门，唐代也不存在一部单行法来规范买卖行为，故此，韩伟博士从法律多元的角度出发，将唐代律令制度中所含的买卖法制，与民间买卖契约中所蕴含的社会规范，统合起来作唐代买卖制度的考察，无疑是一种较为可行和适当的方式。

自官方法律的角度考察，即需要诉诸法律条文的社会功能，只要它规范了买卖交易的某一方面，就可以将其归入广义的买卖制度中。事实上，唐代律令这方面的法律条文是极为广泛的，举凡立契、交付、担保，乃至度量衡、互市等都有诸多规范，在土地方面，还专门设置有"盗卖""多重买卖"的禁止性法律条文，可以说为民间的买卖活动搭建了一个基本的法律框架。对这些条文的列举分析及其内在的逻辑结构解读，《唐代买卖制度研究》一书多有涉及，虽然尚有一些小节未圆之处。

值得注意的是，就中国传世"法典"的制定而言，具有一个极为重要的特质，即"非不能也，实不为也"，过去我更多的是从立法的谦抑性方面谈的，即国家立法有意留下一些空白，这是一种立法的"智慧"。但从古代买卖制度的角度看，我们似乎可以看到这一特质的另一层含义：国家法律有意作粗放式的规范，这看起来确实不如现代法律那样精密周全，但它实际是将更多的制度细节留给民间社会去自己设置，从而为社会保留了一定的灵活性。从留存至今数以千万计的买卖契约文书来看，这类民间自发形成的规范确实存在。无论是违约条款、担保责任，还是亲邻先买、画押认证，都是这类民间规范的重要部分。从某种程度上说，正是这些更为具体的买卖制度细节，规范着传统社会日常生活中的买卖行为，从而使传统买卖契约看起来有一种"自己实施和自己履行"的机制。当然，我们亦不应过分夸大民间规范的作用，它与国家律令制度、社会伦理文化一道保障着买卖交易的最终实现。这也是《唐代买卖制度研究》一书对唐代买卖制度作深入考察后提出的具有一定创见的论述。

韩伟是在中国人民大学法学院接受的学术训练，应该说人民大学扎实、稳健的学风对他有着深刻的影响，这从书后附录的有关唐代买卖契约的详细分类列表也可管窥一二，而且这些表格也渗透到了他对相关问题的考察与分析中。他在学校就读期间用笔很勤，好学与努力也是同专业的师生有目共睹的，这是他的研究相对比较扎实的重要原因。当然，研究扎实的同时，或许仍有创新的不足，即在史料方面投入了较大的功夫，但在法学理论性思考方面仍有深入的可能。而且，更大的问题还在于，仅仅形式化地追求中国法律史研究的"法学性"，导致一些概念使用中存在误区，不少现代法学概念或许应更加审慎地利用，如"瑕疵担保""违约责任""先买权"等，它们是否符合唐代买卖制度的实际，这些现代法学概念与唐代买卖制度的差异何在，传统的买卖制度规范及内在价值又能为当代中国法制提供些什么，这些都还是有待进一步深究的问题。

就此而言，真正理想中的"法学的法律史"，以及由此而应有的"法律的中国化"愿景，路漫漫其修远兮，但我们理应保持乐观的态度。

是为序。

中国人民大学法学院教授　中国法律史学会执行会长
赵晓耕
2013 年秋于京城

目　录

引　论 …………………………………………………………… 001

第一章　唐代社会文化中的买卖 ………………………………… 027
　第一节　买卖规范的思想、文化基础 …………………………… 027
　第二节　买卖与唐代社会生活 …………………………………… 055
　第三节　唐代买卖的类型 ………………………………………… 075

第二章　唐代官法中的买卖 ……………………………………… 089
　第一节　买卖之实体性规范 ……………………………………… 090
　第二节　买卖涉诉之程序性规范 ………………………………… 103

第三章　唐代乡法中的买卖 ……………………………………… 126
　第一节　乡法概述 ………………………………………………… 131
　第二节　价钱毕已：价金支付 …………………………………… 138
　第三节　不食水草：瑕疵担保 …………………………………… 149
　第四节　姻亲干杂：先买权 ……………………………………… 156
　第五节　不许休悔：违约处分 …………………………………… 170
　第六节　押署印信：公信方式 …………………………………… 183

第四章　比较法中的唐代买卖制度 …………………………… 196
　　第一节　官民 ………………………………………………… 196
　　第二节　蕃汉 ………………………………………………… 205
　　第三节　古今 ………………………………………………… 214
　　第四节　中西 ………………………………………………… 234

结　语 …………………………………………………………… 257

附录一　凡例 …………………………………………………… 261

附录二　相关附表 ……………………………………………… 262

参考文献 ………………………………………………………… 275

后　记 …………………………………………………………… 288

引 论

在"国家法律中心论"的影响下,中国法律史的研究一向是以国家法为主要对象,特别是国家通过某种立法程序制定的成文法律规则及其适用,成为研究的首要内容,因此历代立法中的律、令、格、例等法律形式,以及传统中国的司法问题,受到中国法律史研究者大量的关注。近年来,随着研究视野的不断扩大,中国法律史的研究除了正式的国家法层面,逐步开始转向对宗族法规、民间惯例甚至民间法律知识等非国家性规范的关注,普通民众的日常法律生活开始进入法律史研究视野,关注点之一就是留存的大量民间契约文书及其法律意涵。然而,面对数以千万计的契约文书,到底该如何入手,对它们如何进行法学的研究,这成了首要的问题。先前一些研究已经从多方面展示了对这些文书进行法律史考察的可能性,学者们或从民间契约文书出发研究传统乡村社会的纠纷及其秩序;或从民法之物权的角度,探讨契约文书作为权利凭证的作用,以及由此形成的私法秩序;更多的学者则着重考察民间契约反映出的民间习惯或交易行为模式。近来也有学者提出了"契约文书之于古人生活的意义"的命题,意图构造契约研究新的理论框架。这些探索无疑都极具启发意义。但是,试图在一部著作中,既构建出一种理论,使其涵盖所有种类契约文书,又对这些文书及相关内容进行较为深入的研究,显然是一项难以承担的艰巨任务。作为一种相对稳妥的方式，本书还是选取某一类型的契约文书进行较为深入的探讨。在进行全面的资料及相关研究检索、比较之后，最终确定对买卖类契约文书进行研究，并根据其形成的年代，将时期大概确定为唐代前后。

现存的唐代契约文书，从内容上讲大多是经济类的，因此，国内不少学者的研究也正是从经济史、社会史的角度展开。要将其纳入法史学的研究范畴，就必须采取新的方法，需要拓展法史学的研究视野。法史学的研究范围很大程度涉及对"法"的理解，如果按照近代国家本位法学理论中"法"的概念，那很多古代的文献材料都无法纳入法史学研究的领域。因此，非常需要以新的、更为宽泛的角度来理解"法"。昂格尔对法的类型划分具有重要的启发意义，首先，他并不排斥实证法意义上的法，他将由国家主导的法律制度称为"官僚法"，并认为官僚法专属于中央集权的统治者和他们的专业助手的活动领域，它是政府蓄意强加的，而不是社会自发形成的。除此之外，还有一种含蓄的、非实在的、反复出现的，表现为个人与群体相互作用的模式的"习惯法"，以及具有普遍性和自治性的"法律秩序"。[1] 与此类似，日本学者千叶正士提出了一种划分法的类型的模式，他根据对权威认可的不同方式，将法律分为官方法和非官方法，他给出二者的定义分别是"由一国之合法权威认可的法律体系及其组成部分"，及"没有被任何合法权威正式认可，但在实践中被一定范围人们——无论是否在一国疆界之内——之普遍同意认可的法律体系及其组成部分，这时它们对官方法的有效性造成独特影响，补充、反对、修正乃至破坏着官方法，特别是国家法"。[2] 梁治平受其影响，更进一步将之中国化，用中国式的"官、民"概念，将千叶正士所谓的非官方法，用"民间法"一词予以

---

[1] 参见〔美〕昂格尔《现代社会中的法律》，译林出版社，2008，第40~43页。
[2] 参见〔日〕千叶正士《法律多元》，中国政法大学出版社，1997，第190页。

涵盖，并将其界定为出自民间，是"民人"的创造物，这些官方法之外的法律，不但填补官方法之漏洞，还有可能成为其基础。① 正是"非官方法""民间法"的理论，构成了本书研究主要的理论基础。事实上，本书研究的主题——买卖制度，某种程度上可认为是中国中古时代"商法"的一种，② 而早期西欧的"商法"本身就是基于个人主义的私法，有非官方、民间自发等特性，这也体现了中西非官方法在民商事领域的某些内在一致性。现代的买卖法，同样含有大量的习惯法因素，国家层面的买卖法，毋宁说是在民间买卖习惯法的基础上作进一步的规范化。

由这一理论出发，可以大大拓展唐代"律令"体系的研究。以往的唐代"律令"体系研究，更多地还是从国家法典出发，侧重考量"国家法"的部分。实际上，从法源的角度看，"律令"体系构成的国家法，并不能完全代表全部的唐代"法"，因为，它还包括了大量的国家法之外的，但确实为民间社会普遍遵循的"惯例""习惯"。当然，这些"惯例""习惯"并不一定全部都可以认为属于"法"的范畴，但确实有一部分"惯例""习惯"为一般百姓所普遍遵从，具有一定强度的效力，并且为民间生活反复实践。它们虽没有国家法的外在形式，但却显然隐含着"法"的本质特征，将它们看作与国家法密切联系的"民间规范"而进行探讨，不仅是可行的，而且也大大丰富了唐律研究的内涵与外延。

对于年代的界定，是研究的一个重要问题，它事关研究的范围，也

---

① 当然，"民间法"一词并非来自于梁治平一人著作，它凝聚了一批法理学、法社会学、法律文化学者的智慧与共识。参见于语和《民间法》，复旦大学出版社，2008；梁治平《清代习惯法：社会与国家》，中国政法大学出版社，1999，第35页。
② 不过，也不完全是"商法"，西欧早期的商法侧重于"商事主体"之间的法律规则，而商事主体——商人之间的交易必然带有"利润"等商业利益，而中国中古时期的买卖，不必然是为了营利，甚至很大一部分买卖，仅仅是为了生活所需，或者称为交换更好些。也

影响着研究的难易程度。鉴于本书区分买卖之"官法"与"乡法"两个部分，所以，对于"唐代"的界定也需要分别解说。就"官法"而言，基本上是严格意义上的唐代，无论是律令，还是敕格，各种法律形式大致都在唐代国家律令的领域内。当然，间或会涉及其他朝代的法令，也不过是为了进行比较、对照。故属于国家正式的法令，即"官法"的时代，基本上可以说完全是以唐代为中心。就"乡法"而言，稍显复杂。本书使用的基本资料——敦煌、吐鲁番文书，纵跨汉唐至宋元数个朝代，为了与"官法"形成对照，只能截取以唐为主的一个时期，但由于"乡法"作为民间行为习惯的长期积淀与延续发展，又不可能完全以唐朝的建立与衰亡划出严格界限，不可避免地会向前后作适当延伸。因此，"唐代"在本书中，仅仅是一个概称，或可理解为大致自公元7世纪至公元10世纪的一段时期，是以唐代为中心，但不完全限于唐代。作出这样的时间界定，部分的原因还在于，买卖制度主要是一种民间规则，具有较强的自我延续性，或者说是稳定性，不大容易随着朝代的改换而迅即变化，而且，适当地扩展研究的时限，或许更符合历史研究中"长时段"[①]的理论。

　　买卖，是人类社会生活中具有重要意义的问题，在中国也有着久远的历史。实际上在唐代它更应该称之为"卖买"。之所以称"卖买"，而不是现在通行的说法"买卖"，主要还是源于古代汉语特有的逻辑。查阅大量的唐代法律文本及官修史书，在提到这一概念时，基本上都采用了"卖买"这一说法，例如《唐律疏议》中就有："诸卖买不和，而较固取者"，以及"卖买奴婢及牛马之类，过价已讫，市司当时不即出券者，一日笞三十"，等等。在仁井田陞等日本学者辑录的《唐令拾遗

[①] 诚然，"长时段"的方法主要被布罗代尔等史学家用来考量地理、环境以及类似的生物、气候、心智等因素，但民间生活的习惯、风俗亦有变化缓慢的特性，故也需要借助长时段的方式来考量。参见汪荣祖《史学九章》，三联书店，2006，第72页。

补》中，也有"其遣人于外处卖买给家，非商利者，不在此例"。① 此外，在更一般的唐代史料如《唐书》《唐会要》《唐六典》中，"卖买"一语也屡见不鲜。可见，"卖买"应该是唐代官法中更为常用的规范用词。② 就其本身字义而言，《说文解字》是如此说明的，"卖，出物货也。从出，从买"。类似的，"买，市也。从网、贝"，字面意义看似简单，但对"卖买"本身含义的确切界定，却有各种不同说法。从法学学理的角度讲，"买卖意味着具有一定经济价值的物与一笔金钱的交易关系。交易的结果是买受人取得交易物的所有权或自由享用的权利，而出卖人取得一定量的作为一般等价物的金钱"。③ 而针对本书的研究对象，大体采取了一般的"以钱易物"的解释，但并不拘泥于此。除了正常的以钱易物的"货卖"之外，主要还将两类特殊的买卖纳入：一是"互易"，二是"典卖"，或被称为是活卖。将"互易"也纳入研究，主要是考虑"互易"虽表面上不符合"以钱易物"的外在形式，但在官方货币使用尚不十分便利的中古时代，有些看似交换的行为，实际上有一方的物品已经在作为"一般等价物"使用了，它们实际上是代替着货币的作用，比如丝、绢，甚至一定时期的谷、麦等。在古代罗马，优士丁尼的《法学阶梯》也说："事实上，就某些物是否也可构成价金，例如奴隶、土地和袍子是否是另一些物的价金，很有疑问。萨宾和卡修斯认为价金可由其他物构成，正因如此，人民通常说以物的互易缔结买卖，而互易更是一种极古老的买卖。"④ 从经济学的理论看，货币本质上是一种交换媒介，是用于购买他人物品或劳务的一组资产，故

---

① 〔日〕仁井田陞等：《唐令拾遗补》，东京大学出版会，1997，第855页。
② 因此，本书在作历史叙述时，更倾向于使用"卖买"一词。同时，为了照顾今天的阅读习惯，亦在一般表述中使用"买卖"，二者在意义上不加区分。
③ 刘家安：《买卖的法律结构》，中国政法大学出版社，2003，第1页。
④ 当然，这只是一派的观点，以普罗库斯为代表的另一派则主张互易不同于严格意义上的买卖。徐国栋评注认为，互易是从买卖中间脱离出来的，实践中买卖是随着货币的发明独立于互易。参见徐国栋《优士丁尼〈法学阶梯〉评注》，北京大学出版社，2011，第433页。

所有能用来购买物品与劳务的东西都可称之为货币，历史上的贝壳、丝绸甚至万宝路香烟都曾被作为普遍接受的交换媒介而使用，也可以称之为货币。所以，在广义的角度下理解货币的话，互易与买卖有着本质上的一致性，可以归入一类交易进行讨论。另外，"典卖"是古代非常常见的一种民间交易形式，不可否认，典卖在多数情况下还是着眼于"不卖"，而是暂时转移占有，获取资金，以待日后赎回，所以典卖更像是一种特殊的借贷，而且是以不动产作抵押的借贷。但若仔细考察古代的典卖实践，不难发现，亦有相当数量的典卖实际上就是侧重于"卖"，之所以冠以"典"卖的形式，只是为了不断地向买方"找补"，其实质是变相地提高不动产的价格，① 虽然形式上不同于典型的即时性买卖，但其实质是一样的。因此，本书将倾向于"卖"，也就是古人所谓"绝卖"的典卖部分，也一并归入"买卖"进行探讨。此外，需要说明的是，有一类买卖不在本书的研究范围内，即完全是官府主导的、带有行政色彩的"官买""市买"之类，以及国家管制性的"禁榷""专卖"等，之所以如此，也主要是出于偏重对民间习惯研究的考量。

从留存的唐代买卖契约文书看，唐代的买卖过程已经开始趋向规范化、复杂化，不仅有关价款、标的物、违约罚等一系列内容要写入契约文书，而且买卖还要遵循一定的特别程序，比如在土地、宅舍的买卖中，需要有数量不等的见人、中人、亲属等出面，而且还需要他们进行"押署"。唐代的"押署"，除了常见的"十字"押以外，还有数量不少的"画指"，即将某个手指的指关节位置画出，更增加其确定性。甚至，在土地等不动产的买卖中，还要通过类似"饮酒礼"的方式进行公示，从而确定财产权的转移。这些均说明，唐代的民间买卖遵循了一

---

① 对此，杨国桢对闽台土地契约的研究中有极为详尽的描述。参见《明清土地契约文书研究》，中国人民大学出版社，2009。

定的法律规范，它们或者是有官方律令规定，或是受到民间习惯的影响，本书将它们统称为"买卖制度"。

对于中国中古社会的性质，近来学界多有争议，特别是围绕"封建社会"的提法和"皇权至上"的观念，新近的一些文章对既有的观点进行了深入的反思乃至批判。从历史学、政治学的角度看，皇权是否受到一定的制约，确实可以进一步商榷。但仅就法史学的领域，可以发现比较明显的一点是，皇帝对于立法、司法确实存在巨大影响，正所谓"前主所是著为律，后主所是疏为令"[①]，令、格等法律形式的出现，很大程度上不过是为了方便专制君主将自己的意志纳入法律中去。但是，就历史真实而言，中国古代的国家法律显然不可能完全是君主一人的意志，一是立法为复杂的系统工程，必然凝聚了诸多官员的智慧；二是在中国古代君臣政治结构中，多数时候，作为臣的官僚一方，亦能对君主产生一些制约，这种制约当然反映在立法当中。[②] 因此，在本书中将所有的由帝制下的官僚集团即官府制定和实施的正式的律令制度都称作"官法"[③]。需要说明的是，"官法"不仅指实体法，亦包含某些"程序法"。虽然唐代诉讼，主要是民商事诉讼中的程序，也有司法惯例的成分，但仍然是在官府主导下形成的，因此也具有权威性，因此，也一并纳入官法的范畴。

在中国古代民间，大量的民间习惯或规则得到实际的应用。尽管某些民间规则可能在国家或官方法律体系中得不到认可，但这并不妨碍其在特定的民间社会生活中发生效用，而且有时还起着规范秩序、分配利益、调处纠纷的主要作用。在唐代的西域地区，民间买卖交易中就广

---

① 《汉书·杜周传》，中华书局，1962，第 2659 页。
② 参见艾永明《唐代立法中的监督制约机制》，《法学》2011 年第 1 期。
③ 当然，本书所谓的"官法"与昂格尔所论之"官僚法"（bureaucratic law）稍有不同，本书"官法"更多意指相对于民间习惯的国家层面的正式律令制度，或者说是国法。参见〔美〕昂格尔《现代社会的法律》，译林出版社，2008。

泛存在着这样的民间规则。事实上，可以表述这些民间规则或习惯法的，在西域发现的唐代券契文书中有许多，如"乡原""乡元""乡法""乡例""乡原例"等说法，例如，敦煌文书"丁巳年（957?）正月十一日通颊乡百姓唐清奴买牛契"中，就有："其绢限至未戌年十月，利头填还。若于时限不还者，看乡元生利。"该契中的"乡元"实际就是指当地有关迟延履行"生利"的惯例。当然，还有更多的买卖中并未直接提及这类民间买卖规范，仅仅作出描述。在唐代律令等官方法律文本中，"乡法"更为常见。本书为了统一起见，以"乡法"指代唐代买卖中所有地方性的、"惯例"性的规范或做法。罗彤华认为："律令中的'乡法'，或许就撷取自地方上的'乡原'、'乡原例'等概念。'乡'即'响'或'向'，乃从来、过去之意，由此发展出来的地方习惯，即是乡法。"① 事实上，从语言演变的理论来看，这种看法应该是极为精准的，保留古语较多的陕北方言中，至今还有"乡例"或"向例"这样的说法，特别是在表示为众人所遵循、沿用的某种惯例时。② 其次，"乡法"除代指一系列惯例外，还有一些善良风俗的意思。③ 因此，在本书中，"乡法"即指这类主要存在于中国西域的、具有鲜明的地域特征和时代特征的、在民间买卖交易中为人们所自觉遵循的、具有一定规范效力的习惯、"惯例"或民间规则。由于部分"乡法"具有善良风俗的意涵，故这种规范效力，不仅仅是一种习惯上的约束力，同时还包含着一定程度的道德上的约束力。既然是"乡法"，那必然带有地方性，具有地域特征，而本书研究选取的材料也是以敦煌、吐鲁番的文书为主，实际也只可能大致解说唐代以敦煌、吐鲁番为

---

① 参见罗彤华《唐代民间借贷之研究》，北京大学出版社，2009，第247页。
② 以方言中残留的部分古语解读古代文书的方法，受黑维强教授的影响，相关研究参见氏著《敦煌文献词语陕北方言证》，《敦煌研究》2002年第1期。
③ 乡元、乡原或乡原例的说法，在买卖类契约中存在，在借贷类契约中更为多见，其意义具有类似性。参见冯学伟《敦煌吐鲁番文书中的地方惯例》，《当代法学》2011年第2期。

代表的唐代西域民间买卖的情况，并不能理所当然地就此得出唐朝治下的所有地区都是如此的结论。

需要说明的是，仅仅在唐代的西域，有关买卖的民间规则也非常丰富，本书不过是择其要者进行分析，故不可能对唐代买卖中出现的全部"乡法"或"乡元"作详尽的论述，必然会有所侧重，有所舍弃。选择的标准主要有二：一是和买卖交易密切相关，贯穿买卖的主要过程，如买卖涉及价金和货物等的交付，涉及出卖物品的瑕疵和违约等情形下风险责任的分担等；二是着重研究前人尚未深入分析过的买卖"乡法"，或对既有研究有不同意见。有些民间规则虽然也很普遍，但前人已经有详尽研究，则不再重复。为了更为直观和形象地展示唐代买卖"乡法"的原初样态，在后文章节中会直接引用西域文书中的惯用语作为题目，如"不食水草"等，并附加现代法学概念作为说明，前者只是对"乡法"典型用语的个别选取，其与现代法学概念并非一一对应的关系。

值得一提的是，中国台湾地区的司法官、律师等高等考试之"中国法制史"试题，1959～1971年，竟有5年直接或间接考查中国古代法中买卖的制度和惯例，甚至具体到"绝卖与活卖""瑕疵担保责任"[①]，让人不禁讶异的同时，又深感买卖制度在中国古代法律中的重要性。

就本书的研究主题而言，作为一个断代史的研究，可能无法反映中国古代买卖法律的全部，尽管如此，窥一斑而知全豹，从唐代的法律规范出发，仍可发现中国古代买卖法律的诸多特色，而且于古于今都具有其自身的独特价值。

首先，考察、总结中国传统买卖中的习惯做法，对于现实的立法或

---

① 参见林咏荣《中国法制史》，（台湾）大中国图书公司，1976，第228～233页。

司法实践具有一定的参考价值。当代中国的法律,虽然亦宣称是"中国特色的",但实际上中国特色并不很充分,从欧美或苏俄法制移植和引进较多,本土资源挖掘偏少,① 因此,在中国社会生活的土壤中,是没有深厚的根基的,于是在很多问题上就发生人们的日常生活观念与法律制度相冲突的情形,造成不少困惑。那思陆在研究中国古代审判制度时说,法律不过是人类社会生活中普遍遵循的规则,法律规范如果是从某一个民族长久以来形成的习惯中产生的,就更容易被该民族所遵守。② 可见,法律不仅是民族性的,也是地方性的,一国的法律只能与一国特殊的地理、政治、文化环境相适应,如果全盘移诸他国,未必能够有效适用。因此,过度强调移植或引进先进法律制度未必合适,真正适合一个民族的法,恰恰是在人民中活着的法。就此而言,民间习惯或民间规则反而是最有生命力的,它在很多方面都要优于引进法或学理法。③ 因此,研究民族传统中的民商事习惯,总结其利弊得失,并探究其与民族性格、民族文化、宗教信仰、地理环境之间的关系,对现实法治有着特别重要的意义。在司法裁判中,同样会遇到民间法、习惯法的适用问题,而要合理、有效地援引习惯法,要正确地排除某些民间习惯的适用,就需要对习惯法本身有足够的了解。只有充分理解民间习惯的背景,才能正确地去辨别与适用,也才可能赢得诉讼双方对这种"法外资源"的信服。④ 而要深入了解一种习惯的内在合理性,就需要认识其产生的来龙去脉,就需要对其历史的沿革有一定的把握。

其次,在理论上也有自身的价值。交易中使用契约在古代中国有着

---

① 这一点尤其表现在契约法、商法与海商法等领域,在婚姻法、继承法等部门法里,中国元素可能稍多些。
② 参见那思陆《中国审判制度史》,上海三联书店,2009,第3页。
③ 参见范忠信《法治中国化的历史法学进路》,《检察日报》2011年4月14日。
④ 关于民间习惯作为法源在司法裁判中的援引与适用,谢晖有详尽的研究,参见氏著《民间法与裁判规范》,《法学研究》2011年第2期。

广泛的实践，而买卖类的契约又是其中比例很大的部分，这些契约反映出诸多唐代买卖中的惯例。长期以来，对唐代律令制的研究，偏重于"官法"，偏重于正式的法典法，而对于广泛存在于民间社会并为民众所普遍遵循的习惯法研究不足，或者未能重视其作为"法"的规范性意义，而这种研究取向造成了诸多后果：一是对于一些法律条文，特别是起源自民间实践的法律规范，难有正确的认识，对其最初形成的源头无法达成共识；二是仅仅看到"官法"中民间习惯、"乡法"的影子，却没能正确认识相对独立存在的民间法，以及"官法"与民间习惯互动影响的过程，还有其背后复杂的思想、文化因素。

既有研究中，涉及唐代买卖制度的论著不少，成果也相当可观。戴炎辉从债权的角度，扼要地研究了中国古代的买卖，特别是买卖之种类与方式、担保责任、定金及赊卖等几个重要问题的律令制度和惯例，可说是开启我国学者研究中国古代买卖制度之先河。戴氏以深厚的法学功底，将中国古代的买卖放在财产法史之"各种之债"下予以细致分析，认为"动产买卖，通常系即时买卖；但亦有赊卖及定金买卖"，"动产买卖，通常系不要式行为"[1]，并极为精当地指出了买卖作为一种"债"的各方权利义务关系，对于全面地理解古代的买卖制度很有助益，惜乎稍嫌简略。岳纯之从唐代民事法律制度的研究出发，对隋唐五代的契约进行了研究，并专门研究了隋唐五代的买卖契约及其法律控制。他着重考察了隋唐五代买卖契约的成立要件、基本内容、履行及其法律控制，[2] 这是国内较早从制度变迁及法律控制角度对中国古代买卖进行研究的论著。该书在资料方面的一个亮点就是非常重视对唐宋笔记小说的运用，因而使读者能更为形象地看到隋唐时期买卖的动态过

---

[1] 戴炎辉：《中国法制史》，（台湾）三民书局，1966，第327页。
[2] 参见岳纯之《唐代民事法律制度论稿》，人民出版社，2006。

程以及人物的行为、心理，从而大大加深和丰富了对于这一时期买卖的了解程度。

张中秋在《唐代经济民事法律述论》中系统研究了唐代关于债权的法律及民间规则，对于唐代国家律令制度下买卖交易规则、民间惯例中的买卖习惯，都有深入的阐述。特别是对土地买卖中的主体、程序、契约内容以及担保等方面的惯例做了简要而又精当的考察，使我们得以一窥唐代买卖制度的概貌。郑显文在《唐代律令制研究》中专章研究了律令制下的唐代经济，对土地及其他普通商品的买卖制度进行了探讨，得出的主要结论是：（1）中国古代涉及商品买卖的契约文书在长达数千年的发展过程中始终延续，并一直在丰富和完善；（2）中国古代历朝对商品的买卖大都实行积极的干预政策；（3）就其内容看，大都是要式文书，文书包括买卖成立时间、交易双方姓名、交易的价格或质量、悔约所应承担的责任、中人、见人等要件。[①] 值得一提的是，该书还专门研究了唐代佛教寺院的土地买卖，就买卖的动因、寺院土地买卖文书的内容及形式进行了极富启发性的探讨，开拓了研究的视野。陈永胜的《敦煌吐鲁番法制文书研究》一书较为全面地研究了敦煌、吐鲁番的法制文书，在"契约类型"之部分，介绍分析了买卖契约和互易契约等敦煌契约的主要类型，由于该书涵盖广泛，将敦煌文书中涉及法律的内容几乎全部进行了分析与研究，不免在具体问题上缺乏深入，法律史之"法学"方面也颇有欠缺。但是作为以法律史的方法研究敦煌文书的早期著作之一，其开创之功，不容忽视。赵云旗研究了唐代的土地买卖制度，联系唐代政治、经济、军事和文化的变迁，考察了唐代土地买卖的类型、发展以及管理机制，揭示出土地买卖在唐代后期

[①] 参见郑显文《唐代律令制研究》，北京大学出版社，2004，第164页。

的变化原因,[1] 并从宏观层面分析了土地制度变迁与国家经济、政治、军事政策变革的相应关系。郭建则从财产法的角度出发,从法律和民间习惯与惯例多个角度,比较系统地研究了唐代的买卖契约制度,以及相关的"典""贴卖""贴赁""倚当"等民间交易惯例,[2] 以买卖契约中最富有代表性的田宅买卖程序为例,系统地考察了买卖契约中的价金、标的、担保以及违约责任等,对于全面地认识唐代的财产法特别是财产交易制度具有重要意义。刘戈从语言学、历史学的角度,研究了古高昌国时期的回鹘文买卖契约,对29件回鹘文买卖契约给予翻译与注释,并对契约中的一些常用语、个别现象进行了初步的研究。[3] 虽然回鹘文契约作为古高昌国使用过的契约,时间上晚至9~14世纪,略微超出了本书关注的唐代,但由于民间买卖习惯上的延续性及稳定性,从中也可发现一些固有习惯的痕迹,并与唐代买卖契约形成对照。仁井田陞在《中国法制史研究:土地法·交易法》中,专章考论了中国古代买卖法,将其分为普通动产的买卖、不动产的买卖、牲畜牛马的买卖等几类,并择要分析了古代买卖法中的赊卖、绝卖以及担保等交易习惯,[4] 是全面研究中国古代买卖法的典范之作。张晋藩总主编的通史性巨著《中国法制通史·隋唐》中,对唐代买卖制度也多有涉及。该书一方面从经济法的角度介绍了买卖国家法的内容,诸如度量衡、物价评估、买卖自由、买卖牛马奴婢市券等制度;另一方面,从民事法律、民间习惯的角度,考察了唐代民间买卖契约的一些惯例。该书虽然题材庞大,但在细节方面也颇有创新,是研究唐代买卖制度不可或缺的参考材料。林咏荣在通史性著作中亦论及中国古代的"买卖",以其敏锐的学术洞察

---

[1] 参见赵云旗《唐代土地买卖研究》,中国财政经济出版社,2000。
[2] 参见郭建《中国财产法史稿》,中国政法大学出版社,2005。
[3] 参见刘戈《回鹘文买卖契约译注》,中华书局,2006。
[4] 参见〔日〕仁井田陞《中国法制史研究:土地法·交易法》,东京大学出版会,1981。

力，阐明了中国古代的买卖与典质在法律中纠缠不休的关系，并考察了古代买卖之方法及其标的。① 唐五代时期，还存在着不少"准买卖"现象，尤其在土地交易中。唐代国家律令对土地买卖的实行了严格限制，但民间又有土地流转的实际需要，所以，尽管"出土文书中未见此类明显直白的买卖土地契约，但多见以土地租佃和土地交换形式转让土地"②；与此相应的另一种现象是，将其他种类的民事行为伪装成买卖，比如为了规避唐代对民间债务的恩赦，就将借贷也伪装成买卖，③ 这样，契约的标的物成了质押物，还可以加入"抵赦条款"，进一步形成对国法的对抗，从而保护私人的利益。

此外，还有几部研究敦煌、吐鲁番契约的专著，虽未专门研究唐代的买卖制度，但其在研究敦煌契约、文书等方面资料及方法上的意义却不容忽视。一是美国学者韩森的《传统中国日常生活中的协商》，该书以独特的视角考察了中国中古时期老百姓互相协商订立的现世契约，老百姓与鬼神之间协商与契约，即买地券，探讨了官府与民间在契约关系上的互动，指出官府不断强化对民间契约的干预、契约使用越来越普遍这一历史进程。罗彤华的《唐代民间借贷之研究》也是一本出色的研究唐代民间借贷的专著，该书从社会史、经济史的角度探讨了唐代民间的借贷行为，虽然以研究典籍中的借贷关系及西域文书中的借贷契约、籍帐为主，却涉及了与借贷密切相关的赊卖、契约的违约责任等内容，对于研究唐代民间买卖制度无疑具有重要的参考价值。法国学者童丕的《敦煌的借贷》一书，亦从敦煌、吐鲁番契约观照了当地的物质生活和社会情状。上述诸书，虽没有直接或专门就唐代的民间卖

---

① 林咏荣：《中国法制史》，（台湾）大中国图书公司，1976，第143页。
② 唐红林：《初唐西州土地契约及其成因刍议》，《法律文献整理与研究》，北京大学出版社，2005。
③ 参见陈俊强《皇权的另一面：北朝恩赦制度研究》，北京大学出版社，2007。

买展开研究，但作为重要的史料线索及确立资料运用的典范上，均颇有助益。

在论文方面，相关的研究也相当广泛。早在1936年，日本学者玉井是博即撰写了《中国西域出土之契》一文，对敦煌等中国西域发现的买卖、雇佣等契约类型分门别类地进行了初步的研究。[①] 仁井田陞于1951年发表了论文《中国卖买法的沿革》，[②] 亦以敦煌、吐鲁番等地出土的买卖契约为基本材料，非常详尽地考察了自公元前2世纪至中华民国时期的买卖法的历史沿革，对于预付款买卖、赊卖等买卖形态以及瑕疵担保、追夺担保、恩赦担保等买卖担保做了十分细致的考证、研究。该文对于构建中国古代买卖法的研究框架，确定研究重点，具有不可替代的基础性作用。日本的另一位中国经济史大家，加藤繁先生在研究中也涉及了中国古代特别是唐代的土地买卖，他专门研究了与土地"绝卖"密切相关的一种特殊交易习惯——"质"，同时对与之相联系的"贴赁""质典"等概念也做了分析，[③] 对于认识唐代不动产交易的制度与习惯，无疑极为重要。此外，加藤氏还对中国古代商业交易中普遍存在的习惯——"赊卖"进行了深入的研究，并认为它可以为工商业者增大资本效力，促进物资流转，也可以使贫穷者暂缓压力，是改变生活的手段。法国学者谢和耐也专文论述了敦煌的买卖契约特别是"专卖"制度，[④] 论文主要参考了仁井田陞等编辑整理的敦煌、吐鲁番社会经济契约文书集，依据整理后的敦煌写本以及部分传世文献，系统论述了唐代与专卖有关的刑法条款，买卖中物品与价款的交换，以及双方的不平等关系。他进而将敦煌的"专卖制度"界定为一种地区性的习惯法，

---

① 〔日〕玉井是博：《中国西域出土之契》，《京城帝国大学创立十周年纪念论文集》，1936。
② 〔日〕仁井田陞：《中国卖买法的沿革》，《法制史研究》1951年第1卷，第47~95页。
③ 参见〔日〕加藤繁《唐代不动产的质》，《中国经济史考证》第一卷，商务印书馆，1955。
④ 参见〔法〕谢和耐《敦煌卖契与专卖制度》，《法国学者敦煌学论文选萃》，中华书局，1996。

因而也"只遵循当地的某些特点,并没有形成法典",然而,就这种习惯法的实践性而言,它可能又远远超越了国家法律,在实际交易中起主导作用。

郑显文在研究唐代律令制度的过程中,也做了一系列有关古代商品买卖的法律文书研究,涉及了佛教寺院土地买卖、[①] 普通的动产商品买卖等。[②] 高潮等人则初步探讨了敦煌所出的买卖、借贷类契约,扼要介绍了敦煌契约的署名、押字及画指等习惯,并从法学的角度,分析了敦煌买卖契约中的担保责任及违约责任。[③] 霍存福等对敦煌、吐鲁番发现的40余件买卖契约进行了法律与经济分析,探讨了这些买卖契约所反映的责任形式、对赦的效力的抵抗、反映的市券情况以及支付手段等法律及经济问题,认为敦煌与吐鲁番地区买卖契约中"以麦粟为一般等价物以及为了偿债或为了维持最简单的再生产而发生的买卖现象本身说明了这么一种事实:尽管买卖契约所反映的时代是我国封建社会商业繁荣、生产发达的鼎盛时代,但由于敦煌、吐鲁番地区所处的地理位置及战乱等诸多因素,商品经济并不像关中地区及内地那样发达"。[④] 在另一篇文章中,他还研究了契约内容所表现出的国法与私约的相互关系,认为"总体上是:部分的民间事务靠习俗调整,部分的由法律调整。国家承认'私契'的地位并承认它的规则"。[⑤] 然而,在契约履行、质物交付、保人代偿等问题上,也存在着比较明显的冲突。李显冬则从"民有私约如律令"这一合同用语出发,广罗相关历史资料和学

[①] 郑显文:《唐代佛教寺院土地买卖的法律文书初探》,(台湾)《普门学报》2002年第1期。
[②] 郑显文:《中国古代关于商品买卖的法律文书研究》,《中国经济史研究》2004年第2期。
[③] 高潮、刘斌:《敦煌所出买卖、借贷契约考评》,《中国法制史考证》乙编第四卷,中国社会科学出版社,2003。
[④] 霍存福等:《唐五代敦煌、吐鲁番买卖契约的法律与经济分析》,《法制与社会发展》1999年第6期。
[⑤] 霍存福:《中国古代契约与国家法的关系》,《当代法学》2005年第1期。

术研究资料，系统考察了这一习语的语词渊源和作为其主要载体的中国古代"地券"的概念内涵、外延、法律属性及其与土地买卖契约的关系，认为中国古代民间私契在当事人之间的效力等同于官府律令的效力理念，由来已久。①

唐五代的民间买卖基本遵循了国家法律的规定，比如买卖程序、担保责任等，也逐渐形成了一些特有的惯例。有学者专文研究了唐代契约中的违约责任条款，认为敦煌出土的契约违约罚金是"一种以惩罚为目的的罚金，不一定都含有赔偿损失的作用"，认为契约允许任何一方以交付罚金的方式废除合同，与今天的合同法规定违约要受到违约处罚有本质的不同。②也有学者指出，有关契约中的违约条款是否为一项惯例，牛畜买卖的立契及掣夺家产是否与唐代律令制度不符，仍需要根据史料仔细考订，而不能以一二孤证，匆遽定论。③唐代买卖中的担保责任亦是十分重要的一项制度，亦有研究对敦煌唐代买卖契约中反映的瑕疵担保问题进行了初步的考察，指出其既有对国家相关法律制度遵循与回应的一面，又有相对独立的习惯法因素，并从法文化的角度，与罗马法的类似规定进行了比较。④隋唐五代曾对不动产买卖从不同角度进行了广泛的规范，特别是对贵重财产的买卖有严格的程序要求，有学者研究认为，这些规范包括控制买卖主体、控制买卖标的物、牙人活动和双方交割，但"由于种种原因，这些规范和控制可能并未完全收到预期效果"。⑤

回顾以往学者有关研究，虽然大大拓展了唐代买卖制度研究的视野，也作出不少可贵的创新，但仍存在如下问题或不足。

---

① 李显冬：《"民有私约如律令"考》，《政法论坛》2007年第3期。
② 余欣：《敦煌出土契约中的违约条款初探》，《史学月刊》1997年第4期。
③ 杨际平：《也谈敦煌出土契约中的违约责任条款》，《中国社会经济史研究》1999年第4期。
④ 韩伟：《唐宋买卖契约中的瑕疵担保》，《兰州学刊》2010年第2期。
⑤ 岳纯之：《论隋唐五代不动产买卖及其法律控制》，《中国经济史研究》2007年第4期。

第一，早期的研究者甚少专门从"官法"（国家法律）和"乡法"（民间习惯法）比较的角度来研究，二者关系究竟如何？民间买卖或交易行为如果真的不依照国法，私契是否就不能有效成立？20世纪90年代后，民间契约与国家法的关系问题虽然开始受到重视，但仍有待深入。第二，对唐五代时期民间买卖的分类不尽科学，以动产买卖和不动产买卖作为基本划分是否合理？实际上，传统的以动产、不动产对买卖进行划分，有再思的必要。一是不免犯了以现代法学语言解读古代交易实际的谬误，这样分类，虽然简洁明了，也符合现代人的思维习惯，但却无法真正还原唐代民间买卖制度的实际；二是具体的动产、不动产区分亦存在问题，以往将牛马、奴婢划入动产的做法，就有不妥之处。仅就奴婢而言，由于唐代规定了奴婢买卖，要经过严格的过贱、立公券等程序，使得其买卖并不完全等同于一般的动产买卖，这种经由官府验证、登记的做法，实际上是一种公示公信方式，已经具备了田宅等不动产买卖的某些特征，所以，强行按照买卖之物的物理属性将其进行分类，难免会有不尽恰当之处。第三，在方法与视野方面，未能建立动态的、整体的研究观念。动态的是指对于具体事例、买卖实践的操作过程，特别是笔记小说中记述的"真实"发生的买卖行为的考察；整体的是从国家法和边疆法、从时空递变到地缘特性进行考察。

综上所述，唐代的买卖法律制度尽管是一个较小的题目，但学界对此的研究成果却相当宏富。而且，作为本书"乡法"研究的基础资料——敦煌、吐鲁番契约文书，自第一次被世人知晓距今已近一个世纪，文书的整理、辑校工作，有赖学界先贤的努力，已经相当完备，对其的各种研究亦汗牛充栋。因此，在资料方面，本书对唐代买卖契约作了尽力的搜罗整理，并且在研究的视角、方法等方面，力图有所突破。

第一，对唐代的买卖制度，从经济法、商法、契约法等多元法律视角进行分析。以往对唐代买卖制度的研究，或从经济法的角度，或从债法或契约法角度，或从民间习惯法的角度，事实上，唐代民间买卖制度有相对复杂的一面，单纯地从经济法或者从民商法角度研究，难以一窥其全貌。买卖作为一种民间交易活动，有基于营利目的的商业性的一面，亦有基于个人生活需要的消费性的一面，前者作为商业活动，在重农抑商观念仍十分盛行的唐代，自然要受到种种限制，无论是买卖自主、交易公平，还是商品质量、交付程序，都受到"国家"的关注，这些正构成唐代对买卖进行规范的国家法的主要内容。后者主要是出于生活所需，大部分不是纯粹出乎商业利益的考虑，并非是商业交易活动，因此"国家"关注少，"官法"规范也少，多数的买卖交易都是依照民间习惯完成的，形成的是一些被大多数人所公认的民间习惯法。但是，官方律令与民间习惯又不能截然分开，二者存在着密切的联系，相互有着广泛的影响。因此，必须从作为国家对商业、社会管理规范的经济法的角度，和作为民间交易习惯的契约法的角度共同切入，才有可能比较完整和准确地展示唐代民间买卖制度的多个面向。

第二，比较研究规范民间买卖行为的国家律令制度与民间"乡法"，试图寻求其中的联系与区别，详察其内在的影响与互动关系。唐代有关民间买卖的官法和乡法虽然侧重于不同的面向，但在民间买卖的具体实践中，多有融合与互动，彼此产生影响。尽管有研究指出，唐代买卖契约"基本是依照律令进行的程序和活动，是在法律指导下形成的秩序。在此方面，古代契约活动的依据，主要为国家法，而非所谓民间法"[①]，如果论之于奴婢牲畜等特殊财产，是有此特征。但是，如果置于更为宽泛的买卖类型，则该结论亦有可商榷之处。事实上，在小

---

① 霍存福：《再论中国古代契约与国家法的关系》，《法制与社会发展》2006年第6期。

件动产的买卖甚至是田宅买卖中的某些习惯,如先买权、违约罚等,主要是依据了民间的习惯法,国家法要么付之阙如,要么不为民间所接受。但是,民间买卖的主要准据法无论为何,官法与乡法间的影响与互动,无疑是客观存在的。

第三,对一些唐代民间买卖中的具体问题作进一步探究与考察。具体问题方面,主要有以下一些突破:一是提出在晚唐时期已经存在习惯法意义上的亲邻之法,虽然只见"亲"不见邻,也缺乏明确的"优先权"实现规范,但民间买卖契约中"姻亲干吝""称为主己"等惯用说法,仍然反映了亲邻之法早期形成过程中的鲜明特征,可以确定是习惯法意义上的"亲邻优先",并可依此推论至迟在唐懿宗大中年间,民间就有"亲邻之法"的广泛实践。二是对民间买卖中违约条款的性质作了新的辨析,认为违约条款或者契约中的违约责任与担保责任不同,违约条款实际是一方不能履行契约责任的民事乃至刑事责任,与契约的担保性质不同,故笼统将其划入契约担保范畴,或称为是"违约担保"似有不妥。此外,在违约罚的实现上,唐代民间特别是西州地区有诸如"一罚二"的惯常性约定。

在研究的方法上,本书主要采取法学与历史学的方法。法学的方法,使研究尽量回归到法学的"法律史"。近年来,史学界尤其是以中山大学的桑兵与台湾大学的高明士等为代表的一大批历史学界的同仁推动下,"史学的法律史"风头甚劲,他们借助扎实的史学功底,在资料的选取、史学方法的应用以及研究视角等方面,确实为法律史的研究带来了一股新风。然而,仅仅从史学的角度切入,或多或少会混同于历史的研究,法律史的"法律"属性被淡化。而回归法学的方法,势必要关注权利义务的分配,要注意法律作为国家治理的工具性作用,当然更要关注公平正义、秩序维护等价值的实现。

法律史的研究,必须要以扎实可靠的史料作为基础,故史料的考订，在整个研究中尤其重要，扎实和可靠的史料才是法制史研究的基础，研究方法只是手段。因此，要充分借鉴史学的研究方法，对史料加以细致的分析、辨别和考证，力图以最为可靠的史料作为分析研究的起点。同时，国家史与地方史的多维视角，年鉴学派寻求融合经济、政治、社会、文化等与事件错综复杂的互动关系，及长时段的研究模式，对本书的研究方法，也有重要启示。

比较是理论法学研究中惯用的方法之一，本书力图超越简单的形式化的比较，更注重实质性、功能性的比较，既在纵的方面，将唐代买卖制度与之前的汉魏晋与其后的五代、宋进行比较，也将其与现代买卖法进行比较。对于比较的方法，王志强提出"双向功能主义"的比较法理论：

> 在利用现代汉语的法学词汇描述中国历史上的现象时，在相当程度上，始终是运用一种比较法的研究视角，把现代概念及其所描述的制度和运作，与中国传统社会中的典章制度进行对比。在肯定功能主义方法论意义的前提下，在中国搜求西方功能的对应物后，对中国的现象也同样进行功能主义的分析，尝试探索功能而非概念的可沟通性，寻求普适性的平台，并从功能的角度进一步揭示中国制度现象的特有个性。[①]

因此，本书的比较方法，更多地侧重功能的或实质的比较，而非简单的、形式的、概念的比较。同时，在必要时，与西方民商事法律制度特别是与罗马法、英美法中的买卖契约制度进行有限度的比较，从宗教伦理特性、社会经济背景、政治国家特性等多个角度比较中西的异同，

---

① 参见王志强《中国法律史叙事中的判例》，《中国社会科学》2010年第5期。

并寻求法律不同发展道路的内在机理。

不可否认，对于唐代买卖中的民间规则，本书主要采取了描述性的方法，总结其特征和规律，但在个别具体的问题上，亦结合其形成、发展的思想、社会背景，采取适度的解释性法史学的方法，力图全面展示民间规则的外在形式与内在逻辑。

本书使用的资料以敦煌、吐鲁番出土的券契文书为主。对该文书的整理已经有诸多先贤的努力，有多种成果可供参考。本书主要以池田温等编著的《敦煌吐鲁番社会经济文书》、沙知的《敦煌契约文书辑校》、唐耕耦等编著的《敦煌社会经济文献真迹释录》、张传玺主编《中国历代契约会编考释》等为基本材料，辅之以中国社会科学院历史研究所资料室编辑的《敦煌资料》、国家文物局文献研究室等编辑《吐鲁番出土文书》以及新近出版的《新获吐鲁番出土文献》。除了传统文献的应用外，本书特别利用了西域文书的网络资源——国际敦煌项目（IDP），[①] 该项目收集公开了一大批收藏于世界各地博物馆的敦煌文书，清晰的图版资料，也为个别字句的核实对照，提供了极大的便利。

除了契约文书的资料，本书也没有忽视对传统史料的利用，除一般性的正史、律令资料外，特别从社会史、文化史的研究角度，注意选取笔记、小说、碑刻、俗谚等资料，以期从动态的视角考察唐代买卖的程序、制度，并与静态的律令、习惯形成对照。此外，尚有几点需要作特别说明：

券契，本书着重研究唐代买卖制度，因此主要选取唐代买卖有关券契文书，包括了出卖某物的"卖×契"，和买某物的"买×契"，以及含

[①] 国际敦煌项目（The international dunhuang project），网址http://idp.bl.uk/，该项目资料库目前收录大约有超过20万份各类敦煌文书。

有买卖意思表示的部分互换、租佃、借贷券契,也包含一些与买卖相关的争讼、判决文书,如辞牒、状等,因此,本书实际上是采用广义上的买卖券契文书,以期更为全面、动态地反映唐代买卖行为和制度的全貌。

地券,实为随同墓主下葬的,涉及"土地买卖"的文书或摹本等。一般认为,地券是一种明器,故其土地买卖也有虚拟的成分,并非真实发生的交易,故韩森在其著作中也直接称之为"冥世契约"。对此内涵不清就可能导致讹误。《唐代律令制研究》中转引仁井田陞书中的"乔进臣买地契",[①] 实际为一份"地券",其正文中有"上至天,下至黄泉"的字样,保人中甚至出现了"东方朔",显然是虚拟的交易,并未真实发生,故以此来分析唐代契约中的道教等宗教观念,探讨明器的观念都可以,但以之来分析唐代"寺院土地买卖"的实际情形,不免有失准确。因此,在本书中尽力避免使用性质有争议的地券作为论述实际买卖的依据,个别地方引用,也作出充分的说明。

有关笔记小说可否入史的问题,历来多有争论。然而,不可否认的是,无论何时的笔记小说,纵然添加了作者的想象与虚构,也必然有反映社会现实的一面,将小说作为一种史料使用,在一百多年前的中国史学界已经开始。当然,不仅在广义的史学研究中如此,在法律史的研究中,台湾学者陈登武就曾利用敦煌变文《燕子赋》等研究唐代的刑事诉讼法律制度,并取得很大的成果。故不只是笔记小说,其实更为广泛的文学艺术作品,如神话、传说乃至绘画、雕塑、建筑等都可以拿来作为史料使用,问题的关键在于如何处理这类资料,使其能够去伪存真,真实再现当时社会的一些情况。

为全面展现唐代买卖制度,本书主要从四个层面展开论述。

[①] 参见郑显文《唐代律令制研究》,北京大学出版社,2004,第283页。

第一，结合史料，综合分析研究唐代民间买卖之类型、性质，为全文研究建立基础。唐代民间买卖主要是商业行为，但同时也事关百姓日常生活，因此，对买卖制度的研究也不能仅局限于商事行为、商业法制的视野，而需要扩展及更大的范围。在买卖的类型划分上，需要有新的考虑，以往研究中以动产和不动产买卖作区分，存在不足：一是以现代法概念硬套古代社会现象，不免凿枘不合；二是唐代部分所谓"动产"的买卖也较为特别，如牲畜等的买卖，也不同于普通动产的买卖。因此在买卖类型的划分上，也应建立新的标准体系。

第二，探讨唐代买卖制度背后的思想文化背景。儒家文化作为中国古代正统文化的代表，也深刻地影响到唐代的买卖。首先，它要求买卖讲究仁义，即便是商业买卖，也并非专为商业利益，亦应该包含有扶贫济困的含义，因此在古代买卖中出现诸多赊卖、焚券免债等现象。其次，儒家思想讲究诚实有信、买卖无欺，信义为先的儒商风范亦蕴含其中。此外，包含乐善好施同时又不讳商利的佛教思想，强调阴阳五行、因果报应的道教思想等，都直接或间接地影响到唐代民间的买卖行为与制度。

第三，研究唐代律令法中有关民间买卖规范的制度。唐代以律为主、令格式为辅的律令制度中，存有大量规范民间买卖行为的制度，并从多个方面加强国家对民间买卖的管理与监督。有关买卖的法律制度主要在"令"中，如关市令等，唐律、唐格中也有部分，而唐律更侧重于对违反令、格的行为的定罪处罚。本书主要从买卖场所——市场的管理、买卖标的物的质量管理、特别买卖的规范要求以及涉及买卖的商税等方面进行论述。

第四，分析总结唐代民间买卖实践中形成的习惯法制度，即买卖之"乡法"。唐代民间买卖的实践中，形成了诸多习惯法规范，它们作为在民间有效的"乡法"，深刻影响着买卖行为，这些乡法包括了买卖的担保责任、违约责任、亲属优先权利以及签名画押等。它们有的与官法一致，有的则与官法相抵触。唐代买卖交易中作为民间规则的乡法表现出鲜明的价值取向，并且对稳定财产流转秩序起到重要作用。

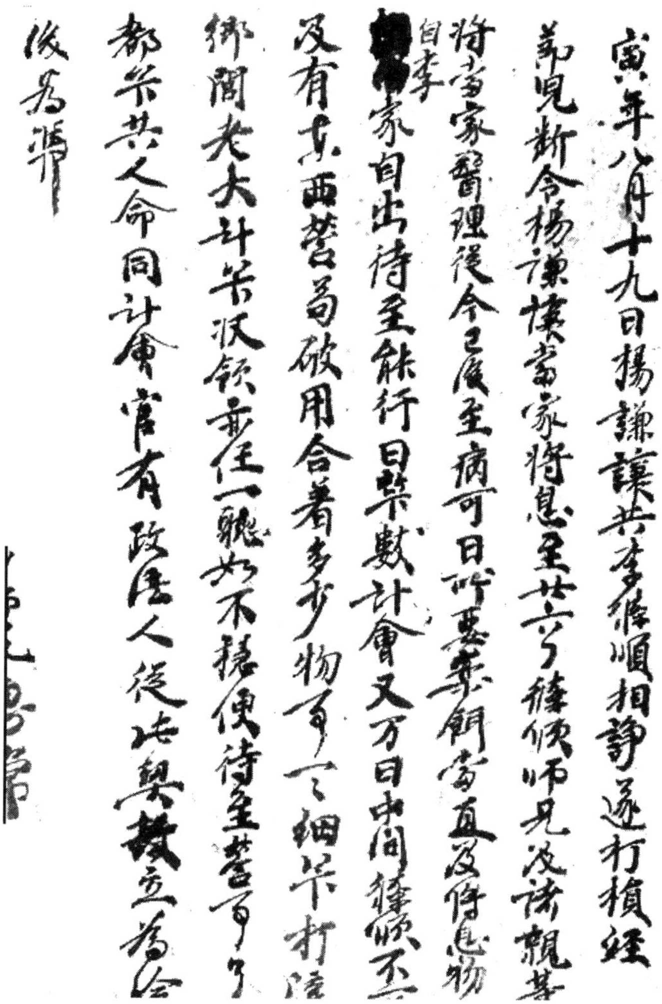

图1 斯2816（其中"官有政法，人从私契"清晰可辨）

唐代买卖制度研究

图 2　斯 3002（局部）

第一章　唐代社会文化中的买卖

买卖主要涉及财产的转移，但它不仅仅是一种社会经济现象，它更受到特定时空下人们思想、文化的深刻影响，不同的文化观念会影响乃至塑造人们的买卖行为，当然也会进而影响到买卖制度的构建。作为一个开放的帝国，唐朝以多元文化融合著称，不仅深受传统儒家文化及道教思想的影响，中唐后也越来越受到来自印度的佛教思想之冲击。买卖活动深入民众生活的方方面面，当然不可能在诸多文化观念中保持超脱，必然受到思想文化的影响，买卖规范也必然基于一定的社会、文化基础。以下将主要从儒释道及其他世俗信仰的角度，探讨唐代买卖规范的文化基础，并从买卖与社会生活之关系出发，探讨唐代买卖规范之社会基础。

第一节　买卖规范的思想、文化基础

一　儒家文化的影响

自汉代"罢黜百家，独尊儒术"以来，儒家思想就逐渐走上官方的舞台，成为正统思想的代表。虽然西汉实质上是"阳儒阴法"，但毕竟形式上还是表现出对儒家思想的推崇，这一趋势一直延续至唐朝。因此，儒家思想中的仁恕、忠孝、信义等，就不免在社会中发生广泛的影响，当然也包括了对买卖行为或制度的影响。儒家文化的影响，主要体现在以下几个方面。

"义"是儒家思想文化的一个核心观念，深刻地塑造了古代民众的伦理和道德观念。在儒家文化中，"義（义）"有着丰富的内涵。东汉许慎《说文解字》解释为"己之威仪也。从我、羊。臣铉等言：此与善同意，故从羊"。这实际上是"义"的最原初的意思，指一个人自身外在的、体现在行为举止上的"仪"，而这种威仪，则表现了其内在的"善"，故"义"与"善"在古义中实有相通之处。后来，"义"的含义逐渐引申、发展，成为做人的基本原则和规范，"义"为善，为宜，为正道，等等。"义"又可作狭义和广义两种理解，狭义的"义"为"仁义礼智信"的"五常"之一，意为合宜的道德、行为；而广义的"义"则泛指道义。无论取何种含义，"义"最基本意思的还是指一种为人处世的行为准则，这种准则要求做事要符合情理、道义，要有最起码的善心、良心。义作为一种行为准则、道德规范，意指在特定经济社会条件下的适宜的思想和行为。在中国古代阶级社会中，义也许具有一定的阶级性，但是它更有共同性的一面。一般而言，任何一个社会总有某些社会的共同利益，因此，义也反映着社会的共同利益。

实际生活中的大部分买卖属于商业行为，不可避免地伴随着对利益的追求。对"利"的追求，与对"义"的坚守，必然存在着巨大的矛盾。儒家文化并不排斥追逐适当的利益，只是要求对利益的追求应有底线，不能突破"义"的基本要求。这一点，在唐代的一些取利却不忘义的"义商"身上，体现得尤其鲜明：

> 宋清，长安西部药市人也。居善药。有自山泽来者，必归宋清氏，清优主之。长安医工得清药辅其方，辄易售，咸誉清。疾病疕

者，亦皆乐就清求药，冀速已。清皆乐然响应。虽不持钱者，皆与善药，积券如山，未尝诣取直。或不识，遥与券，清不为辞。岁终，度不能报，辄焚券，终不复言。市人以其异，皆笑之，曰："清，蚩妄人也。"或曰："清其有道者欤？"清闻之曰："清逐利以活妻子耳，非有道也，然谓我蚩妄者亦谬。"清居药四十年，所焚券者百数十人，或至大官，或连数州，受俸博，其馈遗清者，相属于户。虽不能立报，而以赊死者千百，不害清之为富也。清之取利远，远故大，岂若小市人哉！一不得直，则怫然怒，再则骂而仇耳。彼之为利，不亦翦翦乎！吾见蚩之有在也。清诚以是得大利，又不为妄，执其道不废，卒以富。求者益众，其应益广。或斥弃沉废，亲与交；视之落然者，清不以怠遇其人，必与善药如故。一旦复柄用，益厚报清。其远取利皆类此。①

柳宗元笔下的宋清，正是这种得利而不忘义的典型"义商"形象。他是商人，当然也有求利致富的原始动机，但是"清之取利远"，对于贫困无助的人，给予积极的帮助，因此得到更多人的颂扬，其取利之道更宽，故最终"不害清之为富也"。

宋清行商的善举，实际上体现出中国古代的一个基本观念，那就是儒家"先义后利"的义利观。而这一观念，对从事商业买卖的商人而言，可能影响尤为显著。先秦时代，儒家就极力地主张"重义轻利"，认为商业追求利益，是非常令人不齿的，是君子不愿为之的。孔子曰："君子喻于义，小人喻于利。"② 将义利观的不同作为区分君子与小人的标准；孟子则说："王何必曰利？亦有仁义而已矣。"③ 更是将"利"贬

---

① （唐）柳宗元：《柳河东全集》，中国书店，1991，第207页。
② 《论语·里仁》，《论语译注》，上海古籍出版社，2004，第36页。
③ 《孟子·梁惠王上》，《孟子译注》，上海古籍出版社，2004，第1页。

到极低的位置。尽管如此,儒家其实并不是将"义"与"利"看作互不相容的两极,其观点毋宁说是大力地倡导"义",反对过分地追求"利",即使在求利的过程中也应该"利以义制"。

形成这一观念实际上是有着深刻的社会思想原因的。从经济社会的角度讲,中国古代是一个典型的内陆型农业国家,实行一家一户、自耕自种、自给自足的小农经济。而追求利益的商业活动,必然对这种农耕传统造成破坏,因而必然为专制统治所不容,所以,多数朝代实行的政策是"重农抑商"。但是,物质、社会原因之外,还有重要的观念原因或精神文化方面的原因,自西周以降,孔子、孟子等先贤多次论述"重义轻利"的道理,在传统中国人的观念里,"圣言即理,圣言即法,重义轻利这一伦理思想深刻地影响了中国古代传统社会的政治经济生活,影响了中国古代传统的法律"[1]。因此,对"义"的褒扬和对"利"的贬斥已经深刻地印入中国人的思想文化传统当中,成了一种为多数人深信不疑的正统、主流观念。

儒家思想文化的另一个核心内容是"仁",它将"义"和"利"协调起来。儒家"仁"的核心,是肯定人之为人的独立价值,强调人的感性的一面。"仁者爱人",也就是说,中国人在人际关系中,主动地将与自己接触的人,当成自己的兄弟姐妹,当成自己仁爱的对象。因而,在买卖中,就不能唯利是图,要强调道德、强调怜悯仁恕。将"仁"带入商业交往抑或普通的民事交易,就使得商业活动有了些许伦理道德的温情,形成和谐有序的规范。仁字为先,以义制利,也就成了中国特有的商业文化,亦是"儒商"传统经久不衰的生命力所在。[2]

---

[1] 参见赵晓耕《宋代官商及其法律调整》,中国人民大学出版社,2001,第67页。
[2] 参见房秀文等《中华商业文化史论》,中国经济出版社,2011,第70~72页。

信也是中国传统文化中由来已久的观念,《说文解字》解释"信"云:"诚也。从人,从言,会意。"而该书对"诚"的解释仍是"信也",故"信"与"诚"在古代实际上表达着同样的意思,也就是言语真实不欺,讲信用,言行一致。

儒家文化中同样非常注重"信",孔子对无信的人非常反感,认为其不可能行之久远,"人而无信,不知其可也。大车无輗,小车无軏,其何以行之哉?"[①]孔子同样非常重视言行一致,认为"言必信,行必果",[②]也就是要求做人需要说到做到,决不能言而无信,所以,诚实守信的品德是儒家思想非常推崇的。但是,孔子讲的"信",一般是有特定的对象的,孔子曰:"老者安之,朋友信之,少者怀之。"[③]也就是说,孔子所谓的"信",基本上限于朋友之间,父母、君臣之间则有其他的伦理要求。而之所以以"信"要求朋友,"或许是因为父母有血缘的凝聚力,君王有霸权的威慑力,朋友的关系中才最包含风险,这之中的道德才堪称信"。[④]朋友如此,陌生人之间更是如此,更需要"信"的维系。推而广之,"信"在中国古代主要被用作平等主体间的一种要求。

当然,在儒家特殊的文化背景中,"信"的观念有时也被加上了等级化的色彩,"信有二义,信任和信用。其内容是诚实不欺,用来处理上下级和朋友的关系"。[⑤]所以,有人认为,在儒家伦理中,礼义是根本,信的基本职能在于维系和保证礼义之实现。在经济往来关系中,要信守礼所确定的等级财产占有和分配制度,不要越礼犯分追求不义之财,不要侵夺他人的财利,如果人人都遵守等级名分制度,不仅每一个

---

① 《论语·为政》,《论语译注》,上海古籍出版社,2004,第 17 页。
② 《论语·子路》,《论语译注》,上海古籍出版社,2004,第 155 页。
③ 《论语·公冶长》,《论语译注》,上海古籍出版社,2004,第 51 页。
④ 郑也夫:《信任论》,中国广播电视出版社,2001,第 10 页。
⑤ 参见朱伯崑《先秦伦理学概论》,北京大学出版社,1984,第 36 页。

人的合法利益可以得到保障，在日常经济交往中，也能够互相自觉履行种种人伦经济义务。故儒家的"信"，即交往有信这一道德规范的基本职能，在于维护等级名分制度的前提下来协调人们之间的经济交往关系，从而避免其合法的经济利益受到他人的侵害。[①]

在买卖等商业交易中，"信"则有着更为宽泛的含义。当然，其首要含义仍是有信用、重诺言，只要立下契约，签字画押，就必须严格遵守，不能任意"悔约"；其次，"信"也包含着真实不欺、诚心之意，这里面，既有对交易物品真实可靠、品质无瑕的保证，也包含了待人以诚、将心比心的深刻意蕴，而"信"的这一含义，更能体现古代儒商的鲜明特点。敦煌与吐鲁番契约文书中经常出现的"恐人无信，两共对面平章，故立私契，画指为记"，就包含了"信"的上述含义。

义和信有着各自的独特价值，同时，它们又是相辅相成的。用孔子的话来说，就是："君子义以为质，礼以行之，孙以出之，信以成之。君子哉！"[②] 也就是"信以成义"。但是，孟子则说："大人者，言不必信，行不必果，惟义所在。"[③] 所以，儒家思想中，"信"是基本的准则，但是"义"是比"信"更高的准则，它对"信"起着进一步调节、平衡的作用。或者说，这里的"信"，也存在经与权的关系，一般情况下，当然需要严守做人的"信"，但是在特殊情形下，在守"信"可能严重背离"义"的要求时，就需要作适当的权变，而权变的基准就是符合"义"的内在要求。因此，"信"本身不是目的，它最终应该服从"义"。

在买卖当中，对于订立的契约，当然应该严格遵守，及时、完全履行。但是，实际生活千变万化，难免会有非常状况发生，这时候如果仍

[①] 参见张鸿翼《儒家经济伦理及其时代命运》，北京大学出版社，2010，第121、122页。
[②] 《论语·卫灵公》，《论语译注》，上海古籍出版社，2004，第188页。
[③] 《孟子·离娄下》，《孟子译注》，上海古籍出版社，2004，第173页。

然勉强履行，就会有损"义"的要求。所以，从儒家的"信""义"观念看来，"就是以义为一切经济活动的目的和行为的准则，信不是只局限于死守合同，而是信于义"。① 只要最终符合"义"的要求，就是"大信"，而不必拘泥于严守契约形式的"小信"。

儒家思想的主旨是调整各等级间的人际关系，这种调整通过"名分""忠孝"等观念来实现。因此，对整体，对群体，以至对家庭的重视，是儒家文化的要义之一。儒家的整体与和谐观念包含人与自然的和谐，而更重要的是人与人也就是人伦关系的和谐。产生于农耕文化的儒家文化，十分重视整体的团结、和谐，儒家之所以强调礼义、人伦、等差，原因正在于实现群体生活的和谐融洽。儒家建立"君君、臣臣、父父、子子"的等级观念，也是着眼于建立人伦规范，使得人们各安其位，各守其分，最终维系社会秩序的和谐。

这种和谐与整体的观念，特别体现在家内人伦秩序中。儒家强调"孝"，"孝"的观念要求子女时时处处考虑父母、尊长的利益，为人处世都要以父母尊长的意志为依归。因此，在家族内部，子女、卑幼没有属于个人的财产，"父母在，不敢有其身，不敢私其财，示民有上下也"。② 不仅是家庭财产，甚至连子女人身都是属于父母、家庭的，"身体发肤，受之父母，不敢毁伤，孝之始也"。③ 由此，子女卑幼的婚姻、生育乃至职业，都不是自己的事，而需要服从家庭的利益和父母的意志。婚姻不是由于爱情的结合，而是要听取"父母之命、媒妁之言"，婚姻的目的不是出于个人的幸福，而是传宗接代，以事宗庙，这也是婚姻之礼中"庙见"如此重要的原因。在这种观念之下，财产的转让，一般必须要由代表家族的家长来为完成，子女如果擅自对家产进行交

---

① 柴荣：《古代物权法研究》，中国检察出版社，2007，第38页。
② 《礼记·坊记》，《礼记译注》，上海古籍出版社，2004，第685页。
③ 《孝经注疏》卷一，上海古籍出版社，2009，第4页。

易，不仅会被认为忤逆不孝，也不能得到官府的承认。就算特殊情况下，子女作为代表商谈财产转让，最终的契约上也需要有家族尊长的签字同意，没有家长的首肯，财产转让的效力是要受到怀疑的。

出于家国一体的构想，儒家的"孝"与"忠"又是紧密联系的，家内对父母的顺从，延伸到社会、国家，就是对一般尊长、官员以至帝王的服从，也就是"忠"。"忠"的基本要求是大公无私，在个人利益与群体、国家利益发生冲突的时候，要无条件地服从群体、国家利益，这些观念深刻影响到财产的交易规则，致使个人在处分财产（哪怕完全是属于个人的财产），也要受到多方的限制与掣肘。比如田宅买卖中的亲邻先买权，就深刻地体现了中古社会的家族观、整体观，财产特别是重大财产的处分，不只是家内某一个人的事情，而是涉及整个家族利益甚至邻里利益的重大问题，买卖交易中，必须要考虑这些因素，并妥善加以处理。

二 佛教经义的影响

对中国而言，佛教属于外来宗教，其早期的影响力恐怕是不能跟本土的道教、儒教（儒家思想）相比的。但是，佛教在中国也有上千年的传播史，甚至有史家认为早在西周、秦朝时即有佛教踪迹，然其可信度却值得商榷，因"化胡说出，佛道争先。信佛者乃大造伪书，自张其军"①。早期的佛教为了自身的生存，也不得不将传入中国的历史以各种方式向前推，自造声势。然佛教最晚于东汉就开始传入中国，至魏晋时已在中国文化思想上有较大影响当无疑义。自从佛教进入中国，发展就很快，吸引了大批的信徒，甚至很快超过了本土的道教。隋唐以后，由于统治者的支持，中国社会中宗教得到较大的发展，特别是佛

---

① 汤用彤：《汉魏两晋南北朝佛教史》，武汉大学出版社，2008，第3页。

教，发展更快。早在隋朝建立时，就废除了北周颁布的禁佛令，"隋朝的建立者自视为佛教的大护法，建立全国性寺院体系，下令在佛诞日的三个月中大颂佛教祷词，其都城容纳120座新佛寺"，① 佛教迅速发展到了一个空前的规模，数以千计的寺院遍布全国各地。唐代中期，武则天也特别推崇佛教，只是她的推崇具有更功利的目的，"利用佛教的特定形式使她作为一个女人的统治合法化"。② 在她当政时期，大力推行其佛教政策，禁止杀生和捕鱼，并宣讲《大云经》来证明自身的合法性，就连在洛阳龙门石窟的卢舍那大佛都与武则天有关。虽然唐朝后期也有过一些反佛的政策、措施，也有个别士人、大臣（如韩愈）有过一些反佛的言论及行为，③ 但最终佛教由于这些最高当权者功利性地推崇和支持，逐渐地奠定了自身在中国的地位，也对中国中古时期的社会生活形成了巨大的影响。但晚唐之后，随着社会的动荡不安，官方性的支持减弱，佛教势力也有消减之势，五代以后，情况更每况愈下，"盖会昌法难至为酷烈，且继以五代之乱世，及周世宗之毁法，因而唐代灿烂光辉之佛教，再不能恢复矣"。④

佛教在汉代传入中国的初期，势力并不强，本土的道教的宗教信仰还是占有优势地位的。南北朝后，佛教积极地融合中国固有文化，不断"中国化"，也因此得到越来越多人的认同。佛教在中国发展到隋唐五代时期，已经相当成熟和完备，并形成密宗、禅宗、华严宗等总计约十宗的主要派别。各宗派虽然从修证佛法的境界各自发挥其心得，有所侧

---

① 〔美〕韩森：《开放的帝国》，江苏人民出版社，2009，第179页。
② 〔美〕韩森：《开放的帝国》，江苏人民出版社，2009，第185页。
③ 当时的反佛主要基于两个原因：一是认为佛教乃"夷狄之教"，不是儒家文化背景下的正统中国人该信仰的；二是认为由于佛教寺院土地等的免税政策，大量损耗了国家的税收，甚至可能耗尽国家的财源，故此，要坚决禁止佛教。但是，反佛教的士人只是占据极少数，无法改变国家总体的政策。
④ 汤用彤：《隋唐佛教史稿》，江苏教育出版社，2007，第1页。

重，并持之有故，言之成理，可回到修持上，则不是归于戒律，就是归于禅观或净土。而修禅观或净土行者，仍不能离开戒律，以戒律作为修习一切善法的基础，不论是出家或在家佛徒，对于戒律都一样地需要，甚至可以说一切的佛法都是建立在戒律之上的。所谓"一切众律中，戒经为最上；佛法三藏教，毗奈耶为首"。这是佛教徒的铁律，谁也无法否认。①《四十二章经》则说："佛子离吾数千里，忆念吾戒，必得道果。在吾左右，虽常见吾，不顺吾戒，终不得道。"② 足见"戒律"在佛教经义中的重要地位。

佛教戒律的核心是"五戒"，"五戒"在佛教中，有着特定的含义。《说文解字》解释"戒"是"警也。从廾持戈，以戒不虞"。也就是警觉的意思，不能做、做不得的事情，就不要去做，这就是戒，所以戒实际也是一种道德标准。比如通常说的戒烟、戒酒、戒毒等，都是对某种行为的约束。而在梵文中，戒叫作尸罗（Sila），戒律虽然在各种宗教中都有，但"佛教的戒律，由于层层发挥，而超出了一切宗教之上"。③ 不杀生、不偷盗、不邪淫、不妄语、不饮酒等，就是佛教的五戒，而佛教五戒的一大特色就是不饮酒，其他各宗教基本没有戒酒的。佛教之所以将戒酒作为戒律之一，是由于佛教重于智慧，而饮酒会使人昏迷沉醉，所以不许饮酒。

佛教戒律对中国古代买卖交易活动有重要的影响。首先就是"不妄语"之戒。妄语是指虚妄不实的言语，举凡不知言知，知言不知，不见言见，见言不见，不觉言觉，觉言不觉，不闻言闻，闻言不闻，都构成佛教中的妄语罪。不妄语自然是不能说不实之语，而其本质的要求便是为人之"信"。妄语在佛教中，大致分为三大类：大妄语、小妄

---

① 参见竺摩长老《〈戒律学纲要〉序》，见圣严法师《戒律学纲要》，宗教文化出版社，2006。
② 《佛教十三经》，中华书局，2010，第466页。
③ 参见圣严法师《戒律学纲要》，宗教文化出版社，2006，第51页。

语、方便妄语。最为严重的是大妄语，犯大妄语罪，一般要具备五个条件，"所向是人、是人想、有欺诳心、说大妄语、前人领解"，意思就是妄语对人作出，并且有意欺诳，并造成后果。在佛教戒律中，如果满足如上五个条件，即构成不可悔的重罪；如果作大妄语而言辞不清或对方不解者，构成中罪可悔；如果向天人作大妄语，天人解者，中罪可悔，不解，下罪可悔；向畜生作大妄语，下罪可悔；等等。妄语之中，还包括两舌、恶口、绮语，虽犯不失戒体，但犯可悔罪。两舌是挑拨离间、东家说西、西家说东；恶口是指毁谤、攻讦、骂詈、讽刺、尖酸刻薄语言等；绮语是花言巧语、诲淫诲盗、情歌艳词、说笑搭讪等。[1] 凡此种种，都入于佛教之"妄语"戒当中。不妄语在买卖交易中，最为显著的体现，就是对"悔约"的有条件禁止。由于曾经发生过比丘易物后又反悔的情况，并引发了争议，对此，佛教戒律也有规定："若众中三唱得衣，设悔不应还。十诵若卖买前人悔，七日内者还之，若过不应，四分文不了，此是私卖买也。"[2] 也就是一般情况下不允许反悔，即使非得反悔，也设定了"悔约"的期限，严格限制之。

　　佛教经义中的"妄语"主要区分为两种：一是对自身修行的要求，即不可花言巧语、毁谤欺诳，这里面自然包含了对"信"的要求；二是对佛的礼遇、尊崇。比如随口评论佛弟子特别是出家人的操守，以及谈论出家人的过恶等，都属于"妄语"的范畴内。如果剔除"妄语"戒律中纯粹的"礼佛"内容，不难看出，妄语戒主要针对的还是言行不一、不信不诚，而这些言语、行为，都构成佛教戒律中的"罪"，是要受到惩罚的。

　　佛教之"不妄语"戒律，主要是通过其报应观来予以维护的。违

---

[1] 参见圣严法师《戒律学纲要》，宗教文化出版社，2006，第69~71页。
[2] 《四分律删繁补阙行事钞》卷中二，《大正藏》第四十册。

反"妄语"戒律的,要受到报应,《佛说罪福报应经》中特别指出:"喜作妄语传人恶者,入地狱中洋铜灌口,拔出其舌以牛犁之,出生堕恶声鸟鸺鹠鸜鹆中,人闻其鸣无不惊怖,皆言变怪咒令其死。"① 《广异记》中陆氏的故事亦是一个很好的注脚。据说,陆氏是竹山县丞钳耳含光的妻子,她在临死之时,有个僧人来,让她写《金光明经》,她因病情沉重,匆匆忙忙地就忘了把这件事写入遗嘱,因此违背了对僧人的诺言,于是就在死后遭受"妄语报",受到各种酷刑。其实,陆氏之所以违背诺言,本出于无意,甚至有病重无奈的成分,但她既然答应了僧人却没能做到,就违背了"不妄语"的戒律,因此要受到酷刑折磨的报应。② 这也说明,佛教戒律对于信守承诺、不妄语有着严格的要求,任何理由的违反,哪怕是无意的触犯,都会遭致报应。

除了妄语遭报应外,佛教中报应还有另外一层含义,也就是更广义的因果报应。在人间行了所谓恶事,这种恶事是指包括妄语等更广义"恶行",包括各种"不善"的行为,都要遭受报应。这种报应观,也就是佛教中广泛存在的阴谴、冥报的观念,它们也深刻地影响着中古民间的民事行为。在佛经中,甚至细致地记载了哪些行为属于要遭报应的"恶行","为人奴婢负债不偿故,生人卑贱不礼三尊故,为人丑黑遮佛前光明故……身生恶疮,治护难差。悭贪独食,坠恶鬼中",③ 之所以出现上述经义,根本原因还在于佛教对信、诚、善、礼等基本伦理价值的维护,负债不偿即不信、不诚,不礼三尊、遮佛前光明则不敬、不尊,因此,都会招致报应。在佛教中,报还有独特的运作方式,不只及于己身,而且祸及来生。慧远因俗人怀疑善恶报应观而作的《三报论》中详细说明:"经说业有三报:一曰现报,二曰生报,三曰后报。现报

---

① 《佛说罪福报应经》,《大正藏》第十七册。
② 参见贾二强《神界鬼域》,陕西人民教育出版社,2000,第185~186页。
③ 《佛说罪福报应经》,《大正藏》第十七册。

者，善恶始于此身，即此身受。生报者，来生便受。后报者，或经二生三生，百生千生，然后乃受。"① 这种由此身延及来生的善恶报应观，更进一步强化了"报"在普通民众心中的效力。"夫事起必由于心，报应必由于事，是故自报以观事，而事可变；举事以责心，而心可反。"② 也就是说，报应是由于外在的、表现为行为与言语的事，但事产生则是有内在的心理原因的，所以佛教报应观不简单地追究做事的行为，更诉诸对行事动机、内心状态的追责，这一方式，虽不免有"诛心"之嫌，却大大强化民众不敢为恶、惮于欺诳的心理压力，从效果而言，无疑更为全面、有力。

而这种观念传至民间，便相应产生对违约、悔约这种不"善"行为有所报应的思想，特别是涉及与鬼神订约的"买地券"等券契文书，更是体现得十分鲜明，唐大历四年（769年）的"天山县张无价买地券"中载有"若违此约，地府主吏，自当祸。主人内外，存亡安吉"的条款，正是体现了佛教经义中③不信、不诚者会遭报应的观念，而且，普通民众在券契中写入这样的语句，也反映出佛教报应观念深入人心的程度。

当然在今天看来，佛教中的"报应"观念是不可靠的，但是，"因果报应的法则是一个'信则灵，不信则无'的问题，对于其虔诚的信奉者而言，因果报应的法则拥有比世俗暴力还要强大的威慑力"。④ 在唐代敦煌、西州这样佛教盛行的地方，其影响力广泛存在。

三 道教信仰的影响

道教作为中国本土宗教，其独特的宗教观念、文化，也影响着中国

---

① 《中国文化精华全集（宗教卷一）》，中国国际广播出版社，1992，第46页。
② 《中国文化精华全集（宗教卷一）》，中国国际广播出版社，1992，第50页。
③ 当然，这里有可能也包含道教以及世俗信仰等观念因素，后文将述及。
④ 参见李可《宗教社会纠纷解决机制》，法律出版社，2010，第63页。

古代买卖等民事行为的习惯与制度。

道家文化和儒家文化有着本质的区别。儒家文化产生于黄河流域，本质上是一种农耕文化。而道家文化形成于长江流域，以"船"为其标志性象征，通过对天、水、气等宇宙本源的认识，而领悟了宇宙天地的运行规律，从而发展成独具特色的文化体系和思想体系。道家文化中的流动性、辩证性，为商业文化提供了哲学上的指导，也为商业行为注入理性因素。在商业的实践中，道家文化的创始人之一——范蠡，在越国完成使命以后，急流勇退，变更姓名，去齐国经商，取得了极大的成功。这些传说正说明了道教与古代商业、贸易活动的密切联系。

道教的基本经义较为集中地反映在其生死观或报应观中。这种生死观被总结为是"求仙的现世精神"，[1] 也就是冀望延长生命，或者死后能升天成仙，仍然享受人间的荣华富贵。当然，成仙的前提之一就是要行善，"《太平经》中唯一新奇并带有宗教性成分的似乎就是人的寿命可据其行为伸缩的说法了。如果人行善，则人可以由此成仙。例如，作为明确可以实现的目标，书中几次提到白日升天，当然这只有基于善行……"[2] 成仙也可以通过服用仙丹、打坐修炼等多种方式来实现，但是，常行善事无疑是最为重要的方法之一。行善的要求是一种正面的激励，反过来说，如果常怀恶意，多行不义，那得道成仙不仅不能实现，还要被下放到冥界，受到各种酷刑。当然，这种观念同样是信则灵，对于鬼神、报应的敬畏，可能看似无稽之谈，但对于有信仰的人来说，可能比现实的惩罚更有效力。而"报应观"的这一作用，也被称为是其评价、指引功能，评价功能通过把事前与事后以报应观念联系起来作出评判，而引导功能一般是指善恶报应的观念作为一种潜在的威慑和道

---

[1] 杨联陞：《东汉生死观》，（台湾）联经出版事业公司，2008，第58页。
[2] 杨联陞：《东汉生死观》，（台湾）联经出版事业公司，2008，第51页。

德的说教指引人们向善。① 从这一意义而言，报应观不仅仅是一种对恶的惩罚，即"校正正义"，它实际上还起到积极的规范、建构作用，本身就对公平、正义的社会、经济秩序起着引导作用。

四 世俗信仰与报

除道教之外，在中国民众中间，还存在着其他多种复杂的民间信仰，这些信仰尤其集中体现在对威不可测之"天"的敬畏和多元化、世俗化的"鬼神"观念。对此，张伟仁指出，一般人民对自己的命运没有掌控之力，仍然只得求助于"天"，希望老天爷能维持正道，对人间的是非善恶给以报应。如果抽象的老天爷不愿过问，人们便求诸它的具体代表者——鬼神。② 这种对鬼神的敬畏，以及轮回观、报应观，虽然大多出现在冤屈不公等情境中，但在牵涉公平乃至道义的买卖当中，亦有所体现，比如前述张无价买地券中，对于无信悔约诉诸报的表述，正是如此。这种对天的敬畏，对于不可测的报应的恐惧，也体现在一般买卖中欺诈不实等情形中。唐代民间的世俗信仰纷繁复杂，以下主要从"报"的角度，考述世俗信仰与买卖制度规范之效力的内在关系。

买卖制度包含有诸多习惯法的因素，在唐代亦是如此。但紧跟着的问题是，习惯法或民间法何以成"法"？这里并不是简单地从法的内涵或定义出发，探讨所谓习惯法是否属于"法"的问题，而是从法是一种具有"实际效力的社会行为规范"这一前提出发，探讨民间、社会存在的种种习惯法何以成为"法"，何以具有规范性，进而言之，即习惯法作为一种"法"，其效力究竟由何而来？

对此问题已经有一些研究。有学者提出，习惯法的效力来源主要有

---

① 参见徐昕《通过私力救济实现正义》，《法学评论》2003 年第 5 期。
② 张伟仁：《中国法文化的起源、发展和特点》（上），《中外法学》2010 年第 6 期。

以下几个方面：一是在初民社会，神授法时期，出于对不可知的自然力的心理恐惧；二是社会化的行为尺度；三是传统乡土社会的正义观；四是类同于国家法的强制暴力。① 也有研究认为，"习惯的变迁实际上是利益导向的博弈过程"②，或者说，习惯法之规范效力，来源于长期利益博弈后的选择，它对于多数人是有利的。亦有研究指出，人民之所以会遵从习惯，是由于习惯中包含的信仰因素，具体而言，又可分为自然信仰因素（包括对事物事理性质之确信、对自然力量之迷信等）、道德信仰因素、实用理性因素以及秩序信仰因素，③ 是这些因素共同构成了习惯或习惯法的规范性。亦有人从习惯法的司法运用出发，认为"民俗习惯的效力或其权威性主要不是来源于国家的权力和强制威胁，而是基于其内容的正当性"。④ 这种正当性表明其符合一般公平、正义及其他道德层面的要求，即符合公序良俗的要求。还有研究认为民间规则的有效性，取决于它来自人们的内心认同、交往共识、集体意识以及它能被交往中的人们反复习得和虔诚信仰的属性中。⑤

上述这些研究都是颇有启示意义的，无论是精神性的观念，还是物质化的利益，它们都形成了某种"强制"，保障着习惯法的规范性效力。但是，不管是经济学中的利益分析，抑或是社会人类学下的乡土社会理论，观察的视角或理论的来源未免有些西化，分析中国问题，可以借鉴西方的理论学说，但纯以西方化的理论来进行诠释，不免存有疑问。其实，中国有着历史悠久的习惯法传统，这些习惯法必然有其中国式的逻辑，渗透着中国人的独特考虑，因此，应该完全可以从中国传统文化当中寻求解释，寻找习惯法的效力来源，本节对"报"的研究，

---

① 参见于语和主编《民间法》，复旦大学出版社，2008，第 98~103 页。
② 王林敏：《民间习惯的司法识别》，中国政法大学出版社，2011，第 127 页。
③ 参见王新生《习惯性规范研究》，中国政法大学出版社，2010，第 35~52 页。
④ 公丕祥：《民俗习惯司法运用的理论与实践》，法律出版社，2011，第 158 页。
⑤ 陈文华：《论民间规则的效力》，《甘肃政法学院学报》2010 年第 1 期。

即算是一种初步的尝试。

（一）文化、观念中的报

就字义而言，《说文解字》中，解释"报"为"当罪人也"。① 而"报"的观念，在中国传统文化中具有久远的历史和深厚的基础。根据王国维的研究，早在殷商时代祭祖的卜辞中就有"报"的观念，报是一项非常的祭祀。王先生说："意坛墠或郊宗石室之制，殷人已有行之者欤？"由此可知，报原意为祭祀，系由象征郊宗石室（指葬地祭地）而引申为祭祀。② 可见，报的本意即具有宗教意义，偏重于民间信仰。

春秋以后，有关"报"的观念就更为常见，当然其意义也发生了一些变化。《礼记》："太上贵德，其次务施报。礼尚往来，往而不来，非礼也；来而不往，亦非礼也。"③ 这是说报的相互性。《论语》："或曰：'以德报怨，何如？'子曰：'何以报德？以直报怨，以德报德。'"④ 这里的"报"同样是讲人际关系，当然，《论语》在内涵上更加扩张，即不仅有互惠的有来有往之报，而且增加了德怨之报，尽管它倡导的是"以直报怨"，而不是冤冤相报，却无意带出了报的另一层含义。"报"的这一双重含义，在《周易》中也有体现："积善之家，必有余庆；积不善之家，必有余殃。"⑤ 同样是表明持家为人善恶不同，亦导致不同的"报"。

此外，在佛教经义中也有"报应"的观念，它一般是指对于"恶行"的报应。恶行要受报应，被作为维护佛教信仰和约束信徒行为的

---

① 《说文解字》卷十，中华书局，1963，第215页。
② 参见杨联陞《原报》，收入《中国文化中报、保、包之意义》，香港中文大学出版社，1987，第6页。
③ 《礼记·曲礼上》，《礼记译注》，上海古籍出版社，2004，第3页。
④ 《论语·宪问》，《论语译注》，上海古籍出版社，2004，第175页。
⑤ 楼宇烈：《周易注校释》，中华书局，2012，第14页。

重要方面，在许多日常活动或行为中被强调。在佛教经义中，多种被认为是不好的行为都要遭受报应，例如："为人奴婢负债不偿故，为人卑贱不礼三尊故，为人丑黑遮佛前光明故……身生恶疮，治护难差。悭贪独食，堕恶鬼中，出生为人，贫穷饥饿，衣不蔽形。好者自啖，恶者与人，后堕猪豚蛲蜺中；劫夺人物，后堕羊中，人生剥皮；喜杀生者，后生水上浮游虫，朝生暮死；喜偷盗人财物者，后生牛马奴婢中，偿其宿债。"① "……州郡令长，食官爵禄，或人无罪，或私侵人民，录名系缚鞭打捶杖，强逼输送，告诉无地，枷械系闭，不得宽纵，后堕地狱中，身受苦痛，数千亿岁，罪毕乃出。当堕入水牛中，贯穿其鼻，牵船挽车，大杖打扑，偿其宿罪。"② 凡此种种不善之行，均要在生前或死后遭受报应，而且，佛经中的这种"报"，特别强调其不可避免性，"善恶之业，业无不报，但过去未来非耳目所得，故信之者寡，而非之者众"。③ 与佛教之轮回转世说相应，"报"也被区分为现世之报与来世之报等，故有"三报"之说："经说业有三报：一曰现报，二曰生报，三曰后报。现报者，善恶始于此身，即此身受。生报者，来生便受。后报者，或经二生三生，百生千生，然后乃受。受之无主，必由于心；心无定司，感事而应；应有迟速，故报有先后；先后虽异，咸随所遇而为对；对有强弱，故轻重不同，斯乃自然之赏罚，三报大略也。"④ 这种延及数世，几乎无以避免的"报"，更增加了它的威慑力。

当然，佛教中的这类报应之说也遭到一些有识之士的驳斥与批评，何承天即说："知杀生者无恶报，为福者无善应，所以为训者如彼，所

---

① 《佛说罪福报应经》，《大正藏》第十七册。
② 《佛说轮转五道罪福报应经》，《大正藏》第十七册。
③ 《答何衡阳书》，载《广弘明集》卷十八，景印文渊阁四库全书第1048册，台湾商务印书馆股份有限公司，2008，第510~511页。
④ （东晋）慧远：《三报论》，载《中国文化精华全集（宗教卷一）》，中国国际广播出版社，1992，第46页。

以示世者如此，余甚惑之……若谓禽豸无知而人识经教，斯则未有经教之时，畋渔纲网，亦无罪也。无故以科法入中国，乃所以为民陷阱也，彼仁人者岂其然哉！故余谓佛经但是假设权教，劝人为善耳，无关实叙，是以圣人作制，推德鬻物，我将我享，实膺天佑……"[1] 尽管反驳一针见血，直指本质，然报应论有关"劝善"的作用却无法抹杀，民间社会对"报"的确信，更无法根除。

（二）报的意义与运作方式

在中国，"报"可以说具有相当丰富的社会、文化意义，一方面，"报"被认为具有互惠的含义，"中国人相信行动的交互性，在人与人之间，以至人与超自然之间，应当有一种确定的因果关系存在。因此，当一个中国人有所举动时，一般来说，他会预期对方会有所反应，或还报。给别人的好处通常被认为是一种社会投资，以期将来有相当的还报"[2]。从中国人社会关系的角度来看，是"报"的很重要的一个方面，即互惠，相互报偿。

最为常见的一种"报"是正面的，即报恩、报偿的"报"，这种"报"的形成，源于中国人生活的交互性，一个中国人如果有某个行为或举动，一般而言，他会预计行为的相对方也会有所行动或还报。这种"还报"、报偿，并非是虚无缥缈、不可预期的，而是实实在在地存在的，它的存在是基于报的封闭性结构，也就是说回报被认为是必然的。所以报是封闭性的一种交换，是在一般情况下得到回报的人际交往关系。当然，这是正面的"报"的通常理解，即相互的报偿形成一种互惠关系，这一观念虽然源自一种"来而不往非礼也"的礼节要求，但对于具有平等、交互等特性的买卖交易，同样有积极的影响，至少它告

---

[1] （南朝宋）何承天：《报应问》，载《广弘明集》卷十八，景印文渊阁四库全书第1048册，台湾商务印书馆股份有限公司，2008，第510页。
[2] 杨联陞：《中国文化中报、保、包之意义》，香港中文大学出版社，1987，第49页。

诉买卖的双方，我的"交付"、损失，是期望得到回报的，而不是单向地赠予，这又有点类似于英国契约法中的"约因"或"对价"（Consideration），这一概念是指："在法律中一项有效的对价，必须或者是包含着给一方的某种权利、利益、利润或好处，或者是另一方的某种承担、限制、损失、义务、忍受等。"① 可见，"对价"一般的要求就是要有得有失，虽然不一定完全等价，但必须有所报偿，否则契约不能有效成立。

正面的"报"还有一类，即杨联陞所谓的"游侠"的报，这种报则是单向的，"虽然他们（游侠）一定得报答别人的恩惠，他们给别人的恩惠却不期望任何报偿，许多游侠甚至拒绝报偿，这种德行称做义"。② 这种施恩不望报，甚至施恩拒报，已经超出了社会的一般道德标准，成为急公好义的"侠义之士"才能达到的精神境界。从报的这一角度，或许可以更好地解释西市义商宋清的行为，他赊卖药后，焚毁契券，正是一种"拒报"的公然表示。他的行为标准，已经远远超越了一个商人应有的公平、诚信的品格，而是充分地表现了舍利取义的高道德标准。

无疑，这样正面的、互惠的"报"之所以能生效，可以从利益预期的角度去解释，这种利益即使是较为远期的，仍然使人形成一种可期待性，促使他向着符合"报"之交互性、互利性的方向去行动。这或许也符合贝克尔有关利他主义的"腐化原理"："当利己主义者从另外的利他主义者那里获益时，利己主义者具有只好仿效利他主义者行为的动机；更一般地说，每当利他主义者通过他的行为对其他人的行为的影响来增加自身消费时，利己主义者具有试图仿效利他主义行为的动

---

① Marnah Suff, *Essential contract law*, Cavendish Publishing Limited, p. 16.
② 杨联陞：《中国文化中的报、保、包之意义》，香港中文大学出版社，1987，第55页。

机。……那些'外显'的利他主义行为——不论虚实——都能增加自身的消费,这才是关键所在。"① 也就是说,即使是纯粹的利己主义者,完全是出于利己的考虑,在这种"报"的互惠、利他人际关系结构中,他还是会同样选择仿效利他的行为,从而形成"互报"、双赢。最终,"报"的观念还是影响甚至塑造了多数人的行为,并形成了某种事实上的行为规范。

还有一种"报",在民间信仰中普遍存在,但在佛教经义中被更多地论述的是"报应"之报。它仍然是一种行为的交互性,无论是人与人之间的报复、报仇,还是人与超自然之间的报应、冥报,都是一种行为与结果之间的因果关系,不好的、恶的行为会招致恶报,这种恶报不管发生在今生,还是如佛经所说的发生在阴间抑或是所谓的"来世",都是不可避免的,具有必然性。特别是超自然的、不可验证的"冥报""阴谴"等,更是对个人产生强大的心理暗示,从而影响其行为。这是"报应"之报之所以生效的缘由,事实上,这种"报应"之报,比起报偿之报,具有更大的拘束力,因为后者所涉不过财物而已,而前者,可能直接伤及身体、性命,它对个人的影响力尤其是对有这种宗教信仰的人的影响力,无疑更加强大。

"报应之报"有着独特的运作方式,一般来说,它可以被区分为现世之报与来生之报。在现实的社会中,现世之报主要针对的是侵害者或行凶者本人,所谓"以血还血,以牙还牙",说的正是这类现实中的报复。值得一提的是,佛教中有稍显虚幻的现世之报,它主要经由两种方式来"实现":一是行为直接违反了宗教戒律,因而受到超自然的报应;二是人与人之间的结怨,或是债务,或是"加害"等,认为自己受到冤屈的一方,通过"冥讼"的方式来诉求报应。在新获吐鲁番文

---

① 〔美〕加里·S. 贝克尔:《人类行为的经济分析》,上海人民出版社,2008,第342页。

书中，有一件名为"北凉缘禾二年（433年）高昌郡高宁县赵货母子冥讼文书"，[①] 正是这种冥讼观在民间的真实写照。这种报应可能表现为受到报应者的身体反应，包括疾病、"假死"甚至死亡。来生之报，则是缘于佛教中的轮回转世之说，即"三报论"中所谓的生报、后报，即报应不止限于此身，还会殃及来生，乃至三生、四生，等等。当然，佛教等宗教中的这些"报"具有不可验证性，更多的是对人形成一种心理上的压力，但并不能否认这类"报应观"对人们行为的影响。

要言之，"报"在中国传统文化中的内涵至少包含以下两类：一是相对正面的、积极的、互惠的报，这包括了报恩、报答、报偿等，它反映出中国人社会关系中人情礼节的相互性；二是负面的、消极的报，诸如现实的报复、报仇，以及主要诉诸来世的报应、冥报等。前者，或可用善有善报来概括，而后者，大抵属于恶有恶报，尤其是恶报，佛教经义中更强调其必报不爽。而究其本质，"报"的观念则是强调了个人行为的交互性或因果关系，即善的、好的行为会获得好的回报，而恶的、为某种经义所不许的行为则会招致恶的报应。这种双向效应，颇类似于一般社会规范中的保障性奖惩制度，于是"报"的观念，便可以赋予民间习惯法与一般强制性社会规范同样的效力。

（三）民间习惯法中的报

正因为中国传统文化中的"报"具有前述两个方面的内涵，在民间社会丰富的习惯、习惯法当中，也可以从正反两个方面来考察"报"在使习惯法具有规范性效力中的实际情形。

就互惠之报来说，中国民间社会习惯法中具有诸多体现。在陕北乡间，至今仍有土葬的习俗，坟地一般选在高山之上，山高路陡，因此，

[①] 对此冥讼文书游自勇有专文研究，参见氏著《中古前期的冥讼》，载《中国古代法律文献研究》，法律出版社，2010。

运送棺木及墓碑就成为一项艰巨的任务。由于丧葬之事涉及更多的人格属性，故上述劳务即使是愿意花钱雇人，也很难有人应承。于是，乡间便形成一项习惯，有壮劳力的几家人形成一种松散的互助"联盟"，谁家遇到丧葬之事，都去帮忙，尽管这类"帮忙"在事后也会有一些象征性的烟酒奉送，但大体上是属于义务互助性的。可以看出，民间这种丧葬劳务中的习惯，很明显是出于乡土社会的互惠互利的考虑，这种"利益"虽然不是即时的，却是可期待的、可实现的，因此，这种互惠性、报偿性，正是构成丧葬劳务互助这一习惯得以生效并延续的最重要因素。

在少数民族地区，这种互惠、报偿的观念同样存在。如羌族有关劳动用具借用的习惯中就多有体现。"羌寨有一些没有饲养耕牛的人户，在农忙季节只好向同寨亲友借牛抄地，有牛户不忍心让寨民的土地撂荒，而自己的地已经犁完，牛已空闲下来，便会爽快将牛借出。借牛者一般晚上将牛牵到自己家中，第二天将牛喂饱再耕地。日后待供牛者有困难时，就主动相帮，以偿还这笔情感债务。"[1] 正是缘于这种互惠互助的关系，缘于这种受到报偿的期待，使得借牛的习惯得以维系，甚至在对一些一般物品的借用中，羌族人"一般不立字据，不计利息和报酬，也无须付租金和作出任何抵押"。[2] 在穆斯林习惯法中，这种互惠互助的关系同样存在，如哈萨克族"劳动合作意识很强，除了兄弟、亲戚朋友之间互相帮工、帮忙外，同村居民之间也常常合作劳动，如建房、婚丧、抢收抢种等。这些劳动完全是无偿的，有时甚至是义务性质的"。[3] 尽管在穆斯林习惯法中，这种合作劳动主要是义务性的，甚至不要求对方一定以同等劳动为报，但该"习惯"的内在运作机理，仍

---

[1] 李鸣：《羌族法制的历程》，中国政法大学出版社，2008，第305页。
[2] 李鸣：《羌族法制的历程》，第305页。
[3] 姜歆：《中国穆斯林习惯法研究》，宁夏人民出版社，2010，第282页。

然有"报偿"观念的影响。当然,上述这些习惯或习惯法也是民族小聚居、熟人社会形态下的结果,但"报偿"的观念,无疑也起到了重要的作用。事实上,互惠的报偿主要是在类似乡土社会、熟人社会中存在,也只有在这些环境中更能发挥效用。

报恩之报如果不被实现,也可能遭致恶果。在西双版纳地区傣族的《芒莱干塔莱法典》中,记载了一则类似寓言的习惯法条文,名为"好心不得好报老虎终究要吃人",其中讲到一只老虎因被毒蛇咬伤,被好心的帕雅拉西救助。可活过来的老虎却想吃掉帕雅拉西,产生矛盾,二者就找牛王、狼、猴子等动物评理,猴子因为它的祖父曾救人,而被救者脱离危险后却吃了它"祖父",因此为了报仇,就同意让老虎把他吃掉。后来又找到小兔,小兔设计终于将老虎毒死,救了帕雅拉西,并说了一段意味深长的话,"老虎是专食肉类的凶猛野兽,它不知道善恶,如今恩将仇报,只要得食肉,就舒服了。从今以后,尊敬的帕雅拉西,你不要对老虎和恶人做这样的好事了"。[①] 这一习惯法看似无稽之谈,却说明做人应知恩图报,如果恩将仇报,会招致恶果。当然,行善图报,也只能对与善良的人起作用,对于本性为恶之人,是期望不得的。

就负面性的、报应之报的观念与实践,民间亦不乏其例。即使在民事领域,中国社会广为流传的命命相抵的"仇报"观念[②],以及民间观念中司法不公可能会对司法官员造成的冥报的影响也同样存在[③]。中国

---

① 参见《中国珍稀法律典籍集成续编》第九册,黑龙江人民出版社,2002,第278页。
② "报复"的观念不仅限于汉族,在少数民族中亦存在,如羌族即坚持"杀人偿死"的报复性惩罚原则。参见龙大轩《乡土秩序与民间法律》,中国政法大学出版社,2010,第241页。
③ 徐忠明对于司法冤滥可能引发对官员的冥报有专门的研究,参见氏著《明清刑讯的文学想象:一个新文化史的考察》,《华南师范大学学报》2010年第5期。

古代民事契约中出现的对违约行为的"阴谴",实际正是这类负面报应观的体现。

在唐代敦煌、西州等地区,有一些买卖契约中就有作出诅咒发誓,表示绝不悔约的条款。如敦煌发现的"阴国政卖地契"(斯2385)中:

前略
5……永世为业。其地及地……
6……分付……欠少,叔 政百年或
7 称为主者,一仰叔互当,并畔觅上好地充替。如……
8 别已后,不许别房侄男侵劫,如若无辜非理争论,愿你
9 行。天倾地陷,一定以后,更不许翻悔。如有再生翻悔,罚麦九硕,
10 充入不悔之人。恐人无信,两共对面平章,故立私契,用……

该契约虽然亦约定了"罚麦九硕"的违约罚金,但前面却有"天倾地陷,一定以后,更不许翻悔"的语句,由于该地契发现于敦煌地区,而该地区又深受佛教、道教等宗教的影响,这种影响也就反映在民间的券契中,上文"天倾地陷"一语,很可能是这种宗教观念中"报"的影响下的反映,因为在立约人看来,对确定契约的"翻悔",就是一种无德、不善的行为,因此会招致"恶报"。所以,券契中涉及违约行为的这种诅咒发誓、诉诸恶报的方式,体现了报应之报的运作方式,它也使契约获得了更强的规范性效力。

另外一类契约也体现了类似"报应观"的影响,即买地券。典型的如"唐大历四年(769年)十二月廿日天山县张无价买地券":

>　前略
>
>　6 亩。东至青龙，西至白虎，南至朱雀，北至玄武。
>　12 故气邪精，不得干扰，先来者，永避万里。若
>　13 违此约，地府主吏，自当祸。主人内外，存亡安
>　14 吉。急急如律令。

类似的买地券在敦煌及吐鲁番发现有多份，如后唐钱氏券等，内容也类似，均有"若违此约，地府主吏，自当祸"等词句。[①] 关于买地券的性质，历来多有争议，一般认为，尽管其实质并非实在的土地买卖文书，其田亩面积和所用之钱亦仅具冥世意义，而没有现实性，但它可能仍反映了当时土地买卖的某些内容。[②] 张无价买地券中"若违此约，地府主吏，自当祸"等词句，即反映了这样的观念。而"地府主吏"可能就有道教中幽冥地府中的阎罗王的影子，之所以将"地府主吏"这样的阴间主司作为保证契约履行的权威，或许也源于唐代民众朴素的，却带有某些迷信色彩的正义观："阎罗是地下世界的主宰者，同时它又是'平等之主'，尽管佛教所讲求的'平等'是就本质上的无差别而论，但就赵货等普通百姓的理解而言，平等就是公平、公正，阎罗是能为他们申冤的神灵，就这点来说，他与天帝、阳世的官僚并无本质的区别。正是由于人们对地下世界的公正裁决寄予希望，而这种情感与渴望寄托在了阎罗身上，希望其给予违约者报应。"[③] 当然，这些买地券大

[①] 买地券有关罚则的书写向神仙化、迷信化的方向发展，如"地府主吏，自当祸"等套语，自隋唐以至明清，一直沿用。参见张传玺《契约史买地券研究》，中华书局，2008，第215页。

[②] 关于买地券的现实性，李显冬将其分成较多和较少地反映古代土地买卖状况的地券两类。参见李显冬《"民有私约如律令"考》，《政法论坛》2007年第3期。

[③] 阎罗王主持冥讼的观念，正反映唐人信仰世界中的正义观。参见游自勇《中古前期的冥讼》，载《中国古代法律文献研究》，法律出版社，2010。

第一章　唐代社会文化中的买卖

多属于非现实的冥世契约，但其中反映出"报"的观念，多少亦有对当时现实社会中思想观念的反映，换言之，现实社会中"报应"的观念，也深刻影响着人们的各种行为，起到形成习惯法规范效力的作用。

在当代，一些少数民族中仍然存在依靠"恶报"观念来维系的民间习惯。如彝族村寨中，就有对借债不还者予以诅咒的习惯。"如有发生赖债的情况，债主可打鸡来咒，同等级的债权人可杀鸡狗诅咒，咒对方像鸡一样死。"① 通过这样的方式，有效地减少了赖债的情形。

问题是，正面的报偿经常可以在现世得到实现，而惩罚式"报应"的后果并不一定在现世发生，这对与保证人们对"报"的信仰，无疑产生一些影响。对于这种疑问，解决的办法之一就是"冥讼"。源于中国民间本土信仰中的冥讼观念，主要作用之一就是维持这种"报"的观念，当然间接地对现实的民事行为也具有影响。对于普通民众而言，不平则鸣，而鸣的一种重要方式就是"讼"，即提出诉讼，以求获得公正。而在司法资源有限、司法质量不高的中古时代，这种公平正义并不容易获得，因此，民众只能求助于更为虚化、更不可知的"冥讼"。人们似乎相信，冥界的判官无所不能，一定可以察知现实中的不平、冤屈，并因此作出正义的审判。尽管这种无法确定、也难以验证的诉讼不一定就能换来理想的公平，但在遭受不平的民众心里，至少获得了些许的安慰，而且，这种报的必然性还被无数的宗教故事强化。正是由于这种善恶必有报的坚定信念以及冥讼的潜在压力，使得人们在社会交往中，在言语行为中，就有所顾忌，抑恶扬善的道德目标自然在"报"的有效运作中得以实现。

伯尔曼说过，"法律必须被信仰，否则形同虚设"。这里的法律，

---

① 陈金全：《彝族、仫佬族、毛南族习惯法研究》，贵州民族出版社，2008，第129页。

不仅仅是指人间的法，即实证法意义上的法律，还应有自然法之义，对法律的信仰，更大程度上，应该是对这种更高位阶的自然法之信仰，以及信仰之后的遵从。而自然法被认为是"一种更高级的律令：一种不成文的律令；一种既不是今天被造也不是昨天被造，而是要亘古长存的律令；一种没有人知道来自何处的律令"。① 中国传统文化中的"报"，即可以被看作这种具有更高效力或位阶的"自然法"之一，甚至可以说，"这种功能的鬼神信仰（鬼神复仇、阴谴等）是中国唯一的，但是，却又是十分有效的正式的民众大宪章"。② 无论是正面意义的报偿、互惠，还是负面意义的报复、报应，它们都使得民间的习惯获得了规范性效力，使得习惯之秩序得以维系。

习惯法作为一种广义上的"法"，其最为根本的特性仍是其规范性，也就是说可以实现对某种秩序的维护。而"法"对秩序的维护，并不一定要依靠暴力惩罚、金钱处罚来实现，有时候，某种观念或信仰，反而更具有效力，"报"就是一个显例。当然，这并非是说"报应观"就绝对地对所有人都具有效力，它当然也是因人而异的，更会因时代变迁而不同。可以说，"佛教中的因果报应法则是一个信则灵、不信则无的问题。对于其虔诚的信奉者而言，因果报应的法则拥有比世俗暴力还要强大的威慑力"。③ 事实上，无论是这种诉诸因果报应的负面之报，还是内含报偿、互惠的正面之报，都存在一个信与不信的问题，或者说是信仰的问题，而更为根本的、更为内在的原因，是一个人是否具有做人的基本良知与善意，如果没有这些，那即使再重的惩罚（可能还只是潜在的，不可验证的），再大的可期待利益，也无法对一个人的行为形成任何约束，当然也不能使相应的民间习惯法获得效力。

---

① 〔法〕马里旦：《自然法：理论与实践的反思》，中国法制出版社，2009，第16页。
② 〔德〕马克斯·韦伯：《儒教与道教》，商务印书馆，1995，第222页。
③ 李可：《宗教社会纠纷解决机制》，法律出版社，2010，第63页。

"报"作为民间习惯法的一个效力来源,还有另外一个启示:正式的、成文的国家法律,是否也需要在刑罚处罚之外,寻求一些其他的效力来源。事实上,现代法律尤其是刑事法律中单纯的刑罚惩治也存在诸多问题,许多时候,犯罪人并不会因存在重的刑罚就放弃犯罪,而更多是想着不被发现,不受处罚,也是在这个意义上,犯罪学的研究认为,犯罪率的降低与提高刑罚力度不一定正相关,而与破案率即被处罚比例有关,或者更明确说,"刑事惩罚的高概率确定性,而不是其严酷性,是达到降低犯罪的残酷性,从而保护公民生命财产安全"。[①] 报应之"报"的不可避免性,正是可以发挥类似的作用。因此,可以说,"报"的观念对于古代中国法律秩序的维护,对于个人遵法守规、诚实有信习惯的养成,都具有重要的意义。

第二节　买卖与唐代社会生活

"买卖"是非常古老的、日常生活不可或缺的一种民事经济活动。古典经济学理论认为,买卖或者更广义的"交换"的产生,是源于分工的出现,而分工是因为人们天然有各不相同的资质才能。有了分工,劳动的生产物便只能满足自己欲望的一小部分,产品有了剩余,这些剩余产品就可以用来交换自己所需的别人劳动生产物的剩余部分,这样刚好交易双方的欲求达成一致,各方的需要都得到满足。[②] 在货币产生之前,这种行为就表现为互换,有了货币这种交换媒介之后,就由货币作为计价单位,形成了更为便利的买卖方式。

在唐代的社会生活中,买卖也是非常常见的。特别是中唐以后,社

[①] 苏力:《法律与文学》,三联书店,2006,第80页。
[②] 有关分工及货币的起源,参见〔英〕亚当·斯密《国民财富的性质和原因的研究》,商务印书馆,2005,第20页。

会政治发生了巨大的变化，经济、市场活动也开始活跃起来。此外，自中晚唐至宋元，也被学界概称为"唐宋变革"时期，就经济而言，唐代中晚期作为中世的结束时代，货币使用尚不多，纺织品和陶瓷也较少，主要供应上层社会；到了宋代以后，铜钱开始广泛使用，金银和纸钞也逐渐盛行，纺织品与陶瓷等产量激增，进入普通百姓之家，社会生活发生着巨大的变革。[①] 因此，在中晚唐以至五代这一过渡期，作为纯商业活动的买卖也逐渐增多，并形成了诸多商业买卖的一些惯常性规范。以下，将从买卖与商业、买卖与唐代吏治、买卖与唐人日常生活等几个方面，来分述唐代社会生活中的买卖。

一 买卖与商业

以是否追求利润为标准，买卖大体可以区分为商业性买卖和非商业性买卖。事实上，现实中的绝大部分买卖活动都属于商业性买卖，也就是以追求商业利润为主要目的。唐朝繁盛之时，作为"两京"的长安、洛阳，是当时世界闻名的国际性大都市，再加上陆海丝绸之路的交通便利，使得唐朝几大都市中的商业买卖异常繁荣。

在唐朝都城长安，就设立专门进行跨区域贸易的"西市"，它位于唐长安城的西南角，亦是陆上丝绸之路的起点，据记载，西市占有两坊之地，约600步见方，四面街宽各100步，近150米，其面积超过1600亩。唐代西市繁荣一时，中外客商云集经营，其中有包括绢行、锦行、秤行等100多行，饭铺、衣肆、粥店、鱼肆遍布西市。饮食业更是发达，三五百人的宴席可以立办。有张家楼、窦家店等名店，还有西域来

[①] "唐宋变革"作为一种由特定史实和史观所构成的概念，最初是由内藤湖南、宫崎市定和京都学派等日本学者提出的，旋即在唐宋史学界引起巨大反响。当然，变革不仅限于经济的变革，自然也包括了政治、文化、兵制、法律等方面。具体参见柳立言《何谓"唐宋变革"?》，《宋代的家庭和法律》，上海古籍出版社，2008。

的波斯邸、胡姬酒肆。① 李白在诗中曾描绘：

> 五陵年少金市东，银鞍白马度春风。落花踏尽游何处，笑入胡姬酒肆中。②

唐代大型都市的市场虽然繁荣，但管理有序，不仅市场开放的时间有严格规定，对设市买卖的地点也有要求，举凡绢锦、米粮、骡马，都有固定的地点进行交易。唐人沈既济在《任氏传》中记载了"郑子"在市场买卖马匹的传奇经历：

> 任氏曰："有人鬻马于市者，马之股有疵，可买入居之。"郑子如市，果见一人牵马求售者，疵在左股。郑子买以归。其妻昆弟皆嗤之，曰："是弃物也。买将何为？"无何，任氏曰："马可鬻矣。当获三万。"郑子乃卖之。有酬二万，郑子不与。一市尽曰："彼何苦而贵买，此何爱而不鬻？"郑子乘之以归，买者随至其门，累增其估，至二万五千也。不与，曰："非三万不鬻。"其妻昆弟聚而诟之。郑子不获已，遂卖，卒不登三万。既而密伺买者，征其由，乃昭应县之御马疵股者，死三岁矣，斯吏不时除籍，官征其估，计钱六万。设其以半买之，所获尚多矣；若有马以备数，则三年刍粟之估，皆吏得之，且所偿盖寡，是以买耳。③

"郑子鬻马"之事，虽然被归入唐代传奇之列，但仍反映出不少唐代买卖中的细节：一是买卖双方已经注意到交易物的瑕疵，并且物的瑕

---

① 参见胡戟主编《西市宝典》，陕西师范大学出版社，2009，第8、10页。
② 《全唐诗》卷一百六十五，中华书局，1960，第1709页。
③ 张友鹤编《唐宋传奇选》，人民文学出版社，2007，第4页。

疵可能影响到物的价格；二是唐代的民间买卖过程中，已经有了讨价还价的价格协商机制，郑子鬻马，能得到高价是由于所卖之马的稀缺性，但实际生活中的普通物品，应该还是依照供需关系的市场机制来确定价格。

事实上，唐代也有不少人专门从事买卖贸易并因而致富的，李公佐所著的《谢小娥传》中就记载了谢小娥父亲买卖经商的经历：

小娥父畜巨产，隐名商贾间，常与段婿同舟货，往来江湖。①

《唐阙史》中亦有商人卖茶的类似记载：

先是，有结客王可久者，膏腴之室，岁鬻茗于江湖间，常获丰利而归。②

可见当时长途运输货物，买卖交易的情形不在少数。当然，在商业买卖中，免不了使用一些小伎俩谋利，如"用出入升斗，出轻入重，以规厚利"，也就说利用买入卖出时不同标准的量具，来谋求正常利润之外的利益，因此李珏"人有籴者，与籴。珏即授以升斗，俾令自量"③的行为，令时人讶异，其父都不解，这种做法，当然是由商人个人素质决定的，而且也只是少数的。

在唐朝一些河运发达地区，商业买卖活动还形成了一定的规模，"商船增多，仅陕州一带，就经常聚积着千余只商船。天宝十年，陕州

---

① 张友鹤编《唐宋传奇选》，人民文学出版社，2007，第96页。
② 《唐阙史》卷下，文渊阁四库全书本。
③ 《太平广记》卷三十一，文渊阁四库全书本。

第一章 唐代社会文化中的买卖

运船失火,被烧的私人'商船数百只'"①。除了专门进行商业买卖的商人,唐代还有专门替人保管或出售贵重物品的"柜坊",也叫"寄附铺",在唐都长安的西市就设有多处"柜坊"。《霍小玉传》中描写了"寄附铺"的营业状况:

> (霍小玉)寻求既切,资用屡空,往往私令侍婢潜卖箧中服玩之物,多托于西市寄附铺侯景先家货卖。曾令侍婢浣纱将紫玉钗一双,诣景先家货之。②

温庭筠亦记述过西市柜坊的情况:

> (窦乂)又令小儿拾破麻鞋,每三辆以新麻鞋一辆换之。远近知之,送破麻鞋者云集,数日,获千余辆。然后鬻榆材中车,输者此时又得百余千,雇日佣人于崇贤西门水涧,从水洗其破麻鞋,曝干,贮于庙院中。又坊门外买诸堆弃碎瓦……又胡人米亮谓乂曰:崇贤里有小宅出卖,直二百千文,大郎速买之。乂西市柜坊锁钱盈余,即依直出钱市之。③

由窦乂行为可知,柜坊在唐代又不单单是供人寄卖物品的,它还有存放钱财等功能,但即使作为钱财的存储店铺,也为买卖的顺利进行提供了保障。柜坊还可能承担一定的融资功能,特别是在贵重物品、价值高昂的买卖当中。这一点在唐人的另一则作品中也得到印证:开元初,名曰三卫之人到长安卖绢,"后数日,有白马丈夫来买,直还二万,不

---

① 杨希义:《略论唐代的漕运》,《中国史研究》1984年第2期。
② 《太平广记》卷四百八十七,文渊阁四库全书本。
③ 《太平广记》卷二百四十三,文渊阁四库全书本。

复踌躇，其钱已锁在西市"。① 这进一步说明，唐代商人在交易时，特别是涉及大额交易，一般将钱预先放在柜坊，待买卖正式成交后，再到西市的柜坊提取现金。如此一来，就可以不用随身携带大量钱币，也避免了运送现钱之苦。

柜坊在长期的经营中，也形成了一些自己的惯例，比如凡是在柜坊存放钱物，都开具相应的凭证，到时候必须持有该凭证来取。有时这种凭证本身还是比较特别的物品，如拄杖、席帽等。② 起初，柜坊可能仅仅提供商人钱财存储之便，甚至还收取一些保管费。后来，部分柜坊积蓄渐丰，开始经营放贷业务，因此有了收入来源，柜坊本身也开始从最初的信托业务向存贷款业务转变，也可能给存放钱财者一定的"利息"。因此，柜坊的性质应属于中古时期金融机构的雏形，至少已经兼有了金融机构的某些功能，即不仅经营货币存储业务，也经营贷款业务。③ 柜坊的这种金融中介功能，大大方便了唐代商人的买卖交易，尤其是在大额买卖当中。

中原以外，在遥远的西域等唐朝边疆地区，规模不一的各种商业买卖亦不鲜见。唐人杜环在其西域行记《经行记》中记载："郛郭之内，里闬之中，土地所生，无物不有。四方辐辏，万货丰贱，锦绣珠具，满于市肆。驼马驴骡，充于街巷。刻石密为庐舍，有似中国宝舆。……葡萄大如鸡子。香油贵者有二：一名耶赛漫，一名没匝师。香草贵者有二：一名查塞莙，一名蒳芦芨。绫绢机杼，金银匠、画匠、汉匠起作画者，京兆人樊淑……"④ 从记述的货物来看，不难想见当时商业贸易之盛。不仅是货物，专事商贸的商人在当时也并非个别，而是形成了一个

---

① 《太平广记》卷三〇〇，文渊阁四库全书本。
② 具体参见《广异记》之《张李二公》，以及《续玄怪录》之《杜子春》等。
③ 参见杜文玉《唐史论丛》，三秦出版社，2006，第292、293页。
④ 《古西行记选注》，宁夏人民出版社，1996，第133页。

个群体，玄奘听闻的一次"意外"间接反映了当时商人群体的情况，"昔有贾客，其徒万余，橐驼数千，赍货逐利，遭风遇雪，人畜俱丧。……于是收诸珍宝，集其所有，构立馆舍，储积资财，买地邻国，鬻户边城，以赈往来，故今行人商侣咸蒙周给"。①"徒万余，橐驼数千"的描写，恐怕稍嫌夸张，但可以肯定的是，当时商旅队伍的规模应该不小，商业买卖已经不是一对一的零买零卖，而可能形成了一定程度的规模化买卖方式。

二 买卖与吏治

唐代社会总体上讲究品级身份，沿袭了中国古代所谓"士农工商"等级观念，商人是被排在末位的，因此官府对商人、商事活动是极为贬抑的。士人阶层亦认为"由命士已上不入于市，周礼有焉"，其原因是买卖交易"冒良苦之巧言，致量衡于险手。秒忽之差，鼓舌伦佇，诋欺相高，诡态横出"②。因此，朝廷官员或士人参与买卖，会被认为是令人不齿的事情。

> 高宗朝，司农寺欲以冬藏余菜出卖与百姓，以墨敕示仆射苏良嗣。良嗣判之曰："昔公仪相鲁，犹拔去园葵；况临御万乘，而卖鬻蔬菜。"事遂不行。③

可见，作为朝廷命官，去做鬻卖蔬菜的营生，是非常不符合身份的，是与为官所要求的官仪、官威格格不入的。武则天时的官员张衡，就有过更大教训：

---

① 《古西行记选注》，宁夏人民出版社，1996，第 95 页。
② （唐）刘禹锡：《刘禹锡集笺证》，上海古籍出版社，1989，第 535 页。
③ （唐）刘肃：《大唐新语》卷四，中华书局，1984，第 64 页。

> 周张衡，令史出身，位至四品，加一阶，合入三品，已团甲。因退朝，路旁见蒸饼新熟，遂市其一，马上食之，被御史弹奏。则天降敕："流外出身，不许入三品。"遂落甲。①

这位令史出身的四品官，马上就要升入三品，经历人生的一大跨越，因为嘴馋，在路边买了一块饼，就被剥夺了升迁的机会。其实，主要原因并非如武则天所说的因"令史"出身，更重要的恐怕在于，张衡作为朝廷大员，竟然到只有市井小人才会去的市场，还亲自买了一块饼，在大街上堂而皇之地吃，实在是大大有损官员的形象，这才导致其升迁无望。可见，唐代对于买卖，特别是官员买卖存有极大的偏见。

尽管如此，在有些特别的买卖交易当中，还是有不少官员的身影。唐代官员进行买卖，主要有以下几种情形。

一种是因个人或家庭生活所迫而进行买卖。比如出任异地，无路资赴任；或清正廉洁，身无余财，生活无以为继，只能出卖家中物品：

> 杨阜为少府，卒，家无余财。和洽为太常卿，清贫守约，至卖田宅以自给，明帝闻之加赐谷帛。②

官员因生活所迫，甚至有出卖奴婢的情况，敦煌文书"押衙韩愿定卖女契"（斯1946）就是这样的例子。在该交易中，作为地方官吏的押衙韩愿定因为"家中用度不接"，将家中奴婢槛胜"出卖于常住百姓朱愿松"，常住百姓在唐朝的敦煌是属于贱民阶层，官员士族将奴婢卖于贱民阶层，实非寻常，"如果仍以唐代严格区分良贱的眼光来衡量，

---

① （唐）张鷟：《朝野佥载》卷四，中华书局，1979，第94页。
② 《册府元龟》卷六百二十二，文渊阁四库全书本。

这诚然是极可诧异的事情"。① 但这也反映出唐代部分官员实际生活的窘困。

当然，唐代官员也并非都因清廉而贫困无依，也有不少人通过当官致富的，比如段文昌就是这样的例子：

> 邹平公段文昌负才傲俗，落魄荆楚间，常半酣于江陵大街往来，雨霁泥甚，街侧有大宅，门枕流渠，公乘醉于渠上濯足，旁若无人，自言："我作江陵节度使，必买此宅。"闻者皆掩口而笑。不数年，果镇荆南，遂买此宅。②

段节度使虽然为官后买宅舍，但应该还是属于正常的买卖行为。还有一种情形，与前述刚好形成对比，那就是为官贪得无厌，积极参与商业买卖，甚至不惜出卖官位谋取私利。乾符二年，在赦文中，唐僖宗特意对这类行为严加申斥：

> 自今以后，如有人入钱买官，纳银求职，败露以后，言告之初，取与同罪，卜射无舍，其钱物并令没官，送御史台，以赃罚收管；如是波斯番人钱，亦准此处分。其柜坊人户，明知事情，不来陈告，所有物业，并不纳官，严加惩断，决流边远，庶绝此类。③

该条赦文说明唐代有人不仅以私人钱财买卖官位，而且还借钱买官，借钱的来源包括柜坊、波斯商人。当然，这种"买官"也有比喻

---

① 张弓：《南北朝隋唐寺观户阶层述略》，《中国史研究》1984 年第 2 期。
② 杜光庭：《录异记》卷四，《唐五代笔记小说大观》，上海古籍出版社，2000，第 1526 页。
③ 参见（宋）宋敏求《唐大诏令集》卷七二《乾符二年南郊赦》，学林出版社，1992，第 365 页。

的含义，实际上可能多是一种贿赂，以高价贿赂官员来获得职位，被形象地称为"买官"，实际上也是一针见血。不仅官员卖官，连朝廷有时也卖官求利，安史之乱后，"用云间郑叔清为御史，于江淮间豪族富商率贷及卖官爵，以裨国用"①，这样的行为，虽解一时之急，但无疑大大伤害了公职的严肃性。

买官卖官之外，一些官吏还非法出售各种官授"资格"，比如允许出家的"度牒"，就是经常被出卖的对象。据载："凡赈荒兴役，动请度牒数十百道济用，其价值钞一二百贯至三百贯不等，不知缁流何所利而买之，及观《李德裕传》，而知唐以来度牒之足重也。"② 而在《旧唐书》中确有其事，据李德裕奏报：

> 王智兴于所属泗州置僧尼戒坛，自去冬于江、淮以南，所在悬榜招置。江、淮自元和二年后，不敢私度。自闻泗州有坛，户有三丁必令一丁落发，意在规避王徭，影庇资产。自正月以来，落发者无算。臣今于蒜山渡点其过者，一日一百余人，勘问唯十四人是旧日沙弥，余是苏、常百姓，亦无本州文凭，寻已勒还本贯。访闻泗州置坛次第，凡僧徒到者，人纳二缗，给牒即回，别无法事。③

可见，官府对违法出家进行控制的"度牒"，也成了一些官吏买卖牟利的对象，只要可以赚取利益，国家税赋是否减少，这些官吏是懒得去关心的。

除了假借买卖以权谋私外，有些官员还直接利用权势，强买强卖。据《唐阙史》记载，当时居住在长安的李仆射就有过这样的遭遇：李

---

① 《旧唐书·食货志》，中华书局，1975，第 2089 页。
② （清）赵翼：《廿二史札记校证》，中华书局，2007，第 418 页。
③ 《旧唐书》卷一百七十四，中华书局，1975，第 4514 页。

仆射在长安修行里有一套居第，与故日南阳相为邻。这位丞相因新纳小妾，无处安置，便三番五次找人说合，意欲以"高价"购买李仆射的居第，李公坚决地拒绝了。后来，李仆射适逢疾病，丞相又托人劝说，建议李公可以将房子卖了买药看病。李仆射听闻大怒，严厉地说："男子寒死馁死，病而死尔，其死命也！先人之敝庐，不忍为权贵优笑之地。"这位南阳相才罢手。① 足见某些官员之贪婪。

三 买卖与生活

对于普通百姓而言，买卖也是常见的一种交易活动，而普通百姓这种生活中的买卖，与商业性买卖有所不同，大多是不追求利润的，不过是满足日常生活所需的买卖。吐鲁番和敦煌发现的买卖契约文书大多属于此类。

（一）买的原因

基于日常生活，"买"的原因大概有如下几种。

一是家庭、个人生活所需。西州、敦煌等地的文书反映了当时现实的生活。后周显德三年，兵马使张骨子买舍契中，提到购买原因时言："缘无屋舍，遂买兵马使宋欺忠上件准尺数舍居住。"② 显然，这是出于居住的生活需要而买。

就唐代更为广阔的社会生活而言，买卖与个人志趣也是息息相关的。唐代文人好酒，故流传的许多诗篇都与"买酒"有关，郑谷的《蜀中三首》亦有："雪下文君沽酒市，云藏李白读书山。"③ 正是描写文人墨客买酒作乐的场景。此外，唐诗中还有买书等记载，吕温的诗作

---

① 《唐五代笔记小说大观》，上海古籍出版社，2000，第1346页。
② 沙知：《敦煌契约文书辑校》，江苏古籍出版社，1998，第26页。
③ 《全唐诗》卷六七六，中华书局，1960，第7742页。

写到买书之事,"君不见洛阳南市卖书肆,有人买得《研神记》"。① 可见唐代文人丰富的文化生活。

还有一些特殊的购买行为,不是一般的生活需要,而是出于其他的目的,如一时不忿之气。在《隋唐嘉话》的《醉道士图》中,就有僧人与道士的争斗中,专为讥讽道士,购买名画的记述:

> 张僧繇始作《醉僧图》,道士每以此嘲僧。群僧耻之,于是聚钱数十万,贸阎立本作《醉道士图》。今并传于代。②

这件事当然属于"传奇"之类,不一定要全然当真,但它却无意中透露出另外的信息,那就是在唐代,买卖不仅是出于生存的需求,也有了为艺术欣赏而进行的买卖,而且类似书画等艺术品尤其是名家艺术品,其价格可能十分高昂,非普通百姓可以奢望的。

二是生产、投资所需。如丁巳年正月十一日,通颊乡百姓唐清奴买牛契中,称其买牛是"为缘家中阙少牛畜",以"生绢一匹,长七三丈七尺"的高价买牛,显然不是为了其他需要,而是用来农耕生产。另外一件契券,丁酉年正月十九日,莫高乡百姓阴贤子买车具契,虽然言称是"为无车乘",但作为一个普通百姓,明显也不仅仅是购买方便出行的交通工具,而应该是为了生产、投资所需,购买可与牲畜套连使用的车具。

三是为死后向神明购买的"阴宅"。这种对"墓地"的购买,实际上是虚拟"买地",也就是中古时代非常多见的"买地券"。如"唐大历四年十二月廿日天山县张无价买地券",买地原因即是"俱城安宅

---

① 《全唐诗》卷三七一,中华书局,1960,第4171页。
② 沈履伟:《唐宋笔记小说释译》,天津古籍出版社,2004,第69页。

兆"，而该地的四至是"东至青龙，西至白虎，南至朱雀，北至玄武"。① 因此，应该是一件与鬼神订立，虚拟化的买地券。另外一件吐鲁番发现的唐至德二年张公买阴宅地契，则写明"南阳张公谨以清酌之奠，谨因今日今时良功吉日，用钱五十千贯文，帛练五十匹。谨与五土将军买宅地一段"。② 从反复出现的"谨"，及"五土将军"等字词看，该地契应该也是一件买地券，其中"钱五十千贯文，帛练五十匹"当是虚数。

对于买地券的作用，韩森认为："用于解除一种在中国很古老的危险：人们掘地造墓，会冒侵占属于神明的土地之险。它也被用于预防阴间无休止的漫长诉讼。"③ 从中古时代中国人的鬼神观念出发，这种解释无疑是有一定道理的，但是买地券由于诞生于当时人们的日常生活中，必然对日常土地的买卖有所折射，因此，它也反映了现实中土地买卖契约文书的某些特征。④

（二）卖的原因

生活中卖的原因则相对较为单一，大多数都是由于家庭生活窘困，债负沉重，不得不出卖某些"财产"。如"未年上部落百姓安环清卖地契"中，如此说明出卖原因："为突田债负，不办输纳。"唐乾宁四年平康乡百姓张义全卖舍契中，则写"为阙少粮用，遂将上件祖父舍兼屋木出卖与洪润乡百姓令狐信通兄弟"。再比如莫高乡百姓

---

① 〔日〕Yamamoto, Tatsuro, On Ikeda, Makoto Okano, Yoshikazu Dohi, Yusaku Ishida eds, *Tun-huang and Turfan Documents Concerning Social and Economic History*, Tokyo, The Toyo Bunko, 1987, p.15. 后文引用敦煌、吐鲁番文书，如未特别说明，均出自该书。
② 《吐鲁番出土文书》第九册，文物出版社，1990，第255页。
③ 〔美〕韩森：《传统中国日常生活中的协商》，江苏人民出版社，2009，第141页。
④ 对于"买地券"的性质，学界多有争议，有人认为是冥世契约，并非实在的土地买卖文书。对此问题的详细讨论见鲁西奇《汉代买地券的实质、渊源和意义》，《中国史研究》2006年第1期；李显冬《"民有私约如律令"考》，《政法论坛》2007年第3期。

郑丑达卖舍契中，出卖理由为"伏缘家内贫乏，债之深计，无许方求"。因家境困难，不得已而"卖"的交易，尤以出卖儿女达到极致，在"丙子年赤心乡百姓妻吴氏卖儿契"中，明言是"夫主早亡，男女碎小。无人求济，急供衣食，债负深广"，因此不得不将年仅七岁的小儿"庆德"出卖与令狐信通，虽短短五句，二十来字，却道尽吴氏生活之艰辛。

除了家庭自身的窘困以外，还有一种原因是过重的税赋。"李实为京兆尹，暴敛苛索，民不聊生。优人成辅端戏作诽语曰：秦地山河二百年，何期如此贱田园。一顷麦苗五石米，三间堂屋二千钱。谓民皆卖田屋以输赋也。"① 可见，部分官员的横征暴敛，也是导致百姓出卖田屋的重要原因，当然，这种出卖是迫不得已的无奈之举。

以上原因，不论是债负深广、家内"贫乏"，还是税赋沉重，都是由于家计困难，生活无着，不得已而卖，因此大都可以归结为经济上的原因。当然，并不排除有一部分买卖是平等自愿的交易，其中并无被迫的成分，如后周显德三年张骨子买舍契，其买舍原因就是"缘无屋舍"② 居住，而且买卖双方均是有一定官职的"兵马使"，应该是自愿平等的交易。当然更为常见的是一般的商业性的"卖"，如杜甫的《缚鸡行》："小奴缚鸡向市卖，鸡被缚急相喧争。"③ 张籍的《宿江店》："停等待贾客，卖酒与渔家。"④ 再比如"卖卜"，岑参的《严君平卜肆》："君平曾卖卜，卜肆芜已久。"⑤ 都是这样的例子。

还有一类，主要是田宅的买卖。后周显德四年（957年）正月二十五日，敦煌乡百姓吴盈顺卖地契中，对于出卖原因，如此写道："伏缘

---

① （清）赵翼：《廿二史札记校证》，中华书局，2007，第436页。
② 沙知：《敦煌契约文书辑校》，江苏古籍出版社，1998，第26页。
③ 《全唐诗》卷二二一，中华书局，1960，第2335页。
④ 《全唐诗》卷三八四，中华书局，1960，第4309页。
⑤ 《全唐诗》卷一九八，中华书局，1960，第2043页。

上件地水佃种，往来施功不便，出卖与神沙乡百姓琛义深。"① （见图1-1）中古时代交通不便，交通工具又受限，因此对于路远不便的田地，完全有出卖的理由。当然，通行不便的田地，有时也可以通过交换的方式来取得离家较近的田地，从而解决问题。

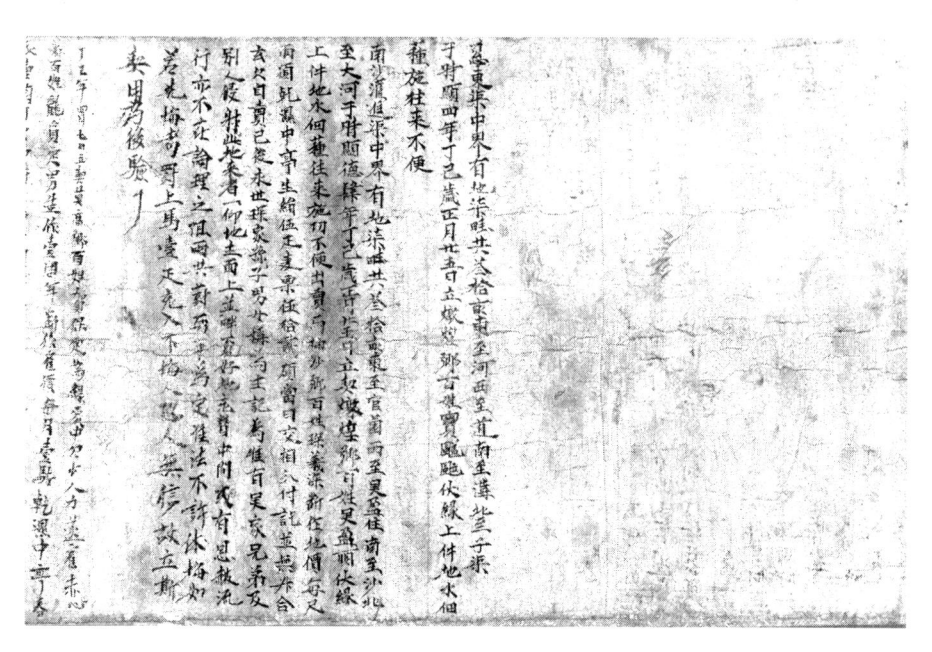

图1-1 敦煌买卖契 P.3649（局部）

在一些志怪类小说中，也提及一些"卖"，其原因就超乎常人理解，近乎神奇了，《太平广记》记载了这样的故事：

> 以吾之肌肤，不啻值二万钱也。只负汝一缗半，出门货之。人酬尔。然而无的取者，以他人不负吾钱也。麸行王胡子负吾二缗，

---

① "施功不便"，山本达郎书作"施行"，唐耕耦书作"施功"，查 IDP 原文书图（P.3649），更似"施切"。综合文本含义，唐耕耦书"施功"似乎更为恰当。

吾不负其力。取其缗半还汝，半缗充口食。……乃点头，遽令货之，人酬不过缗半，且无必取者。牵入西市麸行，逢一人长而胡者，乃与缗半易，问之，其姓曰王。自是连雨，数日乃晴。①

这类拟人化的牲畜传说自不必当真，但若稍加分析即知，这只驴之所以能顺利出卖，原因之一是"王胡子负吾二缗"，也即是麸行的老板王胡子欠了他钱，所以才愿意以较高的"价格"买入，这里的价格似乎不仅仅是所买"驴"本身的价值，而是包含了欠人钱财的"人情"，买了驴，使其不用再受劳役之苦，也就还上了这份"人情"。这种包含"人情""情谊"的买卖，在中国特殊的历史社会背景下，倒有了一般的意义。也就是说，传统中国人的买卖中，并非是十分精确的成本利润核算，"一分价钱一分货"，货物的价格是和人情关系紧密相关的，"这里的价格公平原则被转注为：若是某某人与我关系近，有关价格公平的正义就可以在差序格局中的关系近这一水平上来划定"②，这也构成了传统中国买卖中价格确定的独特之处。

四　僧人买卖

僧人是否允许参与买卖，是一个值得探讨的问题。就常识而言，僧侣出于生活需要，购置生活用品亦是情理之中的事情，当不在禁止之列。问题是，假如僧人从事追逐利润的商业买卖活动，是否被允许，抑或是受到某些规制，仍有探讨的必要。

首先来看僧人主要基于个人生活需要的买卖。这类行为，虽为僧人生活所必需，也只在一定情形下是被允许的，"六众比丘在市场上购买

---

① 《太平广记》卷四百三十六，文渊阁四库全书本。
② 赵旭东：《法律与文化》，北京大学出版社，2011，第167页。

了各种食物。佛陀指责各种讨价还价的交易，尤其是抨击在这类讨价还价之后的所得。然而，以物易物，买和卖在很大程度上都是允许的，一切都取决于人们的意愿和形势"。① 在敦煌的佛教寺院中，还流传着一种习俗，就是对亡故僧人衣物的分配与售卖，"售购僧侣们的衣物以及允许他们所占有的小物品，在僧伽内部并不受禁，其条件是不要由此而产生了'不净语'，不要怀有发财致富的念头。'佛言：从今日听众僧中卖衣，未三唱应益价。'"② 事实上，在敦煌、吐鲁番等地发现的券契文书中多有体现，典型的如唐大中五年二月"僧光镜负俫布买钏契"，在该交易中，僧人光镜因为缺少车上的小头钏，遂于僧人神捷处购买了小头钏一枚，作价布100尺。僧人神捷是否因此获利，不得而知，但该契券却清楚地说明，在僧人之间存在着因生活需要而进行的买卖交易。此外，僧人还广泛参与卖地、买奴等多种买卖交易，如7世纪末用于阗文写成的高僧买奴契，③ 以及后唐天成二年"龙门寺主僧卖地碑"等，都表明僧人在参与买卖，虽然这类买卖交易大多是出于僧人个人生活所需，但并不能完全排除僧人基于获利目的的交易行为。

其次，僧人作为一个团体，或者寺院本身，是否能从事商业性、营利性的买卖问题相对复杂。就佛教的经义而言，为了戒除"贪欲"，佛教徒是不允许追求财利的，"沙弥十戒"的最后一戒就是"不捉持生像金银宝物"，这也通常被称为是"银钱戒"，之所以如此规定，是佛教徒为了破除贪心，破除普通人"人为财死"的习性，避免成为财富的奴隶。而且，佛教早期在印度发展时，倡导的是苦行僧式的修行，只要求最简单的衣食住行，住在野外，化缘乞食，穿用更不讲究。佛教进入

---

① 〔法〕谢和耐：《中国5-10世纪的寺院经济》，耿昇译，上海古籍出版社，2004，第159页。
② 〔法〕谢和耐：《中国5-10世纪的寺院经济》，耿昇译，上海古籍出版社，2004，第89页。
③ 该契为木质，一分为二，现藏于中国国家图书馆。

中国后，随着官府的重视及佛教寺院自身的发展，经济条件逐渐好转，以致个别寺院积累了大量财富，发展成"寺院经济"。但在总体上，对于金银、财富的拒斥，并没有消减。为了继续维持"银钱戒"，规定出家人的生活必需品，都由其所在僧团的常住来供给。所以，也只有常住可以接受银钱，但仍有诸多限制，如比丘不可亲手捉持，沙弥或可捉持，如有五戒净人，则应由五戒净人负责接受并保管，而且还要由普通俗人蒙起眼睛，带他将银钱放置在指定的处所。[1] 这种种要求与限制，使得僧人要从事与银钱须臾难分的买卖活动，几乎是不可能的。

但是，从另外一些经文中看，佛教经义似乎又并不完全拒斥对于利益的追逐，当然这种"利益"应当是合理的、正当的。"佛教诸律禁止信徒出于求利心而从事买卖营利，但允许为供养、兴隆、维持佛法僧三宝及为教团全体而谋利，并认为出售教团的剩余财货得利无罪。例如《僧祇律》谓，平时买入谷，以供修行，谷价腾贵时货卖剩余，余者粜得利，无罪……"[2]《根本说一切有部毗奈耶》卷二十二又有："世尊告曰：'若为僧伽，应求利润。'闻佛语已，诸有信心，婆罗门居士等，为佛法僧，故施无尽物。此三宝物，亦应回转求利，所得利物，还于三宝而作供养。"[3] 经文只是说可以用三宝物"求利"，至于具体的方法并未详述，但从寺院占有的财产来看，主要为麦、粟等各种粮食，锦、帛等丝布织品，以及一些田园库舍等不动产，要使寺院的这些财产获利，除了借贷得利息外，更为直接的办法就是出卖，抑或低买高卖。这类行为在史料中并不多见，唐代新罗僧人在《往五天竺国传》中对地处西亚的"西业者多"[4] 国略有记述：

---

[1] 参见圣严法师《戒律学纲要》，宗教文化出版社，2006，第 136~138 页。
[2] 〔日〕塚本田隆：《北魏的僧祇户佛陀图户》，《日本学者研究中国史论著选译》（七），中华书局，1993，第 275 页。
[3] 《根本说一切有毗奈耶》卷二十二，（唐）玄奘等译，新文丰出版公司，1982。
[4] 或认为即《法显传》之呵多国，在今巴基斯坦北部。

此王每年两回设无遮大斋，但是缘身所受用之物，妻及象、马等，并皆舍施。唯妻及象，令僧断价，王自还赎，自余驼、马、金、银、衣物、家具，听僧货卖，自分利养。①

虽然"西业者多"国的事例并不能完全代表唐朝治下的情况，但同处西域，在同一种宗教观的影响下，这些事例还是可作参考的。一般地说，僧团、寺院参与有一定盈利的买卖活动，也是情有可原的，毕竟宗教、寺观的生存、发展也需要经济的支撑，而且"寺院经济为寺院开展慈善活动提供了物质基础"②。

但是僧团、寺院毕竟是特殊的主体，在从事买卖中，还有一些特别的限制。其一，土地等不动产的买卖受限，由于佛教寺院的土地大多源自捐赠，具有很大的公益性，因此无论是佛教戒律，还是世俗法律，一般都禁止出卖寺观土地谋利的行为；其二，涉及奴婢甚至牲畜的买卖，佛教戒律也表现出极大的谨慎，《四分律删繁补阙行事钞》中曰："多畜女人或卖买奴婢者，其中秽杂孰可言哉……比丘之法，不得卖买生口等。伽论为塔故受驼马骡，今有施佛法家畜生，而知事有卖者，并不合圣教。"③ 戒律虽有明确规定，但由于存在实际的需要，唐代佛教寺院中的奴婢并未绝迹，反而随处可见，人数也不少，《唐会要》记载："天下诸寺奴婢，江淮人数至多。其间有寺已破废，全无僧众，奴婢既无衣食，皆自营生。或闻洪、潭管内，人数倍一千人以下，五百人以上处，计必不少。"④ 其三，由于佛教有不捉持贵重金属戒，故买卖所获的钱币、布匹等，也必须交由一个特定的人，如净人，或者通过布施僧

---

① 《古西行记选注》，宁夏人民出版社，1996，第111页。
② 严耀中：《佛教戒律与中国社会》，上海古籍出版社，2007，第453页。
③ （唐）释道宣：《四分律删繁补阙行事钞》卷中一《随戒释相篇第十四》，《大正藏》第四十册。
④ 《唐会要》卷八十六《奴婢》，上海古籍出版社，2006，第1862页。

众来处理。其四，从事有利的买卖，一般来说是不被允许的。如果"一位比丘仅想从事有利的买而不想从事有利的卖，那仅仅是一种轻罪；如果他已经有利地卖而不再买回任何东西，情况也一样的。但是如果他从事有利的买卖，这就是尼萨耆波夜提（即学处，这种作孽既要求忏悔，又要放弃已获得的财产）"①。但征诸史实，上述限制仍然是可变通的，买卖得利虽不允许，但也区分是个人还是僧众团体得利，如果是后者，似乎也不完全禁止。

此外，僧人作为一种身份特殊的人，还在民间买卖中充当多种角色。一种是作为证明买卖契约成立的见人或证人，这是最为常见的一类角色。在买卖等类契约中，大量出现寺僧作为契约成立的见人，僧人充当契约的见人除了由于大量的交易与寺院有关外，还缘于僧人这一群体参与民间社会生活的程度。

另外一种角色是作为担保买卖契约履行的保人。一般而言，保人要求极强的身份属性，并且需要具备一定的财产能力，才可以胜任。如"吐蕃未年敦煌尼明相卖牛契"（S.5820）的保人分别为"尼僧净情年十八，僧空照，王忠奴年廿六，尼明兼"②，四个保人中有三人身份为僧人，可见以僧人作保，也有一定的用意。也许在契约的相对方看来，作为有宗教信仰的教徒，无论是其道德水准，还是其财产身份，都更适合充当一个合格的保人。

还有一类就是买卖契约的其他参与人，如"书契人"等，僧人就比较少见。值得注意的是，僧人作为书契人出现，从一个侧面说明了僧人群体在知识层面的优势，因为当时多数百姓可能连自己的名字都无法书写。③

---

① 〔法〕谢和耐：《中国5-10世纪的寺院经济》，上海古籍出版社，2004，第158页。
② 《敦煌资料》第一辑，中华书局，1961，第296页。
③ 所以普通百姓在订立契约、签字画押时只能以"十"或者"七"等简单符号来代替，而其名字实际上是由书契人一并写好的。

可见，从买卖契约交易的双方，到买卖成立的见人、买卖履行的保人，乃至买卖契约的书契人，都有寺院僧人的参与，这充分显示了佛教僧众参与买卖交易的程度。他们的参与，又或多或少地会将某些宗教观念渗透进买卖的民间规则，从而间接地影响买卖交易。

第三节　唐代买卖的类型

前文综述了唐代买卖的各种情况，之所以不厌其烦地进行罗列，实际是为了对各种买卖作大致的区分。而对买卖行为进行分类，又是对其具体规则进行继续研究的必要基础。仁井田陞在《中国法制史研究：土地法·契约法》中的"卖买法"将中国古代的卖买分为普通动产的卖买、不动产的卖买、奴隶牲畜的卖买，预付款的卖买（手附）、赊卖以及绝卖（永代賣買ヒ買戾）等几类；[1] 郑显文在对唐代律令制的研究中，则将唐代的买卖分为不动产商品买卖和动产交易两大类；戴炎辉在其法制史专著中，亦在大类上将中国古代买卖分为动产和不动产两类，不动产买卖下又区分绝卖和活卖，动产买卖下则区分即时买卖和赊卖、定金买卖等。[2] 仁井田陞、郑显文、戴炎辉等人的分类方法，不自觉地都以动产、不动产作为主要的类型划分，显然是由于各自具有着深厚的现代法学功底，将这种法学理论运用到法史学的研究中，自然大大增加了法史学的法学性，应该说是具有一定道理的，但是如此分类的不足仍然存在。首先的问题是动产、不动产的说法只是现代法学理论的概念，古人并无此类提法，[3] 强用现代概念解读古代法律现象，不免有凿枘不

---

[1] 参见〔日〕仁井田陞《补订中国法制史研究》，东京大学出版会，1991，第360～383页。
[2] 参见戴炎辉《中国法制史》，三民书局，1979，第327页。
[3] 中国古代法律中，尚无动产、不动产的区别，倒是对动产有"动物"的说法。动产、不动产，即使在今日之中国农村，仍然是不常用的概念，乡民们更愿意用"业""地""房宅"等固有概念称呼。

合之处；其次，仅就动产而言，在仁井田陞的划分中，将其分为普通动产的买卖和奴隶牲畜的买卖，他无疑是看到了普通动产和奴隶牲畜买卖在程序要求上的不同，但是，将不动产与奴隶牲畜并列，在种属关系上，又有些混乱。况且，奴隶牲畜这类财产，更近似于今日的车船等，其物权的转移须履行官方登记等手续，也兼具不动产的特性，因此更无法并称。另外，动产、不动产主要是从标的物的性质而言的，赊卖、预付款卖则又是从价款支付时间的角度而分，故仁井田陞的这种分类虽然看似全面，但在种属及类型标准方面，均有不尽确切之处。郑显文研究中区分了动产与不动产，应该是受到仁井田陞等学者的某些影响，然而稍有不同的是，他在不动产后面加了一个限定词"商品"，这又对于买卖的内涵进行了限缩，这或许是由于他主要的关注点在于经济管理法制，但从民间习惯法的角度看，实际上大多数的买卖，并非就是商业性的商品买卖，更多的还是基于日常生活需要的、一对一的买卖。

基于上述分析，结合本书研究之官法与乡法的视角，笔者拟从买卖的标的或对象以及买卖中价金的支付情况两个角度来进行分类。

一 从买卖的对象分类

人类生活纷繁复杂，可以作为买卖的对象也种类繁多，大至宅舍、土地，小至粗衣、用具，都可以拿来买卖。本书主要根据标的物性质和唐代"官法"对其买卖程序的要求不同，从概述的角度区分为奴婢的买卖、牲畜的买卖、田宅买卖和普通物品的买卖。作出这一分类，是由于无论是买卖的形式，还是买卖的标的本身，都有着很大的差别，因此显示出各自的独特性。

（一）奴婢的买卖

奴婢的买卖，在唐代被视为是合法行为，但是要求履行一定的程

第一章　唐代社会文化中的买卖

序。一是为防止良人被出卖,要确认奴婢的身份,即所谓的"过贱"。唐代诏令记载:"旧格买卖奴婢,皆须两市署出公券,仍经本县长吏引检正身,谓之过贱,及问父母见在处分,明立文券,并关牒太府寺。"①二是需要有经官府认证的书面契约,即"立券"。《唐六典》明确记述:"凡卖买奴婢车马,用本司、本部公验以立券。凡卖买不和而榷固……并禁之。"② 唐代奴婢的买卖,在京城是由两京诸市署掌管,在州县则设立市令、史等官吏进行管理。这种对奴婢买卖的管理,并非仅仅停留在法律的文本上,而是落实在交易的实践当中。吐鲁番出土文书中有数件买卖奴婢的市券,以"唐开元二十年(732 年)薛十五娘买婢市券"为例,其正文是:

1 开元二十年八月　　日,得田元瑜牒称:今将胡婢绿珠年十三岁

2 于西州市出卖与女妇薛十五娘,得大练四十匹。今保见集,

3 谨连元券如前,请改给买人市券者。准状勘责状同,问

4 口承贱不虚。又责得保人陈希演等五人款,保上件人婢不

5 是寒良玄诱等色,如后虚妄,主保当罪。勘责既同,依给

6 买人市券。

7 用州印　　　　婢主田元瑜

8 胡婢绿珠年十三

9 保人瀚海军别奏上柱国陈希演年四三

10 保人行客赵九思年卅八

后略③

---

① (宋)宋敏求:《唐大诏令集》卷五《改元天复敕》,中华书局,2008,第 33 页。
② 《唐六典》,中华书局,1992,第 543 页。
③ 参见《吐鲁番出土文书》第九册,文物出版社,1990,第 29 页。

由该文书内容可以看出，唐朝官府正是通过控制奴婢买卖市券的颁发，来严格规范奴婢交易的。为了确保所卖奴婢的卑贱身份真实可靠，唐朝官府要求出示最初的契券，即"元券"，并要"准状勘责"，也就是当面验证。履行完这一系列手续，尚且不够，还要有相当数量的保人，保证出卖之人身份卑贱，交易合法，如果出现"良人"被诱拐、货卖的情形，不仅出卖人，而且连保人也要一块承担刑事责任。这件文书给我们的另一个启发是："市券"在奴婢市场交易的管理过程中，可能不仅仅是经官府认证的交易契约，它更是一份官方的法定证明文书，其作用不只在证明交易的合法有效，也在一定程度上是"物权"的证明，亦即证明买主对其所购买奴婢的所有权。

奴婢的买卖在唐代非个别现象，而是形成了一定的规模，甚至产生了一些固定的市场。据研究，"唐时的奴婢市场主要出现于岭南诸州、京都长安以及扬、泉、荆、益、登、莱等州的一些较大的城市"。① 在京城长安，专门划出区域设立中市，作奴婢买卖之用，"高宗时并此坊及大业坊之半设立中市署，领口、马、牛、驴之肆，然已偏处京城之南，交易者不便，后但出文符于署司而已，货鬻者并移于市"。② 可见当时奴婢买卖规模之盛。

除两京、扬州等大都市以外，不少乡村小镇的墟市或草市也有小规模的奴婢交易。据柳宗元记载：

> 越人少恩，生男女，必货视之。自毁齿已上，父兄鬻卖，以觊其利。不足，则取他室，束缚钳梏之。至有须鬣者，力不胜，皆屈为僮。当道相贼杀以为俗。幸得壮大，则缚取幺弱者。汉官因以为

---

① 李季平：《唐代奴婢制度》，上海人民出版社，1985，第203页。
② （清）徐松：《唐两京城坊考·安善坊》，中华书局，1985。

己利，苟得僮，恣所为不问。以是越中户口滋耗，少得自脱，惟童区寄以十一岁胜，斯亦奇矣。桂部从事杜周士为余言之。童寄者，柳州荛牧儿也。行牧且荛，二豪贼劫持，反接布囊其口，去逾四十里之虚所卖之……①

柳宗元文中所述于"虚所"出卖，应当就是在墟市、草市一类乡村小镇出卖。而从区寄被劫持出卖来看，这种小村小镇的奴婢买卖行为，极有可能并不严格履行诸如"过贱""立券"等相关的合法手续，仅仅为获一时之利而将良人出卖。当然，这种行为在唐律中是被严厉禁止的。区寄的故事也从侧面说明了，唐时的岭南，非法货卖人口的事情是比较常见的，针对此种现象，唐朝政府多次专门制定诏令，对此加以禁断，比较重要的如《禁岭南货卖男女敕》：

昼乏暮饥，迫于征税，则货卖男女，奸人乘之，倍讨其利，以齿之幼壮，定估之高下，窘急求售，号哭逾时，为吏者谓南方之俗，服习为常，恬然不怪。因亦自利，遂使居人男女，与犀象杂物，俱为货财，故四方鳏寡高年，无以养活，岂理之所安，法之所许乎？纵有令式，废而不举，为长吏者，何以副吾志哉？自今以后，无问公私土客，一切禁断，勒诸州刺史，各于界内设法钤制，不得容奸，依前为市。②

不难看出，唐代禁止非法货卖男女的敕令，不只是从法律秩序的角度出发，也诉诸孝慈的一般情理。而且，仅由该诏令看，似乎这一时

---

① （唐）柳宗元：《柳河东全集》，中国书店，1991，第208~209页。
② （宋）宋敏求：《唐大诏令集》卷一〇九，中华书局，2008，第567页。

期，对于未成年男女买卖的禁止，不仅限于良人，而是对身份不加区别的"一切禁断"。当然，这种政策性诏令只是一时之法，但在其中仍可一窥唐代皇帝对有悖"孝慈之理"的货卖年幼男女的憎恶。

（二）牲畜的买卖

牲畜的买卖在唐代也是特别的一种，说其特别，主要是由于牲畜对于古人生活之重要性。以农耕为主的中古时代的生产活动，牲畜是最为重要的生产工具，价值也较为昂贵，因此对于牲畜的买卖，不仅普通百姓重视，行使管理职权的官府也极为关注。

作为价值较高的财产，牲畜的购买同样要遵守一定的官方程序，订立一份正式的书面契约是必不可少的。与普通物品买卖不同的是，牲畜买卖的契约文书，不仅需要得到买卖双方的签字或画押认可，还要经过官府主管机关的认证，才能最终获得法律效力。

在牲畜的购买中，由于是要发挥其作为生产工具的功用，因此牲畜本身的完好无缺，也就成为买卖得以有效确立的重要条件之一。牛马等牲畜自身存在的瑕疵之一就是存在病疾，这会严重影响其作用的发挥。故此，在民间牛马等牲畜的买卖中，对于牲畜健康状况的保证，是买卖契约的重要条款。典型的说法有"三日不食水草，得还本主"，也就是如果牲畜有病疾等瑕疵，无条件退还卖主。唐咸亨四年（673年）十二月十二日前庭府队正杜某买驼契中，即对此明确约定："三日不食水草，得还本主。待保未集，且立私契。保人集，立市契。"这种因牲畜"不食水草"而使交易失效的约定，并非个例，在敦煌、吐鲁番牲畜买卖的券契中多次出现。

牲畜瑕疵的另一方面是有关卖主所有权。作为卖主，需要保证所出卖的牲畜来源合法可靠，具备完全的所有权。唐开元二十一年（733年）正月五日西州百姓石染典买马契中，即有"如后有人寒盗识认者，一仰主保知当，不关买人之事"。上文中的"寒盗"在有的契券中也写作"寒道""呵盗"等，语词略有不同，但意思大同小异，多指买卖契约的第三方，或所卖标的物真正的所有权人，前来主张其对该财产的权利，如果发生类似事情，就会严重影响到买方的利益取得，因此必须在契约中，对这种可能的风险承担或担保预先作出约定。当然，权利的瑕疵不仅限于牲畜、田宅，甚至其他一般动产的交易中，也会涉及权属不清、权利不完整等情形。

（三）田宅的买卖

田宅的买卖在唐代也是比较重要的一个类型。对于土地的买卖尤其是买卖"口分田"，唐律是禁止的。但实际上，中晚唐，各种土地的买卖并不鲜见，土地流转十分频繁。宅舍的买卖，唐律中并无明确的禁止性规定，唐代民间也一直存在宅舍买卖的实践。

由于田宅在唐代属于较为贵重的财产，因此一般都订立书面契约，对双方的权利义务进行明确约定，特别是有关价款的支付、违约处分等，几乎是这类买卖契约中必备的条款。此外，虽然唐代官法尚无明确"亲邻之法"，但在实践中，已经有所体现，不少田宅的买卖，都约定"姻亲"人等不得干涉，这应该是亲邻先买权在早期民间实践中的一种表现。

对于附着于土地房屋的定着物，其所有权在买卖中是否随同移转，也就是附着物的归属问题，唐代官法中并无明确规定。但在民间田宅的买卖中，却形成一些惯例。在大多数情况下，如果不加以特别说明，即默示这些定着物随田宅一起转移。唐初著名直臣王义方为侍御史，在长安买宅居住。买后数日，忽对宾友指庭中桐树一双曰："此无酬值。"宾友言树当随宅，别无酬例。义方曰："我只买宅耳，树何所载。"召宅主付之钱四千。[①] 这一记载，至少说明唐代宅舍的附随物或定着物的

---

① （明）刘宗周：《人谱》，商务印书馆，1940，第77页。

所有权，在实践中是随着宅舍本身一起移转的。

（四）其他物品的买卖

除了奴婢、牲畜、田宅等较为贵重财产的买卖以外，还有一些其他财产的买卖，只是这些类型买卖的契券留存甚少，而且，所谓"其他物品"也大多是与普通民众生产生活密切相关的。

（1）棺材的买卖。吐鲁番出土契约中，有一件"翟姜女买棺约"：

大女翟姜女，从男子乐奴，买棺一口，价练廿匹。练即毕，棺即过。若有人名棺者，约当召乐奴共了。旁人马男，共知本约。

虽然这仅仅是一副棺材的买卖，但契文中价款、权利瑕疵担保、见人等一应俱全，充分说明立约人对当时一般契约格式的熟悉。

（2）葡萄（园）的买卖。葡萄或桃园的买卖，在高昌时期的西州是非常常见的，这大概是由于葡萄的种植在吐鲁番自唐代开始就是比较普遍的了。如吐鲁番出土的文书"高昌年次未详三月廿八日张元相买桃券"：

1 岁三月廿八日，张元相　　边
2 渠蒲桃（葡萄）一园，承官役半亩六十步
3 价银钱五十文。钱即毕，桃即付。桃中
4 桃行。桃东诣渠，南诣道，　分垣，北诣
5 桃四在之内，长不还，促不足。车行水道依旧通。若后
6 时有人呵盗认名者，仰本主了。二主和同立券，券成
　后略

这类买桃券，在四至、价款、瑕疵担保方面与其他买卖大同小异，

令人费解的是其标的。前引第 2 行，虽指明是买葡萄一园，但是买一园中葡萄果实，还是连同土地一块购买，并不十分清楚。从价银来看，"五十文"的价格似乎很难将葡萄连同葡萄园的土地一块买走，① 但从第 5 行之担保来看，"四在之内，长不还，促不足"，以及"车行水道依旧通"的约定，似乎又是指葡萄园，即土地的买卖。故此，本书倾向于认为这类券契涉及葡萄园的土地及其附着物的整体购买。

二 从买卖的价款分类

根据买卖交易中价款支付的时间，买卖后标的物所有权的移转情况，可以区分为赊卖与赊买、活卖、绝卖、即时买卖等几种类型。

（一）赊卖或赊买

如果价款的交付和买卖标的物的交付不同时进行，也就是或者先取得标的物，后付价款，或者先取得价款，后交付标的物，那就属于"赊买"或"赊卖"。"赊"在《周礼·司市》的郑玄注中被解释为"民无货，则赊贳而予之"。② 《说文解字》释"赊"为："贳买也。从贝，余声。"贳买的意思，就是先取得货物，后付钱，而货物本身具有一定价值，故这种买卖实际上又含有借贷的因素在内。③ 唐代字书《俗务要名林》释"赊"为"买物未与钱"。④ 仁井田陞认为："主要是在动产的买卖中，先取得标的物，后支付买卖的价款，这种现象在古代中国不少，它被称为赊、贳或者赊贳。"⑤ 也就是说，赊卖或赊买主要发

---

① 参考同地域其他土地的价格可知，五十文属于较低的价格。如"高昌延寿十五年史某买田券"中，买"常田一分"，价银为"三百九十文"。
② 《周礼·司市》,《周礼注疏》，上海古籍出版社，2010，第 518 页。
③ 在《说文解字》中，"贳"的意思就是"贷"，因此，赊卖和借贷在某些时候有无法清楚区分的共通之处。
④ 见《续修四库全书》第 236 册，上海古籍出版社，2002，第 359 页。
⑤ 〔日〕仁井田陞：《中国法制史研究：土地法·取引法》，东京大学出版会，1985，第 374 页。

生在动产买卖的场合。贯与赊实际上还有更细致的区别,清代段玉裁对此解释说:"贯买者,在彼为贯,在我则为赊也。"① 也就是说,二者的区别主要在于相对人的不同。

对于赊买和赊卖的区别,加藤繁认为二者都是源于信用而成立,一为消费信用,一为生产信用,前者适用于商人和消费者之间,后者则适用于商人同业或者商人和工业者之间。消费信用是为了缓和生活的窘迫,而生产信用能够增大资本的效力,促进物资的流转,和一般经济的发展有密切的关系。② 因此,赊买大多是出于生活所迫,而赊卖则多为生产、投资的目的。其实,就一般而言,二者的区别主要源于参照系的不同,对于买方而言,后付价款,先取物,是一种赊买;而对卖方而言,先给付货物,后取价款,当然是赊卖了。

本质上,赊买一般是指先取得货物,后支付价款的买卖行为,这实际上是"赊"的本意。赊买,在中国古代是很常见的一种民事行为,早在汉代,就有多个赊买皂布单衣的简牍存世。③ 唐代以来,民间对赊买更是习以为常,《全唐诗》中,张乔的《赠友人》有:"典琴赊酒吟过寺,送客思乡上霸陵。"④ 许浑《郊居春日有怀府中诸公并束王兵曹》:"僧舍覆棋消白日,市楼赊酒过青春。"⑤ 杜甫的《病后过王倚饮赠歌》中也有:"遣人向市赊香粳,唤妇出房亲自馔。"⑥ 由上述事例可以粗略地知道,赊买,确如仁井田陞所说,大致以动产为主,而且大多是酒、粮食等,属于价值相对较低,又与日常生活密切相关的物品,诸

---

① (清)段玉裁:《说文解字注》卷六下,《续修四库全书》卷二〇五,上海古籍出版社,2002,第608~609页。
② 参见〔日〕加藤繁《宋代的商业习惯"赊"》,《中国经济史考证》,商务印书馆,第1955页。
③ 连劭名:《汉简中的债务文书和"贯卖名籍"》,《考古与文物》1987年第3期。
④ 《全唐诗》卷六百三十九,中华书局,1960,第7328页。
⑤ 《全唐诗》卷五百三十六,中华书局,1960,第6116页。
⑥ 《全唐诗》卷二百一十七,中华书局,1960,第2280页。

如衣物、饮食之类。

在敦煌和吐鲁番的契约文书中，也有多件赊买的契约。如"丁巳年（957年）正月十一日通颊乡百姓唐清奴买牛契"中，虽然也说"其牛及价，当日交相分付讫为定"，但实际上在契尾处又约定：价款"绢限至戊未年十月"付清，故实际上价款并未当场交付，仍属于赊买；在"宋淳化二年（991年）十一月十二日押衙韩愿定卖女契"中，同样约定价款"熟绢两匹，限至来年五月尽填还"，应当也是赊买；"高昌延寿四年（627年）月十八日赵明儿买作人券"中亦约定价银共计"三百八十文"，立契当日交付二百八十文，余下一百文"到子岁正月二日"交付完毕，但实际上根据契尾的记载，首次的二百八十文并未交清，其后又分一百八十文、一百文、二十文，一直到"次十八日"支付八十一文等共计四次，才陆续全部交清，故也是赊买。若再作区分，前两例是买方全款未付，而约定一个期限付清；而"赵明儿买作人"中，是分期、分次付清价银。在古代，赊买立契应是一种普遍的惯例，这种惯例一直影响至五代宋元时期，《夷坚志》之"布张家"中，受救命之恩的"大客"，将货物赊卖与张翁，仍不忘加一句"以契约授我，待我还乡，复来索钱"[1]，可见，即便是有厚恩，只要涉及"赊"，多数仍以取得书面契约为必要。

（二）预付款买卖

相对于赊买卖中先交付货物后收取价款的模式，就有预付款的买卖，或被称为是"预约买卖"。这种交易方式，"是买方先支付一定比例的定金或价款（等于是预先提供一笔信贷），卖方延期交货的信用买卖契约"[2]。根据预交款额的不同，又可以区分为全额预付款买卖与部

---

[1] （宋）洪迈：《夷坚志》，中华书局，2006，第243页。
[2] 季怀银：《中国传统民商法兴衰之鉴》，中国民主法制出版社，2003，第186页。

分预付款买卖,实际上,后者即是所谓的定金预约买卖方式。

预付款买卖,在唐代商业贸易十分繁荣发达的社会背景下,应该为数不少。但在西域发现的买卖契约中,其实并不多见。"唐总章元年(668年)六月三日崇化乡左憧熹买草契"是留存吐鲁番买卖契约中为数不多的预付款买卖之一:

1 总章元年六月三日,崇化乡人左憧熹,交用银
2 钱四十,顺义乡张潘堆边,取草九十韦。如到
3 高昌之日,不得草玖(拾)韦者,还银钱六十文。
4 如身东西,不到高昌者,仰收者后别还。若
5 草好恶之中,任为左意。如身东西不
6 在者,一仰妻儿及保人代当。两和
7 立契,获指为信。如草——高昌
8 钱主左
9 取草人张潘堆
后略

契文中明确,买卖的价款在立契之时就交付,而买卖标的物"草",则是"到高昌之日"才取得,买卖中价款的交付和标的物的取得显然不是同时,而是先交价款,后取货物,因此属于预付款的买卖。而这类买卖之所以发生,很大的原因恐怕在于卖方所持货物的稀缺性,[①] 也就是如果买方不预付价款确定购买,货物极有可能被第三人买走,为了确保买卖交易的成功,同时在双方形成一定交易信用的前提之

[①] 两宋时期,大量的预付款买卖都是针对牡丹、荔枝、名茶等较为稀缺的商品,一则保障商品供应,二则也可使农户解决生产急需的资金,只是类似事例在唐代尚不多见。参见季怀银《中国传统民商法兴衰之鉴》,中国民主法制出版社,2003,第187页。

第一章　唐代社会文化中的买卖

下，就出现了这样先付款后交付货物的交易方式。

（三）即时买卖、活卖与绝卖

即时买卖是指价款交付的同时，取得标的物，这是唐代买卖交易中最为多见的一种形式。如"天复九年己巳洪润乡百姓安力子卖地契"中，有关价款的条款为："其地及价，当日交相分付讫。"同样，"后唐清泰三年百姓杨忽律哺卖舍契"中，则是"其舍及物，当日交相分付讫，更无玄欠"。[①] 而前引"张元相买桃券"中也有"钱即毕，桃即付"的约定，说法虽略有区别，但表达的意思都是价款的交付和标的物的取得要同时进行。

活卖，一般是指在"形式上"有回赎权的买卖，因此，在活卖中，表面上看，标的物的价款分多次付清，在首次交付价款后，标的物的所有权一般并不发生移转，移转的只是占有、使用之权。之后随着物价的上涨，或卖方家庭变故，卖方可能又数次要求支付额外价款，也就是"找赎"，在多次找赎之后，物的所有权正式转移，买卖才最终完成，变为"绝卖"。这种"活卖"，由于有类似于借贷和质押之处，因此，容易被混同于"典"。确实存在这么一部分交易，虽然表面上似乎保留着回赎的权利，类似"典"，但它们的终极目的，或者最终结果还是"卖"，只是中间有过几次"找价、找赎"的过程，"该类型在用语形式上（无论是官府文件或民间话语），仍以买卖称之。这种类型，显然系界于典和绝卖之间"，[②] 所以，将之独立出来，称之为"活卖"。就民间交易的实践来看，"活卖"大多发生在田宅等不动产交易当中。

因此即时买卖、活卖和绝卖是密切联系又有细微区别的三个概念。从交易的进程来看，凡是一次性取得标的物、支付全额价款，买卖即告

---

① 沙知：《敦煌契约文书辑校》，江苏古籍出版社，1998，第21页。
② 张益祥：《清代法律对活卖之规范与民间的活卖习惯》，（台湾）《法制史研究》第8期，2005，第140页。

完成的，应属于即时买卖；标的物交付，并支付与价值相当的约定价款之后，又多次额外支付价款，补足"价值不足"部分的，应当是"活卖"。从买卖的后果来看，凡是标的物所有权完全交付，不再与卖方发生任何"加价、找赎"的情况，就属于"绝卖"；而形式上的"买卖"之后，还不断发生"加价、找赎"，并且在理论上，甚至在实践上似乎还有可能将出卖物赎回的，就属于是"活卖"了。当然，仅就唐代西域的买卖契券来看，活卖这种形式并不多见，虽然有个别买卖的价款分多次付清，但基本上都属于契约约定价款额度之内的，类似明清时期在契约价款之外，再行找赎的情形并不多见，实际上更多的还是一次性买断的"绝卖"。

第二章　唐代官法中的买卖

隋唐时期，随着社会逐渐趋于安定，民间的商业活动又开始恢复繁荣，各种商品的买卖更是司空见惯。唐代的长安、洛阳、扬州等几大城市开始形成规模庞大的商业市场，再加上陆海两条丝绸之路的便利交通条件，使得盛唐时代的商业买卖更加频繁，更加便利。面对日趋复杂化、多样化的买卖活动，唐朝制定多项立法，通过国家律令法制度，对以买卖为重点的市场活动进行初步的管理和规范，这些法律规范广泛涉及有关买卖之市场管理、交易管理和商税制度，以及规范与诸蕃交易之互市法。唐律主要作为刑法性规范，具体确立对违法犯罪行为的刑事惩罚措施，故其对买卖规范不够全面，更多的买卖被规定在唐令当中。唐令作为唐律的重要补充，主要作为国家的行政法律存在，也是构成整个唐朝法律体系的重要组成部分。唐令的内容十分庞杂，包罗万象。而有关市场、交易的"令"占了其中很大部分。唐令中的《关市》《杂令》等都有涉及对市场、买卖交易的管理和规范。它们对维持唐王朝治下稳定有序的市场交易、商贸往来秩序，发挥了不可替代的作用。

第一节　买卖之实体性规范

一　"买卖法"形成的背景

中国古代商业经历西汉的繁荣期之后,开始趋于衰退,魏晋南北朝几乎跌至谷底。隋唐以后,商业才开始走出低谷,重新繁荣起来。唐朝商业的发展有诸多原因:首先是大一统的帝国建立促进了国内交通事业建设,如大运河的开凿、驿路的修建等;其次,随着社会经济的发展,大量的商品和剩余农产品开始进入城市市场,数量庞大、种类繁多的商品因国家一统而畅行全国,推动了商业发展。[①]

在唐朝的都城长安,商贸活动非常繁荣,特别是东市、西市两大商业区,不仅是唐而且是有世界影响力的商业市场。据史料记载,东市、西市分别位于唐皇城的东南方和西南方,分别占两坊,面积大概为1平方公里。两市的轮廓为方形,市内店铺众多,有的史书甚至认为仅仅东市的店铺就分为220行。[②]当然,可能有些夸张,但当时长安商铺林立、商户众多确是事实。据《长安志》记载:"(东市)南北居二坊之地。东西南北各六百步,四面各开二门,定四面街各广百步,北街当皇城南之大街,东出春明门,广狭不易于旧。东西及南面三街向内开,并广于旧。街市内货财二百二十行,四面立邸,四方珍奇,皆所积集。"[③]西市则呈现另一条发展轨迹,"万年县户口减于长安。文公卿以下民止多在朱雀街东,第宅所占勋贵,由是商贾所凑,多归西市,西市有口焉,

---

[①] 参见侯家驹《中国经济史》(上),新星出版社,2008,第446页。
[②] 参见张帆《辉煌与成熟》,北京大学出版社,2009,第77页。
[③] (清)徐松:《增订唐两京城坊考》,李健超增订,三秦出版社,2006,第127页。

止号行，自此之外，繁杂稍劣于西市矣"①。不难发现，当时长安西市的繁荣程度还要胜于东市，西市附近不仅集中居住了大量达官贵人，还是古丝绸之路的起点，云集了数量可观的外商，其中西域胡商尤为众多，在鼎盛时期一度被称为"金市"，成为公元7世纪蜚声中外的国际商贸中心。

图2-1 长安西市图

唐代另一大城市洛阳，买卖等商业活动也十分发达。洛阳很早就是政治、文化、经济中心，武则天时期成为首都，其政治、经济地位日益重要，因此洛阳市场亦相当繁荣。洛阳城最为繁盛时，城内东西纵横10条大街，将城区分为113坊和3市，比长安多出一市。此外，由于洛阳有洛水、伊水等流经城内，水运条件较好，具有发展商业的良好条件，以致据称仅南市就有120行，3000余店铺，货物更是堆积如山。②此外，唐时的扬州、广州、泉州、登州等城市，由于交通便利，也出现了繁荣的内外贸易市场。

---

① （宋）宋敏求：《长安志》卷八。
② 参见张帆《辉煌与成熟》，北京大学出版社，2009，第78页。

图 2-2 西市东北"十字街"遗址

除了城市市场规模空前外，唐代还发展了饮誉海外的国际贸易走廊——丝绸之路。唐代的丝路交通分陆上和海上两条路线，陆上丝路东起长安，沿河西走廊至敦煌，一直抵达西亚、南亚、北非及欧洲等地。经过该路线，大量的中国丝绸、陶瓷出口国外，同时从西方输入大量金银、珠宝和药材等；海上丝路主要是经东海、黄海抵达日本、朝鲜等，以及经南海和印度洋到南亚诸国。通过海上交通，唐朝与东南亚诸国也有了频繁的贸易往来。

二 买卖法规范的具体内容

正是因为唐代普遍存在繁荣的市场买卖活动，对其进行适当管理与规范的律令制度才有形成的需要。当然，唐代正式的律令制度体系下，并不存在"买卖法"这一法律部门，本章所称的"买卖法"，不过是对于唐代律令制度下有关买卖、市场规范和管理之有关制度的一种实质意义上的概括。广义上，所有涉及对"买卖"行为进行规范、调整的律令制度都属于"买卖法"的范畴。为了论述方便，根据调整的对象不同，将其分为调整"唐人"之间买卖活动的法律规范，即狭义上的"买卖法",以及调整"唐人"与其他民族人士买卖交易的"互市法"两大类。

(一)"买卖法"

狭义上的"买卖法"主要是指调整在唐朝境内的"唐人"间的、在市场上进行的各种买卖行为的规范,例如市场之设置、买卖的成立、售卖货物的质量、价款的支付以及商税制度等。

1. 市场之管理

唐代对进行买卖活动的市场进行封闭式管理,市场中的买卖活动都需要在固定时间进行:"诸市,以日午击鼓三百声,而众以会,日入前七刻,击钲三百声,而众以散。"[①] 除了市场开闭时间,市内商铺、招牌等设置亦有规定:"诸市,每肆立标,题行名,依令,每月旬别三等估。"[②]

唐代设立了市场管理机构市署,隶属于太府寺,负责市场及买卖活动管理。《唐六典》记载:"两京诸市署,各令一人,从六品上;京都诸市令掌百族交易之事;丞为之贰。凡标立候,陈肆辨物,以二物平市,以三贾均市。凡与官交易及悬平赃物,并用中贾。……丞兼掌监印、勾稽。录事掌受事发辰。平准署:令二人,从七品下;承四人,从八品下;监事六人,从九品下。"[③] 足见市署是一个人员配置合理、职能多样市场管理机构。根据律令规定,市署有多项权能,市场设置、开闭时间、商品价格、商品质量乃至度量衡,都由其负责管理,当然它也对违法交易和市场治安实施管理。

事实上,唐代市场买卖的实际情况也并非对上述制度的刻板遵行,买卖交易逐利的本质决定了它是活跃的。仅以买卖市易定时进行为例,

---

① 〔日〕仁井田陞:《唐令拾遗》,栗劲等译,长春出版社,1989,第644页。
② 〔日〕仁井田陞:《唐令拾遗》,栗劲等译,长春出版社,1989,第644页。
③ 《唐六典》卷二十《太府寺》,中华书局,1992,第542~544页。

在扬州等市场，不仅未严格执行"日入前七刻，击钲三百声，而众以散"的闭市规定，市场交易甚至通宵达旦，其热闹的气氛不亚于白天，有唐诗《夜看扬州市》云："夜市千灯照碧云，高楼红袖客纷纷。如今不似时平日，犹自笙歌彻晓闻。"[①] 描绘的正是通宵夜市的热闹场景。而扬州夜市的喧闹场景也与唐代"官法"中买卖市场的禁止性规定形成强烈的反差。

2. 对买卖行为的规范

为了规范市场买卖活动，保护各方的合法利益，唐代律令制度对各种买卖行为都作出了规范，从价格的确定到度量衡的使用，都有一定之规，并以笞杖等刑罚作为威慑，有效保证了唐代各类市场中买卖活动的规范有序。兹将唐代律、令等官方制度中所见的、涉及买卖交易的规范分述如下。

在买卖的价格方面，唐"官法"分别不同情况作出有区别的规范。纯粹是民间私人之间的买卖关系中的价格，律令制度一般并不刻意干涉，事实上也难以一一规范。"官法"对物价的管理，主要在涉及官吏参与的买卖当中，也即是所谓的"市买"等情形下，正因为官吏参与买卖，就存在以权谋私、压制价格的可能，这就可能影响到买卖的公平以及官员的廉洁，更损及统治秩序。白居易就说："凡曰和籴，则官出钱，人出谷，两和商量，然后交易也。比来和籴，事则不然，但令府县散配户人，促立程限，严加征催，苟有稽迟，则被追捉，迫蹙鞭挞，甚于税赋。"[②] 可见，地方官吏经常将原本是"两和商量"的和籴当作税赋课配，经常设限催促，价格更是恣意确定。因此，需要对这种类型买卖中的物价作出规范。

[①] 《全唐诗》卷三百一，中华书局，1960，第 3430 页。
[②] 《白居易集》，中华书局，1979，第 1234~1235 页。

第二章 唐代官法中的买卖

为此，采取的主要措施就是"时估"或"估价"制度，"每月按时上报市场'标准'物价，这就是所谓的时估制度。制定时估是市令司的日常工作"。[①] 时估制度比较公平地确定了市场中交易商品的价格，具有多方面的作用，例如在官私买卖中，时估价格就是一个重要的标准，唐令中规定："诸官与私交关，以物为价者，准中估价，即悬平赃物者亦如之。"[②] 也就是说对市场中器物的"估价"要根据市场行情，适时变更，"平货物为三等之直（值），十日为簿"。[③] 这样，按照律令制度有关买卖商品的价格要求，由主管市令司依照商品质量，评为精、次、粗几个等级，再分别按照上、中、下三等价格进行买卖，这种经官方核定的价格，仍然需要每隔十天再次核定，并到"市署"等市场管理部门登记。对于官物买卖，专门设立了平准署，"置平准令掌供官市易之事；丞为之贰。凡百司不任用之物，则以时出货；其没官物者，亦如之"。[④] 为了有效落实"时估"等买卖的管理制度，还设定了刑罚措施，"诸市司评物价不平者，计所贵贱，坐赃论；入己者，以盗论。其为罪人评赃不实，致罪有出入者，以出入人罪论"。[⑤] 种种法律规范，有力地约束了参与买卖的官吏及市场管理人员的行为，保证了市场交易的公平和有序。当然，官员参与的买卖与纯粹的私人间买卖要求也不同，一般情况下，"官依市估，私但两和"。[⑥] 对于私人间的买卖，主要还是尊重双方的意愿，允许自由商定价格。唐代律令中虽也有一些规定涉及民间买卖价格，但其出发点也是维护市场秩序的平稳。尽管私人之间的交易允许自由协商，但是为了调控市场价格，仍然有一定限制，例

[①] 包伟民：《唐代市制再议》，《中国社会科学》2011年第4期。
[②] 〔日〕仁井田陞：《唐令拾遗》，栗劲等译，长春出版社，1989，第6页。
[③] 《新唐书》卷四十八《百官志三》，中华书局，1975，第1264页。
[④] 《唐六典》卷二十，中华书局，1992，第544页。
[⑤] 《唐律疏议》卷二十六，中华书局，1983，第498页。
[⑥] 《册府元龟》卷五一五，文渊阁四库全书本。

如，禁止"贩鬻之徒，共为奸计，自卖物者以贱为贵，买人物者以贵为贱，更出开闭之言，其物共限一价，望使前人迷谬，以将入己"。① 所以，商贩进行价格垄断、找托惑众等欺诈行为，同样是不被允许的。

买卖中涉及的度量衡也是唐代律令制度关注的重要方面。自秦统一度量衡之后，衡量标准一直被作为国家管理的重要手段予以使用，而度量衡在买卖中又直接关系到货物的计量，进而影响到价金的支付；度量衡的失准，也为奸巧诈伪、买卖不实留下了空间。因此，唐代官法对于市场中买卖涉及的度量衡器具制订了严格的检校规范，确保交易统一、规范和公平。"官法"在规范买卖中度量衡方面，一是统一了市场中度量衡的标准："诸度，以北方秬黍中者，一黍之广为分，十分为寸，十寸为尺，一尺二寸为大尺一尺，十尺为丈。诸量，以北方秬黍中者，容一千二百为龠，十龠为合，十合为升，十升为斗，三升为大升一升，三斗为大斗一斗，十斗为斛。诸权衡，以秬黍中者，百黍之重为铢，二十四铢为两，三两为大两一两，十六两为斤。"② 二是对于买卖中所使用的度量衡用具，实施了严格的"平校"制度，确保度量的准确性，"诸官私斛、斗、秤、度，每年八月，诣金部、太府寺平校，不在京者，诣所在州县平校。并印署，然后听用"。③ 三是以刑事制裁措施作为最终的保障，"诸私作斛、斗、秤、度不平，而在市执用者，笞五十；因有增减者，计所增减，准盗论。诸校斛、斗、秤、度不平，杖七十。监校者不觉，减一等；知情，与同罪"。④ 这种严厉的制裁措施，对意图利用称量器具作假的买卖者，无疑具有极大的威慑力。这些律令制度，对于保证买卖的公平，以及市场活动的规范有序同样具有重要作用。

---

① 《唐律疏议》卷二十六，中华书局，1983，第500页。
② 〔日〕仁井田陞：《唐令拾遗》，栗劲等译，长春出版社，1989，第777~778页。
③ 〔日〕仁井田陞：《唐令拾遗》，栗劲等译，长春出版社，1989，第646页。
④ 《唐律疏议》卷二十六，中华书局，1983，第499页。

第二章 唐代官法中的买卖

质量是影响买卖交易的又一个关键因素,因此同样受到唐代"官法"的高度关注。作为中国古代社会的鼎盛期,唐代社会曾经被高度推崇,无论社会秩序还是道德人性,都曾被理想化。事实上,唐代一度也是人心逐利,伪滥横行,特别是在市场交易方面。在唐诗中,就反映出多种买卖中假冒伪滥情形:一是以假充真,"鍮石打臂钏,糯米吹项璎",以廉价的鍮石、糯米打磨改造,充当贵重的珠宝,并且还能"敲作金石声",以此来欺骗消费者;二是以次充好,"眩俗杂良苦";三是短斤少两,"摇钩俫悬衡",在称量器具上作假。这些买卖行为的背后,还有一套所谓的商业理论,"交关但交假","卖假莫卖诚"。也就是说买卖必须要弄虚作假,作假可能会被揭穿,遭受挫折,但"本生得失轻",所得者重,所失者轻,故必须坚持到底。[①] 当然,这应该是少数唯利是图的商人的极端想法,但无疑会影响到买卖的正常进行。在这样的社会背景下,唐代正式律令制度对交易商品质量进行了严格的规范。

为了保证交易商品的质量,律令制度采取了多项措施:一是制定统一的样品,要求商品要一律按样品标准制作,"私造违样绫锦,勘当得实,先决杖一百。造意者徒三年;同造及挑文客织,并居停主人,并徒二年半;不得官当、荫赎"。[②]

二是通过"题个人姓名",落实个人责任,提升质量意识,"诸其造弓、矢、长刀,官为立样,仍题工人姓名,然后听鬻之。诸器物亦如之。凡出卖者,勿为行滥,其横刀、枪、鞍、漆器之属者,各令题凿造者姓名"。[③] 这些要求"题工人姓名"的器物,如"弓、矢、刀、鞍"之类,多为军用,或者是"官用",因此要求"官为立样,仍题工人姓名",故该条令文制订的初衷应该还是出于对国家利益的考虑,但不能

---

① 参见卢华语《全唐诗经济资料辑释与研究》,重庆出版社,2006,第163页。
② 刘俊文:《敦煌吐鲁番唐代法制文书考释》,中华书局,1989,第252页。
③ 〔日〕仁井田陞等:《唐令拾遗补》,东京大学出版会,1997,第1397页。

不说，通过法制强化质量责任意识，同样会影响到市场买卖的一般器物。可见，唐代律令制度对买卖器物的质量有着严格的要求，伪滥、病坏商品的买卖受到严禁，弓、刀等特殊器物上要题刻制造者姓名，强化质量意识。

在中古时代，田宅、奴婢、马牛交易因涉及征收税金，受到极大的重视，因此，对其买卖的形式也有特别的要求。对于牛、马等较为贵重"商品"的买卖，要求必须经主管市司公验，并立"市券"，也就是由官方出具并认可的正式契约。此外，唐令还对出卖方的保证责任作出补充规定，"诸卖买奴婢、牛马、驼骡驴等，用本司本部公验，以立券。凡卖买奴婢，皆经本司取保证，立券付价，其马牛，唯责保证，立私券"。①这更加强化了卖方的保证责任。唐代对于奴婢的买卖的限制更为严格，只允许买卖身份"卑贱"之奴婢，严禁将良人出卖为奴，故在奴婢买卖中专门设定"引验正身"的程序，也称之为"过贱"，防止良人被当作奴婢买卖。"唐大诏令"中规定："买卖奴婢，皆须两市署出公券，仍经本县长吏，引验正身，谓之过贱。及问父母见在处分，明立文券，并关牒太府寺。"②也就是由地方长吏履行"公验"手续，要核问父母、亲属及相关证人、保人，验明真实身份，确定并非良人。"过贱"之后，仍需要订立"市券"，也就是订立正式的买卖契约，还要报告市场的主管部门登记。对于因各种原因，出卖"良人"的民间陋习，多次明令禁止："迫于征税，则货卖男女，奸人乘之倍讨其利，以齿之幼壮，定估之高下，窘急求售，号哭逾时。……自今以后，无问公私土客，一切禁断，勒诸州刺史各于界内，设法钤制，不得容奸。"③

唐代律令之所以要对奴婢、牛马等买卖作出诸项特别规定，一是由

---

① 〔日〕仁井田陞等：《唐令拾遗补》，东京大学出版会，1997，第1397页。
② 《唐大诏令集》卷五，中华书局，2008，第33页。
③ 《唐大诏令集》卷一百九，中华书局，2008，第567页。

于它们自身性质完全不同于其他财产，属于较特殊的动产，特别是奴婢等人口买卖，情况则更为特殊；二是其价值也较大，为买卖双方所重视，而且还可能涉及商税的征收。所以，无论是奴婢买卖中的"过贱"，还是牛马买卖中的立市券，在保证买卖活动规范有序的同时，也有效地防止了交易过程中可能发生的纠纷，保护了双方的利益。这些事无巨细的法律规范，也体现了唐代官法对市场行为的高度重视。当然，"社会现实与法律条文之间，往往存在着一定的差距"[①]，良好的制度也未必都能在买卖交易中得以实现。但这样细密周详的立法规范本身，已经说明唐代官法对民间买卖活动的高度关注，而且很多条文也具有很强的现实针对性，能够有效地遏制买卖中的诸多不规范行为。

3. 商税制度

唐初一度"不税关市"，一直到德宗建中元年（780年），商税征收才被提上日程。当时，商税主要分过税和住税两类，过税以贩运商品的评价额为基准，住税则以买卖价额为基准。[②] 对征税的管辖，开元二十五年规定："其商贾，准《令》，所在收税。"[③] 其具体征收方式约分两种，一种是比例税率，如建中元年制令："为行商者，在所州县税三十之一。使与居者均，无侥利。"[④] 可见，商税的征收比例约为商品价额的三十分之一。此后，商税的征收比例仍在不断提高。还有一种被称为"除陌"，《资治通鉴》解释云："所谓除陌钱者，公私给与及卖买，每缗官留五十钱，给他物及相贸易者，约钱为率。"[⑤] 也就是在买卖交易中，按照每缗或每贯抽出一定数目钱作为官税，在唐中前期，这一数

---

① 瞿同祖：《瞿同祖法学论著集》，中国政法大学出版社，2004，第9页。
② 参见〔日〕野开三郎《唐代商税考》，《日本学者中国史论著选译》（四），中华书局，1992。
③ 〔日〕仁井田陞：《唐令拾遗》，栗劲等译，长春出版社，1989，第649页。
④ 《资治通鉴》卷二二六，中华书局，1956，第7275页。
⑤ 《资治通鉴》卷二二八，中华书局，1956，第7346页。

目为 20 文，天宝九年的敕云："自今以后，皆以三斤四两为斗。盐并勒斗量。其车轴长七尺二寸，除陌钱每贯二十文，余面等同。"① 到了唐德宗时期，将除陌钱提高至 50 文，"天下公私给与货易，率一贯旧算二十，益加算为五十。给与他物或两换者，约钱为率算之"。② 也即民间买卖交易中，每一贯的交易额，要抽取 50 文作为税钱，即使是以物易物，也要对物估价抽税。换算成比例的话，大约为 5%，亦属于相对较重的商税。

唐代晚期，对已经实行的商税制度进行了一些改革，改变或废止了其中一些税种。开成二年（837 年）十二月节度使薛元赏提出建议："泗口税场，应是经过衣冠商客，金银、羊马、斛豆、见钱、茶盐、绫绢等，一物已上并税。今商量，其杂税物请停绝。"敕旨："泗口税据元赏所奏并停，所置当官司所由并罢，委元赏当日榜示。"③ 该"敕"虽听从奏议，对部分杂税停征，但大量的商税仍然存在，而且，无论是征税的对象，还是征税的货物品种，都达到十分繁密的程度。

（二）互市法

唐代陆上与海上丝绸之路的形成，使得跨越国界的商贸往来更加频繁。从事各种商品贸易的各国商人不仅来往于丝绸之路，有的还长居于唐代的长安、洛阳等大城市，进行商业活动。尤其是长安，作为公元 7 世纪的国际化大都市，吸引了难以数计的波斯、吐蕃、回鹘等西域商人前来进行贸易活动，部分往来长安的西域商人甚至定居下来，故今日西安附近还有西域人士的墓葬出现。西域各民族人士来到中原，不仅使得商业贸易更加发达，也深刻地影响了中原特别是唐都长安的文化生活，乃至风俗习惯，"异族入居长安者多，于是长安胡化盛极一时。此

---

① 《唐会要》卷六十六，上海古籍出版社，2006，第 1364 页。
② 《旧唐书》卷四十九，中华书局，1975，第 2128 页。
③ 《唐会要》卷八十四，上海古籍出版社，2006，第 1832 页。

种胡化大率为西域风之好尚:服饰、饮食、宫室、乐舞、绘画,竞事纷泊,其极社会各方面隐约皆有所化"。① 当然,西域客商的到来也使得当时长安的商业贸易发生了许多变化:无论是交易的商品、货币,还是交易的语言、习惯,都发生着深刻的转变。倾向于对买卖等市场行为积极干涉的唐代官法,对此自然不会不有所涉及,因此其自身也必然需要发生变革。

为此,唐朝设置了"互市监":"诸互市:监各一人,丞一人。诸互市监掌诸藩交易马驼驴牛之事。"② 而且还制定了一系列有关互市的法令制度。包括开元二十五年对买卖货物的价格检校制,规定:"诸外藩与缘边互市,皆令互市官司检校。其市四面穿堑,及立藩院,遣人守门。市易之日卯后,各将货物、畜产,俱赴市所。官司先与藩人对定物价,然后交易。"③ 这里十分鲜明地体现了官方对于互市买卖价格的干预,当然这在某种程度上,可能是缘于对唐人利益的保护。

作为一个开放的大国,唐朝的律令制度对"诸蕃互市"总体上持十分宽容的态度。开元二年(714年)曾经禁止与诸蕃互市,"诸锦、绫、罗、谷、绣、织成绸、绢、丝、牦牛尾、真珠、金、铁,并不得与诸蕃互市,及将入蕃;金铁之物,亦不得将度西北诸关"。④ 这一禁令的出台,应是有诸多的偶然性,战略性资源保护、边疆战乱当是其主要原因。整个唐代更多的时期还是实行了较为开放的贸易政策。

三 唐代"买卖法"之价值

按照一般社会发展的理论推测,中古时代的商业经济的发展仍然

---

① 向达:《唐代长安与西域文明》,河北教育出版社,2007,第37页。
② 《旧唐书·职官二》,中华书局,1975,第1895页。
③ 〔日〕仁井田陞:《唐令拾遗》,栗劲等译,长春出版社,1989,第643页。
④ 《唐会要》卷八十六,上海古籍出版社,2006,第1874页。

是十分初步的。如果说百姓之间有"买卖交易",也应该仅仅是就剩余农产品进行的物物交换,属于经济学意义上买卖的最原初形式。然而,揆诸唐代现实,整个社会并不像理论推测中认识的那样,而是充满着各色商贾和市场贸易,类似近代市场的货币与商品交换也大量存在。这种繁荣的买卖市场之所以能存在,是有着深刻的政治经济原因的。唐代几大城市常住大量的贵族大员、士人富商,乃至是具有一定级别的军队官员,他们都有各种收入。城市市场主要是商品流通中心,所经营的是消费性零售商业。在城市里,收入与产品进行交换,地租收入与使用价值进行交换。① 结果就是:他们参与市场交易,形成了消费性的买卖。此外,水陆交通发达而形成的远距离运输,城市"金融业"的出现,以及由此而来的这种由城市消费人群对各种华贵商品的买卖,已经不再是传统的、小农的自然经济,而是开始了从自然经济向近代"市场经济"的早期转型,虽然主要是珍奇宝货的奢侈品贸易,销售对象限于贵族、士绅,并不是生产者之间的交换,但与古代物物交易的早期经济形态已经大为不同。② 唐代的这些早期的市场买卖活动,为宋代以后商业的快速发展打下了基础。在这样的经济社会背景下,唐代"买卖法"的作用和意义尤为凸显。

唐代"买卖法"的作用首先就在于实现了对长安、洛阳等几个大都市市场秩序的维护,并进而实现稳定统治的目的。唐代尤其是开元时的长安、洛阳,充满无限商机,多民族、跨国界的商业活动必然有多元的价值诉求,高额的商业利润,同时也会产生各种冲突与纠纷。唐代有关的律令制度,正是出于对市场秩序进行维护的目的,无论是商品质量的严格要求还是度量衡的管理,都较好地保障着市场中的公平交易,维

---

① 参见蒋伯勤《唐代城市史与唐礼唐令》,《唐研究》第十卷,北京大学出版社,2004,第277页。
② 参见吴承明《中国资本主义与国内市场》,中国社会科学出版社,1985,第162页。

护了交易各方的合法利益。这种体现在对买卖行为的管理和控制，并不一定就是专制政府对商业活动的控制，抑或是对商品经济的压制，唐代的市场虽不如宋元以后自由，但政府管理下的市场买卖，也反映了古代市场演进的轨迹。所以，就涉及"买卖"法律规范的目的而言，主要还不是为了控制市场，而是受唐代城市性质的制约，不得不服从于城市作为行政中心和军事堡垒的本质要求所致，① 但在客观上，确实起到了维护市场秩序的作用。此外，这些对买卖活动进行管理、规范的立法与执法实践，也为宋元明清的市场法制积累了宝贵的经验。

第二节 买卖涉诉之程序性规范

一 买卖诉讼的受理机构

唐代的司法机构大致分中央与地方两类，中央一般受理严重的犯罪案件，并对地方审理的案件进行复审；而地方一般以州县为第一级审判机关，受理一些轻罪案件。具体的区分在唐令中规定："诸犯罪者，杖罪以下县决之，徒以上县断定送州，复审讫，徒罪及流，应决杖，若应赎者，即绝配征赎。其大理寺及京兆河南府断徒及官人罪，并后有雪减，并申省。省司复审五失，速即下知。"并且，要求对案件采取逐级审理的方式，一般不得越级，"诸有犯罪者，皆从所发州县推而断之。在京诸司，则徒以上送大理，杖以下当司断之。若金吾纠获，皆送大理"。② 这是对刑事犯罪案件的一般处理程序。买卖过程中，亦存在刑事犯罪的可能性，如"卖买不和教固""买奴婢和马不立市券"，都涉及刑

---

① 参见包伟民《唐代市制再议》，《中国社会科学》2011年第4期。
② 〔日〕仁井田陞：《唐令拾遗》，栗劲等译，长春出版社，1989，第689页。

事责任的问题，因此，应该是按照上述犯罪轻重的原则，分由不同级别的司法机构受理。而就买卖交易犯罪所受刑罚而言，大多是"笞"刑，极少数可处以"杖"刑，属于"杖以下"，因此一般应该是由州县处理。当然，如果是在长安、洛阳等"京城"犯罪，则由直接主管机构处理。

就一般经验而言，买卖交易所涉诉讼，大多应属于民商事纠纷，涉及刑事犯罪毕竟是少数，事实上，不同性质的案件在语词选择上也有讲究，一般用"狱"来表达刑事案件，而用"讼"来表述有财产争议的民事案件。尽管如此，在民刑区分不是特别清晰的唐代，对与诉讼性质的区分并不特别必要，因为这几乎不会影响到案件的受理机构，不管是民事还是刑事，基本上都会是同一个机构来受理。具体到吐鲁番等地的诉讼受理来看，它们多数是由所在"县"受理。

二 买卖诉讼的程序

（一）下牒

唐代，在刑事案件即在涉及犯罪的案件中，除非是涉及谋反、大逆的严重犯罪，一般的犯罪并非由国家司法机关提起诉讼，而是由受害人或其亲属提出追诉请求，唐令规定："诸告人罪，非谋叛以上者，皆令三审。应受辞牒官司，并具晓示虚得反坐之状，每审皆别日受辞。官人于审后判记，审讫，然后付司。若事有切害者，不在此例。不解书者，典为书之。"[①]因此提出书面的请求"辞牒"，应是诉讼的一个基本要求，这种请求在唐代一般被称为"下牒"，牒就是提起诉讼的文书。出土吐鲁番文书中有多份"牒"留存，典型的如"唐曹忠敏上队头牒为诉被郭将军棒打事"[②]：

---

① 〔日〕仁井田陞：《唐令拾遗》，栗劲等译，长春出版社，1989，第710页。
② 《吐鲁番出土文书》第九册，文物出版社，1990，第160页。

1 队头……禄独　白元方

2 右　宅要人，今日就唤前件所由

3 忠敏过行军郭将军，被打三

4 棒，既缘公事，锤击相驱，就唤所

5 由，却被打棒。情将若请追上件人过

6 公务　得支济

7 件　前　谨牒。

这份牒就比较清楚地描述了侵害发生的经过，并给出了"既缘公事"等理由，请求主管官员对郭将军进行追诉。作为唐代诉讼文书的一种，牒的书写有较严格要求，对律法、文辞有一定了解的人才可以写作，而根据所见吐鲁番文书中的牒来看，它们大多应该是由官衙中的职位较低的"典"来代为完成，① 典按照状告人的口述，草拟好状牒后，呈报主管司法官，② 再由后者进行调查、行判。

牒的具体内容也有要求，一是必须注明犯罪发生的年月，"诸告人罪，皆须注明年月"；二是要求如实记录犯罪情况，不得随意夸大、增减，即"指称实事，不得称疑"，"加增其状，不如所告者，笞五十；若加增罪重，减诬告一等"。③

除了不准诬告外，必须向有管辖权的司法机关提起诉讼，不允许越诉。唐律规定："诸越诉及受者，各笞四十。若应合为受，推抑而不受

---

① 当然，从一般法律要求而言，诉状应该由起诉人本人书写，而且相关吐鲁番文书数量有限，也不排除就有当事人自书的状牒，甚至如清代，有专门的代书人。上述推论也仅仅依据所见的吐鲁番文书。
② 这被称为典上牒，参见王永兴《王永兴说隋唐》，上海科学技术文献出版社，2009，第13页。
③ 《唐律疏议》卷二十四，中华书局，1983，第444页。

者笞五十，三条加一等，十条杖九十。"① 也就是"牒"必须呈送到有管辖权的官府受理，而且是自下而上，逐级进行。如果随意越诉，要处以笞杖刑。当然，对于符合要求的刑事控告，主审官必须受理，否则也要承担刑事责任。而对照实际的"牒"，可以发现，实践中的做法与律令制度的要求也不尽一致。如唐律要求的告人罪要"注明年月"，但是，不止前引曹忠敏牒未予注明，所见其他多份牒亦未见明确的年月记载。当然，原因很多，比如诉讼文书本身的残缺，或者当时的司法机关记载不全，但所见起诉文书，确实存在有细微的差别。

涉及犯罪的刑事诉讼如是，而关涉民商事纠纷的买卖诉讼之提起，唐代律令中尚未见直接、明确的规定，吐鲁番文书中有数份涉及买卖交易并提起告诉的"状"，典型的如编号为"伯4974"的"唐天复年代神力为兄坟田被侵陈状并判"② 中引用的诉"状"：

2 右神力去前件回鹘贼来之时
3 缘是血腥之丧，其灰骨将入
4 亡兄只有女三人，更无腹生之男
5 故曹僧宜面上，出价买得地半亩，安置亡兄灰骨
6 经二十余年，故尚书阿郎再制户状之时，其曹僧
7 宜承户地，被押衙朗神达请将。况此坟田之后，亦无言语
8 直至
9 司空前任之时，曹僧宜死后，其朗神达便论前件半
10 亩坟地。当时依衙承状，蒙判鞫寻三件，两件凭
11 由见在，稍似休停，后至京中尚书到来，又是浇却，再

---

① 《唐律疏议》卷二十四，中华书局，1983，第447页。
② 王震亚、赵荧：《敦煌残卷争讼文牒集释》，甘肃人民出版社，1993，第21页。

12 亦争论，兼状申陈，判凭见在，不许搅挠，更无啾唧

后略

该状所述虽名为坟田被侵，但其实质原因是田土买卖纠纷。起诉人"神力"提出的主要理由是买卖完成已经20余年，应不在诉讼"时效"之内。① 并且，出价买得坟地更有多件官府凭证，不容置疑。此时，原地主再提出权利要求，自然是属于侵害了"神力"之财产权。从这件诉讼辞状亦可大略看出唐代提起民事诉讼的一般要求，即需要明确说明诉讼事实，并附加起诉理由，这里当然就包括了涉案当事人、案件发生时间等基本要素。辞状可以由当事人书写，如果不具备书写能力，按照唐令规定，也可以由"典"代为书写。事实上，仅从字迹来分析，我们看到的多数辞状应该是由"典"统一书写、记录的。

（二）推审

提出辞状并为主管司法官员接受后，就会确定时间，进入"推审"程序。"推审"程序一般采取一问一答的形式进行，整个问答也由低级的胥吏"典"做完整记录。如唐宝应元年六月"康失芬行车伤人案卷"②：

前略

27 问：身既扶车牛行，劈路见人，即合唱唤，

28 何得有此辗损良善，仰答，更有情故具状。

29 但失芬为是借来车牛，不谙性行，拽挽不

30 得，力所不逮，遂辗前件人男女损伤有实。

---

① 唐代的田土典卖、活卖，最长诉讼期限是30年，详见后文。
② 《吐鲁番出土文书》第九册，文物出版社，1990，第131页。

31 亦更无情故。所有罪，伏听处分。被问依实

32 谨辩。　铮

33　　　元年建未月　日

34 靳嗔奴扶车人康失芬年卅

35　问：扶车路行，辗损良善，致令

36 困顿，将何以堪？款占损伤不虚，今

37 欲科断，更有何别理？仰答：但失芬扶

38　车，力所不逮，遂辗史拂……

后略

由该案卷记录可知，一起案件的审理，一般是由受害人提出"辞状"之后，主审官员要进行仔细的推审，上引"问"之后的内容，当是承审官讯问的内容，而"仰答"之后的内容，就是案件当事人，在本案中是侵权人"康失芬"的回答或辩解，"被审人的回答称为辩。办案典据被审人口述录辩，或被审人上辩文时，要写明被问的原话引文，这种引文以'者'字结束，然后在'谨审'后或只用'但'字，开始被审人的回答。案典在整理文案时，要叙述在审理中被问人的回答等情况，不用被问辩等术语，而只称'款'字，用款来叙述被问人辩的内容，以'者'字作结束"。[①] 这样，一次审问才告结束。在较为复杂的案件中，这种问与答的形式要反复进行多次，详细审问涉案的诸当事人，并由典全部记录在案。

在涉及买卖争议的诉讼中，主管官吏推审及当事人答辩也大略如上。大多数情况下，被审人是当堂提出辩解，并被典如实记录在案，如

---

① 王永兴：《王永兴说隋唐》，上海科学技术文献出版社，2009，第21页。

第二章 唐代官法中的买卖

吐鲁番文书之"唐辩辞为阿刀妇人博换事",[①] 从内容来看,应是由典记录下的推审案卷中被审人的"辩辞"部分:

1 仰答者,但元璋所博范
2 是阿刀妇人不存家计,欲得出嫁,不加修
3 理,专行构架,博换已经四年,今来披
4 诉,苟求多少,欲继他宗,恣意负心,
5 漫生干扰。

后缺

也有极少量被审人单独上辩辞,其形式稍简略,唐上元三年(676年)"某人辩辞为买鞍马事"[②] 中仅有寥寥数语:

1……从安……鞍……
2……隆处买马须钱……
3……后妄款不实伏听……
4……□□谨辩。
5……(上残)方　　　上元三年四月[③]……

该件买卖诉讼的辩辞虽然残损较为严重,但仍反映出不少内容。其一,辩辞交代了买取鞍马的经过,对出卖人、鞍马价金等都作了说明;其二,指出答辩情由,即起诉人所言"妄款不实",故不应被采信。此

[①] 荣新江等编《新获吐鲁番出土文献》,中华书局,2009,第55页。
[②] 《吐鲁番土文书》第五册,文物出版社,1983,第205页。
[③] 虽然该件残缺不全,但从单独的日期落款可以想见,该辩辞应为单独呈上的,而非案卷记录中的一部分。

外，这份单独递呈的辩辞，似乎说明唐代在案件受理以后，存在着某种形式的案件情况"送达"或"传唤"，而在送达文书中，应当就包含有案件起诉人提起诉讼之"辞状"。当然，亦不排除是被诉人当庭答辩，由典单独记录并递呈之可能。

（三）证信

涉及买卖的诉讼，主要作为一种权利之争，提交适当的证据以获得认可，也是十分重要的一环。《周礼·秋官》中有"凡有责者，有判书以治，则听"。其下有郑玄注云："谓若今时辞讼，有券书者为治之。辨读为别，谓别券也。"并云："判，半分而合者，即质剂傅别，分支合同，两家各得其一者也。"[①] 其所谓"判书"即是书面的权利凭证。宋代则不仅要求有文契，并且文契还需加盖官印，"田产典卖须凭印券交业，若券不印及未交业，虽有输纳钞，不足据凭"。[②] 对于证据的要求更高。《唐律疏议》引"狱官令"曰："察狱之官，先备五听，又验诸证信，事状疑似，犹不首实者，然后拷掠。"该条虽主要出于讯问刑事犯罪人的考虑，但其在五听之外，"验诸证信"的讯问方式，也说明唐代司法审判中同样注重其他证据的使用，而买卖交易的纠纷中，除了当事人及见人、保人等参加人的证词以外，买卖契约就是唯一的书面证据，在诉讼活动中不可能不被重视。买卖契约中又有各种画指、略花押等当事人押署，更增加了其作为有效证据的能力。

（四）行判

唐代正式的"判词"相当讲究，盛行的"四六判"书式，并从官吏选拔考试中，就开始渗透，被当作为官的必备技能。有名的如白居易留下的判，就是典型的骈体文。对一件关涉买卖的案件，白居易作出如下

[①] （汉）郑玄注，（唐）贾公彦疏《周礼注疏》卷四十二，上海古籍出版社，2010，第1376页。

[②] 《州县提纲》卷二，见《官箴书集成》第一册，黄山书社，2000，第49页。

第二章　唐代官法中的买卖

判文：

> 仁无食货，义有通财。在洁身而虽乖，于知己而则可。景乙齐嬴何业，气类相求。竞以锥刀，始闻小人喻利；推其货贿，终见君子用心。情表深知，事符往行。如或贫富必类，自当与让立廉。今则有无相悉，固合损多益寡。是为徇义，岂曰竭忠？受粟益亲，孔氏用敦吾道；分财损己，叔牙偿谓我贫。无畏人言，俾彰交态。①

这样的判文，词句对仗工整，行文流畅简洁，因而受到唐人推崇。实际上，不仅在白居易这样的大文人笔下，在敦煌、吐鲁番等边远之地的普通官吏笔下，亦可以见到类似的判文。但这样的"判"，到底是否为真实的判文记录，尚存在很多疑问。②

现存比较可靠的应该还是敦煌、吐鲁番文书中的判卷，③ 在这些判卷中，有些详细记录了诉、审、辩、判的整个过程，具有极高的参考价值。只是这些案卷多为刑事案件，留存的民事案件极少，涉及买卖的就更为少见。在"寡妇阿龙土地之诉"中，"阿龙"儿子"义成"有"口分地"32亩，经历出卖、租佃、继承等多次变动，最后归由索怀义子佛奴耕种，"阿龙"在儿子死后，生活困顿，遂要求收回土地。提起诉讼后，案件先由节度使批示，交左马步督押衙"细与寻问"，最后再由节度使根据有关证据、调查作出判决：

---

① 《白居易集》卷六十七，中华书局，1979，第1399页。
② 由于这些判文中均使用"景""乙"等代称，故有人对其真实性提出质疑。但就算这些案件是作者虚拟的，也间接反映出当时的社会现实和人们的法律观，因此，其价值仍值得肯定。
③ 较完整、详细的有《文明判集残卷》《麟德安西判集残卷》和《开元判集残卷》，均见刘俊文《敦煌吐鲁番法制文书考释》，中华书局，1989。另外，在十卷本的《吐鲁番出土文书》中亦有。

33. 其义成分赐进
34. 君，更不回戈，其地
35. 便任阿龙及义
36. 成男女为主者。
37. 廿二日　曹元忠（签字）①

这是一种判决方式，还有另外一种判决则更为简略。这种以"某示"结尾的判，在吐鲁番出土的判决文书中更为常见，其中的"某"一般为行判官员之名。典型的如"开元中西州都督府处分阿梁诉卜安宝违契事案卷"：

5. 付识□□勒藏
6. 盖，勿□重，□。
7. 诸如小事，便即
8. 与夺讫申。济
9. 示。
10. 十三日。②

由上述实际判文可以发现，与前引骈体判文详细说明纠纷过程、判决理由不同，实际中的判大多直接明了，仅仅点明纠纷解决方式，或权利归属，当然在形式上一般也会以判决时间和行判官员签字作为落款，但并不详细叙述纠纷的过程，而相应的纠纷详情，由案卷前附的相关诉讼文书如状、辩辞等来体现。

---

① 王震亚、赵荧：《敦煌残卷争讼文牒集释》，甘肃人民出版社，1993，第228页。
② 刘俊文：《敦煌吐鲁番法制文书考释》，中华书局，1989，第562~563页。

（五）检校

唐代的诉讼制度在经过诉、审、辩、判等程序后，一般还会有司法监督程序，这就是检校制度，从事检校的官员被称为"检勾之官"。唐律对此解释为："检者，谓发辰检稽失，诸司录事之类。勾者，署名勾讫，录事参军之类。……其无检、勾之官者，虽判官发辰勾稽，若有乖失，自于判处得罪，不入勾、检之坐。"[①] 检勾之官承担了稽查监督的职能，无检勾之官时，不入勾、检之坐，反过来说，如果有检勾之官，都进行了检勾，那么一旦有错失，检勾之官亦一并入罪。检勾之官对各种行政事务行使广泛的监督职责，"一为勾检稽失，二为省署抄目，三为受事发辰，但主要的职能是勾检稽失。勾检的内容有二：一为'失'，即公事失措，也就是处理案件违反了制度。二为'稽'，也就是没有在国家规定的日程内把案件处理完毕"[②]。检勾之官独特的职能，实际上已经构成了唐代决策、行政管理和监察系统之外的另一套官制系统，而对司法活动的监督，实际上只是它的若干职能之一。检勾程序的存在，不只是在律令制度中得以体现，在吐鲁番出土文书中亦有若干实证，典型的如唐宝应元年"康失芬行车伤人案卷"中：

前略

43　　　　检诫白

44　　　　　　十九日

45 靳嗔奴并作人康失芬

49 受重杖廿者,具检如前，请处分。

50 牒件检如前，谨牒。

[①] 《唐律疏议》卷五，中华书局，1983，第113页。
[②] 王永兴：《唐勾检制研究》，上海古籍出版社，1991，第4页。

51　建未月　日，史张　奉　庭　牒。①

在另外一件请求给予"处分"的残牒中，同样有检校的内容：

前略
9　仓曹摄录事参军　　勤　付
10　　检案元白
11　　　　十五日②

在"唐西州都督王斛斯判"中，也残存"检"的内容：

1　官典亦
2　合检过，余依
3　判，斛斯示。
4　　　　　十八日。

同样的例子还有很多，兹不赘举。但根据这些法律文书中的"检校"，可以约略得出以下一些推断：唐代作为行政或司法监督的"检"，也只是整个行政体系下的一环，它并非是终局的，从使用的"谨牒"等词来看，受"检"之后，仍要报请更上一级行政机关的审核。其次，"检"的内容不只是程序性的，不只是法律的适用，也包括实体性的监督，从对"康失芬案"的"检"中，可以看出，"检诚白"后叙述了案件概要及处理结果，并以"具检如前"表明检校人的赞同态度。此

---

① 《吐鲁番出土文书》第九册，文物出版社，1990，第132~133页。
② 《吐鲁番出土文书》第九册，文物出版社，1990，第72页。

外，参与"检"之人的身份，应当为较高级别的地方官员，从吐鲁番文书来看，多数并不注明身份，只略写其名，这也似乎暗示了行使检校职能的官员只是履行例行程序，也不必然比原行判官员职级更高。[①] 但是，即使检校之官地位不高，其依法行使检校职能，对于促进司法公正，提升行政效率，无疑有正面作用。

三　买卖诉讼之期限

西域所见的司法文书，除了反映诉、审、辩、判、检的整个审判过程以外，还透露出唐代民事司法中的时效等期限制度，如案件受理的"务限"，以及典、卖等所有权变动中的诉讼时效。

（一）务限

唐代在民事诉讼中，定有"务限"，规定在一定的时间范围内不得提起诉讼，唐令中有："诸诉田宅、婚姻、债负，起十月一日至三月三十日检校，以外不合。若先有文案，交相侵夺者，不在此例。"[②] 与唐代有类似规定的《宋刑统》中，对该条又作了解释："所有论竞田宅、婚姻、债负之类，取十月一日以后，许官司受理，至正月三十日住接词状，三月三十日以前断遣须毕，如未毕，具停滞刑狱事由闻奏。如是交相侵夺及诸般词讼，但不干田农人户者，所在官司随时受理断遣，不拘上件月日之限。"[③] 而该条之名为"婚田入务"，也就是说婚姻、田土等民事案件可以受理审判的时限。

之所以规定"务限"，主要是出于"不误农事"的考虑，唐代屡次

---

① 有研究指出，唐代的检校郎官是唐代检校官制的一个环节，通常任命方镇使府的中层幕佐，如参谋、判官等，在晚唐时有卑下趋势。故总体看属于中下层官，甚至接近于"吏"。参见赖瑞和《论唐代的检校郎官》，见《唐史论丛》第十辑，三秦出版社，2008，第106～117页。
② 〔日〕仁井田陞：《唐令拾遗》，栗劲等译，长春出版社，1989，第788页。
③ （宋）窦仪等：《宋刑统》，中华书局，1984，第207页。

115

颁布督促、保障农事的诏令，开元十七年的《禁妨农诏》云："献岁发生，阳和在候，乃眷畎亩，方就农桑。其力役及不急之务，一切并停。百姓间有不稳便事须处置者，宜令中书、门下与所司唤取朝集，使审向商量奏闻。"① 每年三月末至十月初，正是春耕秋收的黄金时节，此时如果因诉讼纠纷等"不急之务"耽搁，就会影响一年的农事。唐代，国家以农为本，如果农事有所耽误，不仅关乎百姓个人的生计，也会对国家的安宁产生不利影响。因此，制定务限法，有条件地禁止在农忙时节起诉，是十分必要的。唐开元二十二年的吐鲁番文书"录事王亮牒诉职田佃人欠交地子案卷"中，起诉和作出判决的时间分别是"开元二十二年十一月六日"与"十一月八日"，均在农忙时节以外，这也证明了唐代"务限"法在实践中得到一定的运用。②

（二）诉讼时效

由于买卖涉及所有权的移转，而出于对相对稳定财产权的保护，现代法律制度一般都规定了诉讼时效，超过一定期限的就会失去诉讼权利。而在唐代的律令制度中，尚未直接见到相关制度。但在宋代，却有类似的规定，如建隆三年对典卖收赎就设定了诉讼时限，"如是典当限外，经三十年后，并无文契，及虽执文契，难辨真虚者，不在论理收赎之限，见佃主一任典卖"。该条援引了唐长庆二年八月十五日敕："经二十年以上不论。"③ 在"诸负债不告官司，而强掣财物"条中，亦有唐长庆四年三月的制节文："百姓所经台府州县论理远年债负事，在三十年以前，而主保经逃亡无证据，空有契书者，一切不须为理。"④ 这

---

① 《册府元龟》卷七十，文渊阁四库全书本。
② 据考证，"农忙止讼"的规定出现于唐开元二十五年的《杂令》当中，因此，在此之前的诉讼案件中，并不完全遵循"务限"的规定。参见郑显文《中国古代"农忙止讼"制度形成时间考述》，《法学研究》2005年第3期。
③ （宋）窦仪等：《宋刑统》，中华书局，1984，第206页。
④ （宋）窦仪等：《宋刑统》，中华书局，1984，第414页。

些规定都间接证明了唐代也存在着某些类似"诉讼时效"的规定，只是不得其详。吐鲁番文书"唐辩辞为阿刀妇人博换事"中，阿刀妇人在答辩中提及涉诉财产"博换已经四年，今来披诉，苟求多少，欲继他宗，恣意负心，漫生干扰"，[①] 从这一普通百姓的法律认识中，似乎也可以间接推断财产交换4年以上，不应该再提出异议，进行诉讼，也就是超过了诉讼时效。当然，典型的买卖与交换、典卖确有诸多不同之处，但同样是财产的交易，同样涉及所有权的变动，三者在诉讼中亦应有类似之处，因此，可以大致推断唐代涉及买卖的诉讼时效应该至少4年，多至20年，甚至30年，也就是说可以提起诉讼的买卖纠纷，以时间最长论，也不能超过30年。

四 买卖中的非诉程序

（一）市估与"评价"

一般而言，唐代商人在市场从事买卖，其价格不能随意确定。货物的价格，除了受到市场情势影响外，主管官司也会根据"时价"作出确定，这就产生了市估与请价的程序。《唐律疏议》之杂律"诸市司评物价不平"中规定："谓公私市易，若官司遣评物价，或贵或贱，令价不平，计所加减之价，坐赃论。"该条虽然是对市司评物价不平的惩罚性规定，但从反面说明了市司有对市易物价进行评定的权力，这种确定物价的程式，在唐代就被称为"市估"。来源于中国吐鲁番的"大谷文书"中，有不少"物价表"以及市司牒、市司状等官文书，池田温研究了一件载有"市司牒上郡仓曹司"的文书后发现，"仓曹参军掌管市肆。由此看来，本件文书是由交河郡城的市令制成并呈报交河郡都督府仓曹参军的"。由此，他进一步认为，"市司保管物价表之类文书。郡

---

① 荣新江等编《新获吐鲁番出土文献》，中华书局，2006，第55页。

仓曹和市司各自都保管有相同的物价表。直接记录本文书的应该是市令下的杂任人员,特别是任书记工作的市史"。① 因此,可以认为,市估确定价格在官府内的程序是由低级的、属于市司的杂任人员记录整理,然后交给市司主管核准,最后上报市司的主管部门——郡都督府仓曹。

如果与外藩交易,货物的价格也要由主管官司检校,唐令规定:"诸外藩与缘边互市,皆令互市官司检校,其市四面穿堑,及立篱院,遣人守门。市易之日卯时后,各将货物畜产俱赴市所,官司先与藩人对定物价,然后交易。"②

市司具有对市肆的管理职能,故其对物价的管理绝不仅仅限于记录、评定价格,有时,市场中参与买卖的主体,特别是涉及官府机构,需要主动就货物价格上报请示,这被称为"请价"程序,实质上类似于一种行政许可或行政审批。在吐鲁番出土文书中,就残存了一件名为"唐某年某衙请价钱文书"的唐代"请价"文书:

1 闰六月四日牒一石一斗
2 一石二豆四升一钱
3 　右七月十三日请价③
后缺

尽管有研究认为,唐代的市估不一定如实反映时价,而仅仅是作为

---

① 〔日〕池田温:《中国古代物价初探》,《日本学者研究中国史论著选译》(四),中华书局,1992,第471页。
② 《唐令拾遗补》,东京大学出版会,1997,第1395~1396页。
③ 本书纸质精细,似为官文书残片,参见《新获吐鲁番出土文献》,中华书局,2009,第353页。

官府交易和定赃等的依据，并不制约一般的私人交易，[①] 但从"评物价"制和"请价钱"等文书来看，不仅是涉及官府的交易，即使是私人间的交易，其物价也不是完全随意的，它仍然要受到市场管理机构即"市司"的一定制约，当然，这种制约有时是潜在的，而且大多只是针对涉官买卖及特定的市场买卖。民间大量的出于生活需要的买卖交易，既不进入城市市场，又不需要经官立券，其价格自由度应当更高，亦无须经历繁杂的"请价"程序。

（二）请"过所"程序

唐代由于实行严格的户籍管理，人员的流动是受到限制的，这与唐代实行的均田制及租庸调制有很大关系，因为它"是以官府对人丁的控制为前提的。人丁一旦流失，不仅会影响官府的赋税收入，而且更为重要的，是会对官府的劳役征发带来无法弥补的损失"。[②] 因此，对人丁流动有限制，特别是对跨境流动，规定更加严格，甚至构成犯罪，"水陆等关，两处各有门禁，行人来往皆有公文，谓诣使验符券，传送据递牒，军防、丁夫有总历，自余各请过所而度。若无公文，私从关门过，合徒一年"[③]。即构成"私度关"之罪。而从事买卖的商人，又不可避免地需要四处流动，这时，他就需要向主管机关提出申请，要求其允许通行，这被叫作"请过所"，而取得合法有效的"过所"是唐代商人外出行商的必备条件之一。唐令对此特别规定："凡欲渡关者，皆经本部本司请过所。官司检勘，然后判给。还者连来文、申牒勘给。若于来文外，更须附者，验实听之。"[④] 由于这一过程也要经历下牒、审、辩、行判等过程，类似于诉讼程序，故也可称为"请过所程序"。

---

① 参见〔日〕池田温《中国古代物价初探》，《日本学者研究中国史论著选译》（四），中华书局，1992，第501页。
② 黄正建：《〈天圣令〉与唐宋制度研究》，中国社会科学出版社，2011，第209页。
③ 《唐律疏议》卷八，中华书局，1983，第172页。
④ 《唐令拾遗补》，东京大学出版会，1997，第1393页。

唐代买卖制度研究

1. 申请

需要越境进行买卖市易的商人或普通百姓，首先需要申请获得可以通关之"过所"，有时也被称为"公验"。请"过所"时，一般需要本人提出申请，即向主管机关呈送请过所之"牒"。具体的呈送部门是："先经本部本司请过所，在京，则省给之；在外，州给之。虽非所部，有来文者，所在给之。"① 请过所"牒"要写清同行人、畜，去向，甚至财产之合法来源等。唐代由于实行郡县制，因此，请过所"牒"一般也交由申请人所在地之主管官司受理，西域文书所见多由户曹参军初审，所在郡之仓曹录事参军检勾。唐开元二十一年"康益谦、薛光泚、康大之请给过所案卷"② 中：

1. 前长史唐侄益谦　奴典信　奴归命
2. 　婢失满儿　婢绿叶　马四匹
3. 　问得牒请将前件人畜往福州，检
4. 无来由，仰答者。

该请过所"牒"中即详细列明了同行人、畜，甚至连"婢"的姓名、马之数量都有说明。而且，也写明了去向，即福州。在另一件唐垂拱元年名为"康义罗施等请过所案卷（三）"中，不仅记载了同行人等，还特别说明"其人等不是压良玄诱寒盗等色"；在唐贞观廿二年的"庭州人米巡职辞为请给公验事"③ 中，对同行人等，不仅列有姓名，还一一标注年龄。

---

① 《唐六典》卷六，中华书局，2005，第196页。
② 《吐鲁番出土文书》第九册，文物出版社，1990，第31页。
③ 以上二件文书图文俱见〔日〕池田温《东亚律令的交通规制一瞥》，高明士编《东亚文化圈的形成与发展：政治法律篇》，华东师范大学出版社，2008，第220~223页。

除此之外，请过所有时还需要有数名"保人"担保，才能成行。开元二十一年石染典往伊州市易时，就有染勿等人担保，并形成一份单独递呈的辩辞：

1……石染典计程不回连……
2 罪者。谨审：但染勿　等保石染典在此见有家宅
3 及妻儿亲等，并总见在。所将人畜，并非寒玄等
4 色，如染典等违程不回，连答之人，并请代承课
5 役，仍请准法受罪。被问依实。谨辩。元
6 开元廿一年正月　日
7　石染典　人四，马一，骡驴十一。
8　请往伊州市易，责保
9　可凭，牒知任去。谙，元
10　璟白。
11　廿三日①

在该"保辞"中，详细说明所保之人石染典"有家宅及妻儿亲等"见在，亦即没有"脱逃不回"之虞。此外，其所带"骡马"等，均有合法来源，绝非"寒玄等色"。并保证，如果石染典"违程不回"，他愿意代承课役，并承担其他罪责。由此也可以看出，唐代设置"过所"审批制，其主要目的之一在于防止形成"逃户"，从而影响国家的赋役，要求有人担保，亦是出于此目的。当然，由于现存西域请"过所"文书数量有限，类似上述"保辞"更是寥寥，因此，尚无法确定请人担保是否为获得"过所"批准的必要条件。

---

① 《吐鲁番出土文书》第九册，文物出版社，1990，第44~45页。

在对申请的受理上，还需要遵循自县至州逐级审核上报的程序，"申请过所者必须先通过县，再向州申请；还需有保人。州在收到申请者的辞或状之后，又常常会令县就一些情况再予以核查上报"。① 然后，主管部门再按照唐律的各项规定，严格核验审批。

2. 行判

在履行完上述程序后，主管官员就应该根据申请情况及所附材料，对是否准许颁发"过所"作出批示了。在瓜州都督府给石染典的过所中有：

前略

5 请改给者。依勘来文同此，已判给，幸依勘

6 过。

7 府

8 户曹参军亶

9　　　　　　史杨祗

10　　　　开元二十年三月十四日给。

中略

20 印　开元廿年十月廿　日　西州百姓游击将军石染典牒。

21　任去，琛示。

22 廿五日。

23　印

24 四月六日伊州刺史张宝　押过。②

---

① 黄正建：《〈天圣令〉与唐宋制度研究》，中国社会科学出版社，2011，第198页。
② 《吐鲁番出土文书》第九册，文物出版社，1990，第40~42页。

可以发现，行判前由户曹参军调查具体情况，然后向上报告，再由所在都督府主管官员依法行判，并附盖官印。第 24 列之所以出现伊州刺史张宝批示，是因为石染典"至此事市易事了，欲往伊州市易"，所以，又需要得到伊州主管官员的批准。

正因为"过所"在唐代"是有专一用途，有固定格式的公文"①，其申请、审核的程序十分严格，故其效力也较高，其通行效力，不仅限于一州一县，也可以越界跨境使用。"过所"的这一特性，对于经常需要跨境流动从事买卖活动的商人无疑是十分有利的。

小　结

作为广义的中国古代"民事诉讼"的一个类型，唐代买卖诉讼制度与实践也为法律史特别是民事法律制度史的研究带来诸多有益的启示。近年来，对中国古代法律制度史的研究似乎存在着一个悖论：那就是如果纯以古代律令制度、律学的相关概念和理论来论述，难免"食古不化"，不易为今人理解。换之，纯以现代法学理论的知识进行解读，特别是在西方现代法律体系的理论框架下，又难免会有外来语或外来概念在中国语境下运用而导致严重的歧义。对于中国古代民事法律制度的研究是如此，对古代民事诉讼法的研究更是如此。我们的确不应该贸然以今日之法学理论去硬套古代的立法或司法实践，但是，因此就一概否认中国古代存在民事法律、民事诉讼法律制度的观点，恐怕也有失偏颇。中国古代司法特别是涉及民事纠纷解决的司法，不仅是存在的，而且有其自身特点，也有处置、化解的一套程式或逻辑，它与现代民事诉讼法律制度无法作等量对比。然而，唐代涉及买卖的民事司法制度与实践，仍然留下诸多经验可供汲取。

---

① 黄正建：《〈天圣令〉与唐宋制度研究》，中国社会科学出版社，2011，第 201 页。

第一,"依时而诉"的起诉制度。中国传统的儒家思想力主"无讼",《治家格言》有云:"居家戒争讼,讼则终凶。"无讼、厌讼,除了作为一种价值取向外,更是着眼于实际。中古时代,仍然以自给自足的农耕经济为主,因此农事最被重视。如果不分季节提出诉讼,势必要影响农事,这是农耕者不愿看到的,同样也是治国者不愿看到的。因此,唐代对于不是特别紧急的婚姻、田宅、债负等设定"务限法",正是出于这样的目的。另一方面,人们"争讼"有时也不过是一时之气,"气顶在那里,不出不行"。[①] 起诉受限,反而有可能随着时间的流逝使人逐步回归理性,起到消弭甚至化解矛盾的作用。

第二,"有券则治"的证据制度。如果说刑事案件中更偏重对口供的获取,唐代涉及买卖纠纷的民事诉讼则表现出对契券文书等书面证据应用的高度重视。买卖交易中形成的契券是诉讼中至关重要的证据。案件最后的裁判,很大程度也是根据这些书面证据作出的。当然,这与契券文书在古代财产关系中的独特作用有关,契券文书"既是权利归属关系的证明,也是诉讼中证明案件事实真相的最有力物证,更是反映财产流转关系最重要的规则载体。物权靠它,债权靠它,证信也靠它,中国百姓的生活都靠它"。[②] 因此,契券文书几乎成了民事诉讼的"证据之王"。尽管契券文书也存在作伪的可能,但是比起口供和其他证言来,无疑具有更大的可信度。

第三,民事诉讼刑事化的趋向。中国古代以刑为主,民事问题刑法化的趋向,一度被认为是中华法系落后的标志。但是,如果抛开"西方中心观"的理论预设,仅仅从社会客观实际,从法律运行的实效来看,其积极意义亦不容忽略。在民事诉讼中,刑事化的处置方式一方面

---

① 刘星:《有产阶级的法律》,北京大学出版社,2006,第52页。
② 陈景良:《中国法学知识体系的建构必须重视从中华法制文明中寻求资源(笔谈)》,《法学研究》2011年第6期。

可对起诉、证明中的违法行为作出惩戒，另一方面，也使最终判决获得更大的权威，尽管刑事化的惩罚很多时候只是潜在的。

第四，完备的审判监督体制。西域文书留存诉讼文书有限，而且还有严重破损。但从这些有限的文书中，不难发现买卖等民事诉讼在诸级官员中"审转"的过程，这一"审转"，实质上就构成了对案件审理的监督。比较明显的是两类：一是与所有行政行为一致的例行"检勾"程序；二是在不同级官员间的报查、复核程序。前述由县吏上州司户，以至再上户部复核，就是例证。这种对民事审判的监督体制，对于保证司法的公正具有积极的意义。

总之，唐代地方民事诉讼制度，比之今日虽然十分粗陋，许多程序规范还缺乏体系性、完整性，但是已经显现出与当时刑事诉讼程序的差异。这种差别化的处理方式，不一定是当时地方司法者认识到民事诉讼内在属性不同而做出的主动选择，也不是对国家立法规范的刻板遵循，更多的应该是一种司法实践中的经验累积。这种基于司法经验的灵活处置方式，反而有助于民事讼争的化解，实现裁判法律效果和社会效果有效平衡。此外，正如许多论著指出的，基层民事纠纷一定还存在官方解决之外的民间调停，[①] 唐代大致也不例外。当然，这已经超出本节所述"官法"的范畴了。

[①] 谷川道雄认为六朝时，地方的有名望人士阶层通过赈恤、劝农、乡里防卫、纠纷处理等，维持宗族、乡党秩序。参见〔日〕中岛乐章《明代乡村纠纷与秩序》，江苏人民出版社，2010，第63页。

第三章　唐代乡法中的买卖

传统意义上的法学研究，一般将法律界定为国家统治的产物，经典的说法就是：法律是阶级矛盾不可调和的产物，是一个阶级统治另一个阶级的国家暴力机器之制度化，因此法律不仅是统治阶级意志的体现，也是执行统治阶级意志并保护其利益的工具。正如强世功指出的："这种法律观实际上是一种法律的政治观，即必须把法律置于阶级斗争的政治格局中来理解。如果说国家是现代政治的容器或者载体，那么法理学自然就成为国家与法的理论，讲法律就必须讲国家。"[①] 随着20世纪末有关法律本质的讨论，以及法律文化、法律多元概念的提出并深入阐述，这种国家意义上的法律观被很大程度的扩展和延伸，"把政治和国家等这些法律的外部要素和实质要素逐步从法理学思考中清除出去，从法律的内部要素和形式要素来理解法律，由此形成一种'没有国家的法律观'"。[②] 与此相关的一个概念，即是法律人类学在研究中提出的"法律多元"，这种理论认为同一社会中的法律并不是一元化的，而是存在两种或多种法律制度，如同国家法律观强调法律源于国家权威，它更强调源于国家权威之外的"法律"，认为只要是某种规则与权威主体

[①] 强世功：《立法者的法理学》，三联书店，2007，第5页。
[②] 强世功：《立法者的法理学》，三联书店，2007，第6页。

有联系，就可以称为法律，这类权威主体包含了国家之外的教会、学校、行会或其他社会团体，"当关注其权威渊源或管辖范围时，就称做非国家法、非官方法、人民的法、地方性法、部落法等等；反过来，当关注其文化起源时，就叫做习惯法、传统法、固有法、民间法、初民法、本地法等等"，① 而就中国特定的历史而言，法律多元则有着更为中国化的理论意义，"这个王朝在全国范围内在政治和法律上的统一程度是很低的，往往只达到政治层面，或只流于形式，至于其他方面，特别是基层和边陲，则是天高皇帝远，皇权是无力关注的。这也就是说，在这时代，基层的普通老百姓，特别是远离都市的边陲地区的族群，他们祖祖辈辈自有一套生活的规则和秩序，并不因王朝的更迭而改变"。② 当然，这种规则和秩序完全不受"国家法"的影响是很困难的，但是，一整套民间社会自发的生活规则与秩序无疑是存在的。

但是，这种超出国家法外的"法律"到底如何界定，又应该如何称呼，有人提出了"习惯法"的概念，认为"习惯法是独立于国家法之外的，由一定民间社会组织或群体在长期的生产、生活中自然形成的或明文约定的，体现民间社会组织或群体成员意志和利益的，由获得民间社会组织或群体认可的社会物质力量保障其实施的普遍性行为规范的总和"。③ 基于这种认识，习惯法被认为是一种"行为规范"，它具有习惯性、普遍性，虽然也有法的一般特征和功能，如规范性等，但不属于国家法的范畴。此外，习惯法与习惯还有着根本的区别，习惯法与习惯，一为法律，一为事实，④ 不能完全等同。从其生成来看，习惯是

---

① 〔日〕千叶正士：《法律多元》，强世功等译，中国政法大学出版社，1997，第2页。
② 严存生：《法的"一体"和"多元"》，商务印书馆，2008，第169页。
③ 曹艳芝：《论习惯法的概念和特征》，载谢晖主编《民间法》第一卷，山东人民出版社，2002。
④ 刘作翔：《习惯在司法中的作用》，《法学研究》2011年第1期。

人们在社会生活中自然形成并传承下来的,而习惯法有的是自然形成的,有的是民间组织或群体成员主动约定的;从二者的规范强度来看,习惯法一般比习惯更具强制性,习惯法的这种强制,不仅依靠人们的内心信念、自发遵守,更来自于外化的物质力量的强制,比如种种民间刑罚等。[1]但是,这种所谓"习惯法"之"法"的性质,尤其引发质疑,特别是放在西方近代以来法律观的语境下,如寺田浩明在考察清代民事法时,即认为:"说到清代的民事习惯法,暂且把宗族等组织体的内部规则放置不论,至少作为当时民事法秩序最核心要素的土地交易和土地所有方面,社会中并不存在作为审判规范的固有的审判机构。因此,即使在这里使用'习惯法'一词,也不一定将这些既存的规范直接与包括前近代在内的西方法制史所见的'法'相提并论。"[2]尽管如此,并不能完全否认"习惯法"在一定范围内稳定存在,并发挥实在作用,不能否认其"对于传统社会秩序建构所具有的基础性作用"[3]。

在习惯法研究的基础上,学界又引申出"民间法"的概念。相比较而言,"民间法"是比习惯法外延更大的概念,除习惯法之外,还广泛包含了宗族法、宗教法、民族法、行会法等,它们往往产生于某一个团体,"有各种血缘的、地缘的和其他性质的团体,如家族、村社、行帮、宗教社团等等,普通民众就生活于其中。值得注意的是,这些对于一般民众日常生活有着绝大影响的民间社群,无不保有自己的组织、机构和规章制度,而且,它们那些制度化的规则,虽然是由风俗习惯长期演变而来,却可以在不同程度上被我们视为法律。当然,这些法律不同

---

[1] 参见前引曹艳芝文。
[2] 〔日〕寺田浩明:《关于清代的民事法》,载陈平原等主编《学人》第十五辑,江苏文艺出版社,2000,第3页。
[3] 厉尽国:《法治视野中的习惯法》,中国政法大学出版社,2010,第118页。

于朝廷的律例，它们甚至不是通过国家正式或非正式授权产生的，在这种意义上，我们可以统称之为'民间法'"。① 相对于习惯法独特的生成方式，民间法的概念更多地倾向于从宏观的社会群体，或曰特定"共同体"的视角下，归纳得出的，它的形成可能也有习惯法自然形成或约定而成的一面，但它无疑指向另外的、更重要的特征，就是仅仅在特定的范围内，特定的群体中适用。

习惯法也好，民间法也好，当然有各自的道理，但是，又不免存在自身的缺陷。事实上，在不少习惯法研究中，其中不少内容很难称得上是严格意义上的"习惯法"，它们有的更类似于民间习惯甚至习俗，法的意蕴相对较弱。在对上述疑问进行反思后，有学者提出"民间社会规范"的概念，认为"如果从国家的角度界定'法律'，则法律以外的社会规范可以统称为民间社会规范或社会规范（social norms）"。② 也许，对于深陷习惯、习惯法与民间法概念僵局中的学人而言，这无疑是一个富有启发性的提法。"民间社会规范的关注通常建立在一种与国家权力不同的共同体的视角上，关注的是生活在特定社会基础上的人。……（在这种共同体中），文化与传统仍然固守道德与信仰的领地，并成为和国家法律相辅相成的社会调整机制。民间社会规范就是各种共同体和社区内在的、据以自治的规则，包括传统习惯、道德和宗教，也包括商业惯例和不断形成的新规则，它们既是特定社会成员的行为准则，也是其解决纠纷的依据。"③

尽管这种"民间社会规范"广为存在并实际生效，但在国家法的视野中，又存在多种不同的认知。有些民间社会规范，可能不能得到国

---

① 梁治平：《中国法律史上的民间法》，载《在边缘处思考》，法律出版社，2010，第162页。
② 范愉：《民间社会规范在基层司法中的应用》，载朱景文主编《法社会学专题研究》，中国人民大学出版社，2010。
③ 范愉：《民间社会规范在基层司法中的应用》。

家法的认同，因此，它们也被称为是民间的"陋俗""土风""土例"，尽管这些所谓的"陋俗"，在乡土民间有其自身运行的逻辑和情理，但是，它们或是不符合国家的治理政策，或是与更为一般的人情事理（或曰"善风良俗"）相悖，因此不能获得国家法的认同，其结果之一就是司法裁判中的排斥，这样的民间社会规范，在国家正式的司法裁判中被拒绝适用，依据这类社会规范所成立的社会行为，亦不被国家裁判所认可。

尽管某些民间习惯可能在国家或官方法律体系中得不到认可，但这并不妨碍其在特定的民间社会生活中发生效用，而且有时还起着规范秩序、调处纠纷的主要作用。在唐代的西域地区，民间买卖交易中就广泛存在着这样的民间习惯，虽然并没有一个固定的称谓。事实上，可以表述这些民间习惯法的，在西域的券契文书中有许多，如"乡原""乡元""乡法""乡原例"等说法，冯学伟认为："'乡元'，也作'乡原'、'乡源'、'乡原例'等，其作为唐代习用语，意思是'本土惯例'……都是当时人对某类地方惯例的概称，其中，'乡元'除代指一系列惯例外，还有一些善风良俗的意思。"[①] 罗彤华亦认为："律令中的'乡法'，或许就撷取自地方上的'乡原''乡原例'等概念。'乡'即'响'或'向'，乃从来、过去之意，由此发展出来的地方习惯，即是乡法。"[②] 事实上，从语言演变的理论来看，这种看法应该是颇有道理的，保留古语较多的陕北方言，至今还有"乡例"或"向例"这样的说法，特别是在表示为众人所遵循、沿用的某种惯例时。[③] 所以，前述几个唐代文书中的语词都可以表述本书意图表述的民间习惯法，只是

[①] 乡元、乡原或乡原例的说法，在买卖类契约中存在，在借贷类契约中更为多见，参见冯学伟《敦煌吐鲁番文书中的地方惯例》，《当代法学》2011年第2期。
[②] 参见罗彤华《唐代民间借贷之研究》，北京大学出版社，2009，第247页。
[③] 以方言中残留的部分古语解读古代文书的方法受黑维强教授的影响，相关研究参见氏著《敦煌文献词语陕北方言证》，《敦煌研究》2002年第1期。

出于表述的方便与简洁，以及与"官法"的区别，选取"乡法"一词，作为代表。既然是"乡法"，那必然带有地方性，[①] 具有地域特征，而本书研究选取的材料也是以敦煌、吐鲁番的文书为主，实际也只可能解说唐代以敦煌、吐鲁番为代表的唐代西域民间买卖的情况，而并不能就此得出唐朝治下的所有地区都是如此的结论。以下将从对"乡法"的历史考述为起点，分类研究散见于唐代买卖契约中的各项地方性惯例。

第一节 乡法概述

传世法典《唐律疏议》中，多次出现"乡法"一词。"乡法"，以及与其密切相关的"乡原（元）""乡例"等词，在出土敦煌、吐鲁番等西域契约文书中也多次出现，这使得"乡法"的存在，在立法与法律实践、社会经济实践中得以互相印证。遗憾的是，对"乡法"的专门研究寥寥无几，从法学的角度专论"乡法"更是鲜见。孟宪实以吐鲁番文书为材料，对古代西域国法与"乡法"的关系做了专论。[②] 罗彤华在研究唐代借贷时，也讨论了"乡法"的内涵。[③] 高明士在一篇序言中，也曾谈及唐代的"乡法"。[④] 梁治平的研究中提及了类似的"乡例""土例"，但是将其放在习惯法、民间法的理论背景下论述的。[⑤] 同样，

[①] 它们也被直接称为地方惯例。参见冯学伟《敦煌吐鲁番文书中的地方惯例》，《当代法学》2011年第2期。
[②] 目前涉及"乡法"的研究论文仅有孟宪实《国法与乡法：以吐鲁番敦煌文书为中心》，《新疆师范大学学报》2006年第1期。如果从更广义的地方性规范角度而言，则冯学伟的《敦煌吐鲁番文书中的地方惯例》（《当代法学》2011年第1期）值得注意，类似的还有张妍《中国传统社会土地权属再思考——以土地交易过程中的"乡规"、"乡例"为中心》，《安徽史学》2005年第1期；卞利《明清徽州经济活动中乡例举隅》，《安徽大学学报》2007年第1期。
[③] 罗彤华：《唐代民间借贷之研究》，北京大学出版社，2009。
[④] 高明士：《东亚传统家礼、教育与国法》，华东师范大学出版社，2008。
[⑤] 梁治平：《清代习惯法：社会与国家》，中国政法大学出版社，1996。

仁井田陞的相关研究，亦将其视为习惯。① 相关研究尽管已经展现了中国古代"乡法"的多个面向，但却未能将其作为一个相对独立的法律体系进行正面研究，且对其渊源、性质的认识也存在一些讹误，存在有待拓展的空间。本节拟采取历史文献释读、法律社会学的方法，以历代法律典籍以及出土契约文书为基本材料，对以唐代为中心的"乡法"的基本内涵、源流等几个方面做初步的考述。

在唐代以前的典籍中，"乡法"一词尚不多见。《周礼正义》："注云：'令者，令其闾内之闾胥里宰之属'者，谓令其当闾之吏也。此官掌国中城郭廛里，盖亦以五家为联。但置设官吏，依乡法，或依遂法，经无明文，故郑兼举闾胥里宰以晐之。"② 此谓择选乡里闾内官吏之法。《礼记正义》中，孔颖达解释天子、诸侯兵赋时，疏曰："诸侯城方十里，出赋之时，虽革车一乘，甲士三人，步卒七十二人，其临敌对战之时，则同乡法'五人为伍，五伍为两'之属也。故《左传》云：鄢之战，楚'广有一卒，卒偏之两'，又云'两之一卒适矣'，是临军对阵同乡法也。"③ 在这里，"乡法"则指临敌对战时，排兵布阵、甲士配比之法，其意大略与天子之"王法"或"军法"相对。上述二者的共同点在于，它们都是区别于正式的"王法"或"国法"而存在的，因而也具有一定的灵活性与变通性。"乡法"一词真正大量出现，是在唐代。比较典型的是《唐律疏议》，共出现三次。在"给授田课农桑违法"条中，疏议引《田令》规定："户内永业田，每亩课植桑五十根以上，榆、枣各十根以上。土地不宜者，任依乡法。"④ 在"失火及非时

---

① 〔日〕仁井田陞：《中国法制史研究·法与习惯》第四卷，东京大学出版会。1960。
② （清）孙诒让：《周礼正义》，中华书局，1987，第2922页。
③ 《礼记正义·坊记》，上海古籍出版社，2008，第1957页。
④ 《唐律疏议》卷十三，中华书局，1983，第249页。

烧田野"条中，疏议曰："非时，谓二月一日以后、十月三十日以前。若乡土异宜者，依乡法。"① 唐令中也多次援引"乡法"，在《田令》中规定："诸给口分田者易田则倍给，宽乡三易以上者，仍依乡法易给。"② 在《通典》中，关于"易田"的规定稍有不同，《食货·田制》云："宽乡三易以上者，仍依乡法易给。"③《旧唐书》亦有其例："柳州土俗，以男女质钱，过期则没入钱主，宗元革其乡法。其已没者，仍出私钱赎之，归其父母。"④ 高明士则认为，《唐律》中提及的几处"乡法"，就是当地的习惯，它接近于法理，在司法审判中起到补充正式法理的作用。⑤ 此外，因唐宋律令的延续关系，《宋刑统》中"乡法"亦数次出现，在含义上与唐律之"乡法"多有相通之处。

作为一种制度性规范，"法"在中国古代含义相对固定，故"乡法"的含义，可以根据"乡"之不同语义，作以下两个方面的解读。

第一，将"乡法"之"乡"解释为"向"。段玉裁认为："'乡'者今之向字，所乡谓向也，以同音为训也。"⑥ 清代徐鼒对一个类似的词"乡原"的解释，亦颇具启发性，"乡原"，何晏《集解》引周生曰："所至之乡辄原其人情而为己意以待之。一曰乡向也。古字同。谓人不能刚毅而见人辄原其趋向容媚而合之。"朱注曰："乡者鄙俗之意。原与愿同。《荀子》'原悫'注：'读作愿'是也。盖其同流合污以媚于世故在乡人之中独以愿称。"⑦ 这种从字音的解读具有一定道理，罗彤华也有类似的看法，他认为"乡"即"响"或"向"，乃从来、过

---

① 《唐律疏议》卷二十七，中华书局，1983，第509页。
② 《天一阁藏明钞本天圣令校证》，中华书局，2006，第386页。
③ 《通典》卷二，中华书局，1984，第15页。
④ 《旧唐书》卷一百六十，中华书局，1975，第4214页。
⑤ 参见高明士《东亚传统家礼、教育与国法》，华东师范大学出版社，2008，第2页。
⑥ （清）段玉裁：《说文解字注》六篇下，上海古籍出版社，1981，第302页。
⑦ 《读书杂释》卷十，《续修四库全书·子部·杂家类》，上海古籍出版社，2011，第540页。

去之意，由此发展出来的地方习惯即是乡法。① 与之相关的概念"乡原"或"乡例"，亦可以从语音学的角度得以解释，"今河西一些地方仍说地方惯例时即称'乡原旧例'"②，实际上不只是河西地方，在今天的陕北仍有此类用法，可见其为一个很普遍的用法。从字义来看，乡是指乡间、乡里，法当然是指具有一定强制力的规范。由于"乡法"屡次进入正式律典，显然并非一个不正式的用词，故单纯从语音的角度解释尚有不足，故应从字义入手再作解读，并借以探求源流。

由"乡"的这一语义，可得"乡法"的第一个来源，实际上是乡里民众的生产生活实践及其蕴含的"实用理性"③，也即"风俗"、习惯。前述韩廷寿问以"谣俗"，正是这类民间的习俗。当然，民间的习俗有良劣善恶之分，其在进入乡法的过程中，经过了被选择、鉴别的过程。这类来自乡里生活本身的习俗，使得由此形成的乡法接到地气，具有了生命力。在唐宋律令中提及的乡法，以及西域契约文书中多次提及的"乡法"，大多是指作为"习俗"、惯例的"乡法"。

第二，将"乡法"之"乡"理解为"乡里之制"。尽管"乡法"之"乡"仅具有抽象性意义，但从源流上考察，其与中国古代乡制不无关系，而"乡里"之制又是历史悠久的制度。乡里之制可以追溯到西周时代的"五乡"，《周礼》："挟日而敛之，乃施教法于邦国都鄙，使之各以教其所治民，令五家为比，使之相保；五比为闾，使之相受；四闾为族，使之相葬；五族为党，使之相救；五党为州，使之相赒；五

---

① 罗彤华：《唐代民间借贷之研究》，北京大学出版社，2009，第247页。
② 黄大祥：《敦煌社会经济文献词语例释》，《西华大学学报（哲学社会科学版）》2009年第5期。
③ 李泽厚用"实用理性"指"一种肯定现实生活的世界观"，在本书中，借以说明乡民在选择适用的规则时，出于现实的生活需要，在实际利益的衡量中表达出的倾向与态度，而作出的选择。参见李泽厚《实用理性与乐感文化》，三联书店，2008，第29页。

州为乡，使之相宾。"① 此时，"乡"属于国之下一级组织，且位高于州。此时，虽然还未明确"乡法"这一法律体系，但一系列具有实质意义的"乡法"多次被提及，《周礼》中，以"乡三物教万民"，"以乡八刑纠万民"，"以五礼防万民之伪"，"以六乐防万民之情"，② 应该说这已经是体系完备的"乡法"，只是此时的"乡法"具有官方性、礼教性，并且其"立法"层级较高。

在这一语义之下，乡法的形成具有一个从礼到法的过程。《仪礼》中的"乡饮酒礼"记载了诸侯的乡大夫主持的饮酒礼，据考来源于早期氏族社会的会食制度。③ "乡饮酒礼"之设，是为了选贤贡举，"立一六命卿为乡大夫，乡内之民有贤行者，则行乡饮酒之礼，宾客之，贡举也，故云使之相宾"。④ 这一选贤贡举的做法，逐渐形成一种乡里的惯例，并遵循特定的礼仪。汉代，不少具有乡法性质的规范，也多接近于"礼"。如卫飒初到桂阳时，认为当地"与交州接境，颇染其俗，不知礼则。飒下车，修庠序之教，设婚姻之礼。期年间，邦俗从化"⑤。秦彭任山阳太守，"崇好儒雅，敦明庠序。每春秋飨射，辄修升降揖让之仪。乃为人设四诫，以定六亲长幼之礼"⑥。这些事例，表现了乡法形成的第一个来源，即一种自上而下的，来自于行政官员礼仪教化的结果，这使得乡法侵染了儒家伦理的色彩。而在某种意义上，中国古代的"礼"本身即有法的含义，"无论是圣人制礼，还是礼俗、礼仪意义上的'礼'，在传统社会都是一种被广为接受的具有一定约束力的行为规范，其中很大一部分应属于我们今天所说的法律的范畴"⑦。因此，早

---

① 《周礼注疏·地官司徒第二》，上海古籍出版社，2010，第367页。
② 《周礼注疏·地官司徒第二》，上海古籍出版社，2010，第370~373页。
③ 杨天宇：《仪礼译注》，上海古籍出版社，2004，第3页。
④ 《周礼注疏·地官司徒第二》，上海古籍出版社，2010，第367页。
⑤ 《后汉书·卫飒传》，中华书局，2007，第718页。
⑥ 《后汉书·秦彭传》，中华书局，2007，第721页。
⑦ 吴正茂：《再论法律儒家化》，《中外法学》2011年第3期。

期的"乡礼"与"乡法"亦存在融合之处。

这种具有儒家"礼"性质的乡法,很多时候成为特定基层组织的治理规范。与前一类"乡法"不同的是,这类规范、惯例,不再是个体化的、私人化的,而是作为乡里、社邑共同体的组织、治理规范而存在。作为这类规范的指导性原则,就不再仅仅是地方日常的生活逻辑,而更多地受到儒家"礼"的影响。例如俄藏敦煌文书"索望社社条"就有:

1 谨立索望社案一道。盖闻人
2 须知宗约,宗亲以为本,四
3 海一流之水,出于昆仑之峰,
4 万木初是一根,分修垂枝
5 引叶。今有仓之索望骨
6 肉,敦煌极传英豪,索静
7 瓠为一脉,渐渐异息为房,见
8 此逐物意移,绝无尊卑之
9 礼,长幼各不忍见,恐辱先
10 代名家。所有不律之辞,已信[①]
11 后犯。

由这份文书,对作为一种乡法的社邑规约之性质或依据,可以作出很好的解读。在"索望社社条"中,从对尊卑长幼之礼的"恐辱"态度中,不难窥见社条的基本精神,"忠父慈亲",儒家忠孝仁义的底色,已经呼之欲出。

概括具有规范意义"乡法"的用法,可以发现其主要在以下一些

---

① 乜小红:《俄藏敦煌契约文书研究》,上海古籍出版社,2009,第236页。

层面上被使用：第一，作为特定地方民间约定俗成的习惯性做法或惯例。例如前述《唐律》中"户内课植桑五十根以上，榆、枣各十根以上。土地不宜者，任依乡法"，以及"失火及非时烧田野"条中"若乡土异宜者，依乡法"，均是这样的例子，当然这类习惯主要是基于地理、自然的条件而形成。还有一类地方性习惯，主要是由于长期的生活习俗传承所致，如《宋刑统》"残害死尸"条，特允许外藩客依照本族习俗归葬，"诸藩客及使藩人宿卫子弟，欲依乡法烧葬者听，缘葬所须亦官给"。① 该条规定不仅表达了中原王朝对外藩习俗、"乡法"的尊重，并给予适量的物质保障。当然，这类乡法作为地方性习惯，主要是源自于地方生活的逻辑，在受过儒家思想训练的士大夫看来，未必都是善良的习惯，柳宗元所革乡法即是"恶俗"的例证。第二，作为维护特定地方的社会生活秩序的规范，这类"乡法"往往比较具体，并具有强制性措施保障其实施，前述的村规、公约、社条均属于此类。

综上所述，可以得出唐代"乡法"的一个初步定义，"乡法"之"乡"即使不作"向"解，也仅具有虚拟化的意义，汉唐以后，"乡法"之"乡"基本就不再具有实际的意义，事实上唐代以来，"乡"作为一级行政单位的职能已经大大弱化，甚至仅具象征意义，② 因此，"乡"的具体所指，可能表示"社"，也可能是"里"，抑或仅仅是表示某一特定地区。所谓"法"，尽管从效力来源、权威属性上与国法大为不同，但无疑是具有一定的规范性的，这种规范性，或者是源自约定俗成、习以为常的一种地方群体习惯，或者是乡里、社邑的"乡官"、

---

① （宋）窦仪等：《宋刑统》，中华书局，1984，第287页。
② 在唐代，上报文牒虽然都称呼"当乡"，署名者却往往是一个或数个里正，这说明实际上不存在乡这一级基层权力机构。参见孔祥星《唐代里正》，《中国历史博物馆馆刊》1979年第1期。

里长等地方权威，以及其在地方官吏的影响下订立的或成文或不成文的组织规范，这种规范又渗透着儒家文化的色彩。正是在这样一个较为宽泛的意义上，有不少含义相近的词也可以被涵摄，例如乡例、乡原①、乡原体例，以及在敦煌、吐鲁番文书中出现的异体词"乡元"等等。为了统一起见，本书即以"乡法"概称这类民间社会中的制度规范，买卖之"乡法"当然是其中重要的一类。

第二节　价钱毕已：价金支付

俗语谓：一手交钱，一手交货。故买卖交易的最重要内容就是货物与价款的适当交付，或者说，一个买卖合同的本质或实质条款是标的物和价款，从合同的原因学说看，与出卖人有关的目的因就是价款。② 因此，价款的支付，也就构成了买卖的核心要件之一，如果无相应的价款，则该行为可能成为赠予，而不再是买卖。当然，就唐代的买卖而言，这里的价金是广义的，它可能是金银，也可能是布帛，甚至是谷麦等，尽管在多数时候，它们具有经济学所谓"一般等价物"的作用，但在有些情况下，它们也不一定是"一般等价物"，它们只不过相对而言地起到某种支付的作用，而表面看起来，似乎更像是一种物物交换。③ 当然这种交

---

① 乡原，在儒家经典中多次出现，一般被认为是一类人，即乡间喜欢故意作出忠厚老实的样子，讨好所有人，没有立场、昧于是非的人。因此孔子谓"乡原，德之贼也"。在敦煌、吐鲁番等大量民间文书当中，经常用乡原（或乡元）指称地方性的惯例，在传统文献中，亦见乡原的用法，例如《名公书判清明集》卷四《高七一状诉陈庆占田》中有："乡原体例，凡立契交易，必书号数亩步于契内，以凭投印。"因此，可对乡原作另一种解释，即地方性规则或惯例。
② 合同的原因学说来自于中世纪法学家对罗马法的解说，参见〔美〕詹姆斯·戈德雷《现代合同理论的哲学起源》，张家勇译，法律出版社，2006，第66页。
③ 这种以普通"物"替代货币的情形，在人类早期的买卖中普遍存在，西周时就有牛马甚至田地被折价，用作购买玉器等贵重物品，参见胡留元等《夏商西周法制史》，商务印书馆，2009，第454页。

易,也是买卖交易早期的一种方式,虽不一定可以辨析哪一方的物品是价金,但买卖的实质意义已经存在。价金的支付,不仅是买卖的一个核心内容,也影响着买卖的性质和效果,不同时间的交付,就会构成不同形式、不同种类的买卖。

一 价金的形式

在唐代的买卖中,虽然有少量难以确切区分何为价金,但还是有一些规律可循,如经常和价金连用,用来表述价金的某些惯用语,可以作为推测的依据。典型的说法是"断作价值",如"唐乾宁四年正月十二日平康乡百姓张义全卖舍契":其舍及屋木"都断作价值五十硕,内斛斗干货各半";"丙子年(916年)正月廿五日赤心乡百姓妻吴氏卖儿契"则写"断作时价,干湿共计三十石"。这些是敦煌契约中的典型说法,在吐鲁番文书中,稍有不同,"高昌延寿八年(631年)十一月十八日孙阿父买舍券"中,有"交与舍价银钱三百文",其他几件契券也均有"价银钱"等说法,两地买卖契券的说法虽有不同,但大概也形成一定的规律,那就是,一般在"价"或"断作价值"之后的,应该就属于买卖中所需支付的价金。以此来看,唐代敦煌、吐鲁番等地可以作为价金支付的形式有许多种,并不全为官方货币。造成此种状况的原因,除了西域地处边远,统一的国家币制未能推行,商品经济仍不成熟外,恐怕也与唐时社会流行"恶钱"有关。尽管隋朝以来已经有多种官制钱币,但由于一直存在私铸恶钱的情况,普通民众对通行的钱币缺乏信心,故在实际交易中,多以实物作为货币媒介,[①] 其要者为金银、绢练、麦粟等。

(一) 金银

金银在唐代是否已经作为货币使用,学界意见不一。有持部分否定

---

① 参见侯家驹《中国经济史》,新星出版社,1998,第425页。

意见的，如魏源认为："宋、明以前，银不为币，币惟黄金及铜。"① 也就是说，在唐代及以前，银尚无货币的功能，银作为货币使用是在宋明之后。当然，也有认为已经有使用的，"唐代实际上金银的货币用途主要的是在上流阶级。但这种状态也只限于中国本部，不是一般都如此，在岭南地方金银（尤其是银）至市肆的交易，换言之，至一般的卖买也都用银"，② 事实上，不只是唐代的岭南地区，仅就留存文书来看，唐之敦煌、西州等广大地区，金银，更确切地说"银""银钱"应该也是买卖中使用最多的一类价金形式。

"高昌延寿十五年（638年）五月廿八日史某买田券"中，即时交付的价金就是银钱，"即交与买价银钱三百九十文"；"高昌延寿四年（627年）某月十八日赵明儿买作人券"中，价金则是"银钱三百八十文"；"高昌延寿五年（628年）三月十八日赵善众买舍地券"中支付的价金为"银钱四文"。从上述的买卖契券可以看出，作为价金的银钱，以"文"作为计量单位，应该是属于"官定"之标准，是比较正规的一种货币形式。此外，相比较而言，以"银钱"作为价金使用的买卖，多是在唐之高昌等地，可见银钱在高昌已经是比较通用的货币了。

（二）绢练

绢、练等布帛，由于其轻便性及价值的相对固定，可能在唐代被当作更为重要的一种"货币"。《唐律疏议》在定义盗窃罪的情节时，有"一尺杖六十，一匹加一等；五匹徒一年，五匹加一等，五十匹加役流"③。这里的"匹"，应当就是绢、练等经常被当作货币使用的织品的长度，可见绢、练在当时的通行程度。西域的唐代买卖券契中，也有

---

① （清）魏源：《圣武记》卷十四《军储篇一》，中华书局，1984，第553页。
② 〔日〕加藤繁：《唐宋时代金银之研究》，中华书局，2006，第97页。
③ 《唐律疏议》卷十九，中华书局，1983，第358页。

大量以绢、练作为交易价金的例证,如唐"行客王修智卖胡奴市券公验"中,购买胡奴多宝所支付的价金为"大绢二十一匹";唐大中五年"僧光镜负俀布买钏契"中,支付的价钱是"布一百尺";丁巳年通颊乡百姓"唐清奴买牛契"中,支付的价钱为"生绢一匹,长七三丈七尺";"唐开元廿一年(733年)正月十五日西州百姓石染典买马契"中,支付的价钱则为"大练十八匹"。由此也不难发现,绢、练等织物作为货币,不仅得到官方的认可,在民间买卖中,同样被大量使用。

值得注意的是,在用绢、练等织品作为价金时,在券契中除了约定其"匹"数外,有时还详细注明长、宽,如前引"唐清奴买牛契"中,作为价金的"生绢一匹","长七三丈七尺"①;在"后梁贞明九年(923年)闰四月都头某出卖奴仆契"中,更是对"工绢"的长宽都作了说明,"长三丈八尺,幅阔一尺九寸,勘暑大练",这些约定,间接地说明,绢、练作为一种非常规的货币,其尺寸的准确性、标准性不高,而且由于绢、练本身就属于价格比较昂贵的商品,因此,对其作出必要的约定也是在情理之中的。

绢、练等作为价金使用,很可能主要是出于商业之目的,"绢、练、绵绫都是沙州高价位的织物,既不是归义军官府的税物,也非一般百姓生活日用所必需,大概除了有较大需求或远行、商务等特殊目的,似不必动用到这些物品",② 因此,无论从价值上看,还是被接受的程度,绢、练等织物无疑都算是唐代另一种最为通行的、可以用作支付普

---

① 本处原录文"七三丈"之"七"存疑,似是衍文,有关布帛尺度,唐"武德二年之制"及开元廿五年令,都规定绢帛长四丈、阔一尺八寸为匹,宋代"官帛亦以四丈为匹,而官帛乃今官尺四十八尺",据此推算,在唐代一匹绢的标准长度应该是四丈,该生绢可能使用民用或地方性尺度,故稍短,应为"三丈七尺"。参见郭正忠《三至十四世纪中国的权衡度量》,中国社会科学出版社,1993,第249、268页。
② 罗彤华:《唐代民间借贷之研究》,北京大学出版社,2009,第214页。

通货物价金的"货币"。

(三) 麦粟

由于麦粟的易储藏性及普遍接受性，其在唐代也被广为承认，可以作为一种交换媒介，承担"货币"的职能。麦粟作为价金使用在广泛的买卖交易中，不仅可以作为牛马等牲畜的价金，亦用来作土地、房宅等价值较高的财产之价金。例如"吐蕃未年（803年）闰十月廿五日尼明相卖牛契"中，牛被"准作汉斗麦一十二硕，粟两硕"。"吐蕃未年（827年）十月三日上部落百姓安环清卖地契"中，价金是"斛斗汉斗一硕六斗，都计麦一十五硕，粟一硕，并汉斗"；"唐乾宁四年（897年）正月十二日平康乡百姓张义全卖舍契"中，价金约定为"五十硕，内斛斗干货各半"。① 当然，鉴于唐代社会中有铜币、金银、绢练等相对更便于携带的"货币"使用，麦粟等这种运输不便，又不易准确称量的粮食作物充当买卖的价金，或许也反映了唐代西域正式货币不足的现实。

上述几类作为价金的物品除了被单独使用外，也有混用的情况，如"唐龙朔元年（661年）五月廿三日前庭府衙士左憧熹买奴契"中的价金是"水练六匹，钱五文"。虽然买卖的类型与支付的价金形式并无必然关系，但大致分析，还是可以发现一定的规律：就买卖的标的类型看，买卖牛马、奴婢等"准不动产"时，大多支付的是绢、练等织品，② 而购买田宅时，大多使用银钱或麦、粟等粮食支付；就不同地域而言，银钱或者是铜币钱的使用，主要限于唐之高昌地区，而绢、练、麦、粟等则主要是在敦煌地区使用。就标的物不同

---

① 该价金特别之处在于仅仅说明数量，却未明确是何种粮食，根据后文有关"罚麦二十硕"的违约条款分析，似乎是指"麦"。可能麦、粟等某种粮食在这一地区作为固定的价金支付方式，已经约定俗成，无须再加说明。

② 唐与北方游牧民族回纥，还一度形成固定的绢马贸易，绢被当作购买回纥马的固定货币使用，参见马俊民《唐与回纥的绢马贸易》，《中国史研究》1984年第1期。

而支付价金形式有别，很可能是由于购买奴婢、牛马的大多为流动性较大的商人，他们由于行动无常，不可能携带过于笨重的"货币"从事交易，绢、练等丝织品，由于价值较高，又携带轻便，故成为他们使用的首选。同理，购买田宅的应该多为当地常住居民，他们一般不存在四处流动的问题，而且从事农业也使其更方便获取麦、粟等粮食，故更多使用麦、粟等支付。当然，这只是一个粗略的规律，也有不少例外情形。

事实上，可以作为买卖之价金使用的，唐代有更为通行的、为官府认可的货币存在，这就是铜制钱币，出土的如"开元通宝"[①]等，在社会上流通的数量很多。还有相对少见的"大历元宝""建中通宝"等，亦曾在新疆库车地区被使用。[②] 在长安、洛阳、扬州等唐代大城市，也多以钱币作为基本的计价单位，如开成三年（838年）僧人圆仁在扬州的游历中记载："更买白绢二匹，价二贯。"[③] 但是，唐代一度也是"钱货兼用"，并得到官法的认可和鼓励，《通典》载开元"二十年九月制曰绫罗绢布杂货等交易皆合通用，如闻市肆必须见钱，深非道理，自今以后，与钱货兼用，违法者准法罪之。"[④] 开元二十二年（734年）玄宗再次下敕令："货物兼通，将以利用，而布帛为本，钱刀是末，贱本贵末，为弊则深，法教之间，宜有变革，自今以后，所有庄宅，以马[⑤]交易，并先用绢布绫罗丝绵等，其余市价至一千以上，亦令钱物兼用，

[①] 1978年，在陕西省礼泉县曾出土大量唐代铜钱，约3000枚，以"开元通宝"数量最多，背面有素面、星月及变形月纹等十种。参见《昭陵出土唐代铜钱》，《考古与文物》1987年第1期。

[②] 1992年，库车附近的新和县唐代遗址一次就出土铜钱二三千枚，参见高英民等《古代货币》，文物出版社，2008，第122页。

[③] 〔日〕圆仁：《入唐求法巡礼行记》卷一，上海古籍出版社，1986，第16页。

[④] （唐）杜佑：《通典》卷九，中华书局，1984，第52页。

[⑤] "以马"在韩国磐书中写作"口马"，当是指牛马牲畜之类，参见氏著《唐代社会经济诸问题》，（台湾）文津出版社，1999。

违者科罪。"① 然而，这并非可反推出公元734年以前买卖物品就完全不用绢帛，吐鲁番出土文书中即有体现，如开元十九年、开元二十年的卖婢契、开元二十一年的买马、买驴契中，均使用练或大练作为计价的货币。② 所以，玄宗诏令的出台，很有可能是缘于当时已经有用绢练作为价金并写入买卖契约的情况存在。但是，在整个西域的各类买卖当中，却甚少看到官制铜币的使用，其中原因，除了西域地处偏远，中央统治力、影响力较弱外，恐怕也有保值、通行等更为现实的考虑。就西域可以作为货币的流通物实际来看，与唐代中央政策法令也确实存在互动影响之处，如开元年间的几次敕令，都显示出对民间货币使用实践的某种通融。

此外，西域作为买卖价金的货币，虽可大致区分丝织品本位时期、银钱本位时期、铜钱本位时期，然而，吐鲁番文书中记录的一些买卖交易，在734年以前即用练为货币买卖婢和马、驴并经官府盖印者。在铜钱本位确立时期，练作为货币还在广泛使用；纯粹以银钱为通货时，还有铜钱及绢帛用作货币；安史之乱后铜钱还在大量使用，亦有用帛练者，钱帛并未消失。③ 这也说明，民间买卖对于可用作货币的流通物的选择，是非常灵活实际的，虽然大致可以确定一些规律，但例外的情形也很多，这不是官方法律可以限制了的，亦非全然符合经济、货币发展的一般理论。

二 价格的确定

白居易在《买花》中写道："共道牡丹时，相随买花去。贵贱无常价，酬直看花数。"④ 虽然，作为特殊的商品如牡丹等，价格并不是固

---

① （宋）王溥：《唐会要》卷八十九，上海古籍出版社，2006，第1930页。
② 参见韩国磐《唐代社会经济诸问题》，（台湾）文津出版社，1999，第161~162页。
③ 参见韩国磐《唐代社会经济诸问题》，（台湾）文津出版社，1999，第172页。
④ 《全唐诗》卷四百二十五，中华书局，1960，第4676页。

第三章　唐代乡法中的买卖

定不变的，而是随着地域、时节，因供求关系及货币轻重①而发生变化，但唐代民间的多数买卖，特别是商业的买卖中，价金并非随意确定，而是受到了一定限制。首先，唐代官府有"平价"之责，买卖交易需受到"请价"等相关价格限制制度的约束，尤其是涉及官府的买卖。有关"平价"制度，《通典》记载："诸司市常以四仲月实定所掌为物上中下之价，各自用为其市平，无拘他所众人买卖五谷、布帛、丝绵、衣物周于人用，而不售者，均官有以考检，厥实用其本价取之，无令折钱，万物昂贵过平一钱，则以平价卖与人；其价低贱减平者，听人自相与市。"②由此，通过市司的"平价"制度，防止货物价格畸高或畸低，不利正常市场秩序。而"请价"制度，吐鲁番出土文书中有一件"唐某年某衙请价钱文书"③，从侧面印证了请价制度的存在：

1 闰六月四日牒一石一斗
2 一石二豆四升一钱
3 右七月十三日请价
后缺

如果违反官方价格标准，除了要直接受到市场管理部门，如"市司"等的制裁外，在民事上，也有所体现，如对违规高价赊卖所产生债务的"不理"。虽然唐朝官府对于合理的"违契不偿"，可以帮助追索，但也有例外，"高抬卖价若元借谷米而令准折价钱者"④，则不予受

---

① 价格亦随着货币量的多少而变化，由于唐代较通用的货币为铜钱，它容易受到铜产量等因素影响，如发生钱重物轻等现象。参见韩国磐《唐代社会经济诸问题》，（台湾）文津出版社，1999，第143~159页。
② （唐）杜佑：《通典》卷十一，中华书局，1984，第65页。
③ 荣新江等：《新获吐鲁番出土文书》，中华书局，2008，第353页。
④ 《庆元条法事类》卷第三十二，杨一凡主编《中国珍稀法律典籍续编》第一册，黑龙江人民出版社，2002，第518页。

145

理，也就是不负责追索，这从司法、诉讼保障上，间接地限制了过高定价的行为。此外，就"乡元"或地方习惯的角度而言，也存在有"时价"，即特定地域和时节的、符合一般供求关系的市场公平价格，这种公平价格，不是来自于某个个人的意愿或效用，而是来自于一般人的意愿或效用。① 公平价格在西域买卖文书中多有体现，如"丙子年（916年）正月廿五日赤心乡百姓妻吴氏卖儿契"（BLS3877 背）中就有"断作时价，干湿共三十石"。这说明，对于同一类型货物的买卖，民间有一个大概的价位，在买卖个例中，也不能过分偏离。

三 支付时间及影响

价金支付的时间，对于买卖的有效成立及其形式也具有重要影响。最为常见的支付时间是在立契时，在接受"货物"时同时交付，这类支付，会在契券中约定货物和价金，在立契当日同时交付对方。例如，"唐开元十九年（731 年）二月兴胡米禄山卖婢市券公验"中有："其婢及练，即日交相分付了。"这种交付而形成的买卖，属于买卖的最一般方式，从西域文书看，唐代民间的买卖，大多采用这种即时交付的方式。

第二种支付价款的方式，是在"货物"交付之前就预先支付，这种方式，一般又被称为是"预付款买卖"。但唐代的预付款买卖与宋元以至今日之定金买卖又完全不同，宋元以后的预付款买卖，大多是针对某些紧俏商品预先支付一定比例的价款，进而取得"购买权"。宋元的"预付款"只是预订，正式的买卖法律关系并未成立，而所见唐代的"预付款买卖"则是全额支付价款，并且立契，买卖关系实际已经有效

---

① 在罗马法中，还要给予一个不公平价格以救济。参见〔美〕詹姆斯·戈德雷《现代合同理论的哲学起源》，张家勇译，法律出版社，2006，第 82 页。

成立，如"唐总章元年（668年）六月三日崇化乡左憧熹买草契"中，买方左憧熹"交用银钱四十，顺义乡张潘堆边，取草九十韦"，是一次性支付全额价款，债权债务关系已经有效成立，只是卖方有关"交付货物"的债务尚待履行而已。就此来看，唐代的买卖或可称为是一种"要因主义"，亦即"因交付所产生的所有权移转的效果必须具有法律上正当原因的支持，原因的缺失或无效，将导致所有权移转的效果不发生"①，而在唐代的预付款买卖当中，货物所有权的转移端赖于买卖契约的有效成立，而契约有效成立又以价金的现实交付为要件，因此，价金是否有效交付，成为整个买卖最为关键的一环，而相应"货物"的交付倒不算是一个单独的行为，而在很大程度上依附于买卖契约。

与此相对的另外一种价金支付方式，就是在"货物"交付之后的某一时间交付，这一般被称作"赊卖"。赊卖古已有之，唐代更是非常多见，而值得注意的是唐代赊卖的对象。虽然有人认为主要是针对日常吃穿用等动产，②典型的如"唐大中五年（851年）僧光镜负儴布买钏契"，及"癸未年（983年）张幸德赊卖褐凭"③，无论是"钏"，还是"褐"，都不过是日常生活穿用的小件物品，这些例证似乎也进一步印证了上述推断。但实际情形也不尽然，唐代的西域特别是吐鲁番文书反映出在某些情况下，不动产亦可以被"赊"。吐鲁番出土有一份"武周天授二年腊月吕索修欠钱文书"④，其中记载：

1 天授二年腊

---

① 刘家安：《买卖的法律结构》，中国政法大学出版社，2003，第152页。
② 参见〔日〕仁井田陞《补订中国法制史研究：土地法·取引法》，东京大学出版会，1991，第375页。
③ 沙知：《敦煌契约文书辑校》，江苏古籍出版社，1998，第62、397页。
④ 荣新江等：《新获吐鲁番出土文献》，中华书局，2008，第366页。

2 贾瑰俗

3 府司：仕洛等去

3 行回到府，正逢番

4 买吕致德

5　　　　　宅价钱，使如过

6　　　　　德生利入吕，如身东西不在，

7　　　　　如到八月不得钱，任玄

8　　　　　四月廿四日抄。

9　　　　　如不到，计□一……欠钱人吕索修

10　　　　文入吕。

11　　　　知见男敬弘

12　　　　知见人白神子。

既然是"欠钱文书"，显然作为房宅的价款未付，就实质而言，可以称为是一种对不动产的赊买。当然，这种赊买房宅的交易应是极其特别的个例，或者是基于当事双方的互信关系，仅此并不能完全证实唐代存在对不动产赊卖的广泛实践，亦不足以成为一个单独的买卖类型。

综上所述，唐代买卖中价金支付的时间不同，只会在形式上影响买卖双方的法律关系。即时交付的，买卖一次性完成，买卖双方也几乎不会再有关系。但价金非即时交付，就会产生多种效果：在预付价金时，由于货物尚未交付，因此在买卖双方间主要还存在一个物权移转的关系，当然，对卖方而言，亦属于是"债"；在赊买卖的情形下，由于货物的物权已经移转给买方，因此，未来双方的主要关系是"债"的关系，也就是买方需要支付价金给卖方。当然，价金的交付与否，并不必然影响到买卖契约的有效成立，从预付款买卖和赊买卖来看，唐代买卖的成立主要依赖于契约的有效达成，并得到双方的确

认，而相应的货物交付，或是价金的交付，都是依附于买卖契约的，故其交付时间或前或后都是可以的，而交付时间并不会实质性地影响相对独立的买卖契约。

第三节　不食水草：瑕疵担保

买卖，本质上是一种交换，典型的买卖交易就是钱与物的交换。因此，除了保证价金支付的及时与足额以外，最为重要的恐怕就是交易物或者说买卖标的物的交付。而关系买卖标的物交付的首要问题就是"物"的品质：物理属性上，其质量、数量是否符合约定；在法律属性上，其权利是否完整，有无争议。在唐代的买卖中，这些问题就通过约定"瑕疵担保"责任来保障。

随着经济社会的快速发展，唐代的买卖也发生了诸多变化，特别是由于长安、洛阳等城市商品经济出现及长距离运输的形成，使得唐代的买卖初步有了交易对象陌生化、交易物贵重化、交易方式多样化等趋向。如何在日趋复杂的买卖中保证交易物的品质，如何保证买卖交易能顺利实现，就成为这一时期面临的主要难题。对此，唐代正式的律令制度已经提供了最为重要的一些制度保障，例如对牛马、布帛质量的强制性规定。但除了国家政权通过立法、执法给予一定的规范之外，民间买卖在长期实践中形成的对有关瑕疵要求担保的"乡元"，也起到了关键的作用。唐代民间的瑕疵担保制度通过使买卖券契的立约人，主要是买卖中的卖方所负担的瑕疵担保责任，保障售卖物质量和权利的完好，促成买卖的顺利实现。

一　买卖瑕疵担保之发展

古代中国买卖中的瑕疵担保制度，"也就是关于货物的瑕疵的担保，其由来已久"。① 中国古代买卖中的瑕疵担保制度经历了由简到繁的逐步发展完善的过程。汉代以前，民间买卖中的瑕疵担保制度尚无可靠文献资料可以证实。汉代，买卖券契中包含瑕疵担保条款的仍十分罕见，但已经开始出现，"汉长乐里乐奴卖田券"就是为数不多的这类汉代买卖券契之一。从现有文献资料看，早期买卖中的瑕疵担保制度比较粗略，这表现为瑕疵担保责任条款的简单，包括内容上的简略，以及其并非是买卖券契的必备条款，而且大多只是涉及买卖对象质量的瑕疵。"汉长乐里乐奴卖田券"中约定："贾（价）钱九百，钱毕已。丈田即不足，计亩数环（还）钱。"② 田亩数量不足要按照不足数额退回价款，这仍然属于标的物自身质量问题，还未涉及权利瑕疵。到了唐代，买卖券契中有关瑕疵担保的内容就开始趋于完备，不仅关注买卖对象质量的瑕疵，同时关注其权利瑕疵。而且，瑕疵担保的条款在唐代买卖文书中出现更为频繁，尤其是在牲畜买卖当中。

两宋时代，买卖交易中有关瑕疵担保制度又有了新的发展：一是该制度开始被引入国家法律当中；二是立法要求在买卖交易中如果标的物存在瑕疵，一同担保的保人应该承担法律连带责任。这使得买方在标的物瑕疵方面有了"官法"的权利救济方式。而在民间，买卖中的瑕疵担保习惯一直延续到元明清，乃至近现代，尽管因货物的瑕疵而形成的买卖契约解除权与唐宋有所差异，③ 但在其他许多方面，仍保持了民间习惯的延续性。

---

① 〔日〕仁井田陞：《中国法制史》，上海古籍出版社，2011，第243页。
② 张传玺：《中国历代契约会编考释》（上），北京大学出版社，1995，第32页。
③ 仁井田陞指出，元代的家畜买卖契约中有这样的内容，如果家畜有疾病等瑕疵，也是买主看走了眼，只能自认倒霉。民国时期北京的骡马买卖中亦对因瑕疵而导致的解除权存在限制。参见〔日〕仁井田陞《中国法制史》，上海古籍出版社，2011，第243页。

二 唐代买卖瑕疵担保诸类型

在买卖交易中，双方当事人特别是买方关注的中心当然是买卖的对象。故买卖标的物品质是否优良，权利是否完全即是其主要问题，它们都可能构成售卖物的瑕疵。因此，买卖标的物的"瑕疵"包括自身品质的瑕疵与权利瑕疵。品质的瑕疵是标的物在质量、数量等方面存在的瑕疵；权利的瑕疵，主要是指该物虽然为卖方占有并处分，但其占有的合法性可能存在问题，或者说仅占有而非所有。

首先，唐代民间进行买卖对象种类繁多，从米、麦、布、丝等动产，到田土、房宅等不动产，都被作为买卖的对象。作为买方，首先关注所买物品的品质、数量或使用效能，所以质量的优劣对于买方就显得特别重要。针对此类问题，在唐代律令中多有规范，违犯者还要受到笞、杖等刑罚惩处。然而，律令的规定更多是一种对售卖物的质量上的强行要求，而在民间买卖中，质量方面的瑕疵担保则多通过买卖券契中的特别约定来实现。西域发现的唐代牲畜买卖券契"赵荫子等博牛券""康国康乌破延卖驼契"中均有所卖牲畜"不食水草，得还本主"等类似条款，"敦煌令狐宠宠卖牛契"中更明确约定："三日内牛有宿疢，[①]不食水草，一任却还本主。"这类特别约定，一般认为就是指所购买的牲畜有不易发现之疾病，允许买主反悔，并解除买卖合同。"三日"之期，应该是来自于唐律中"三日内听悔"的规定。买卖券契中的这类约定，实际上也说明在唐代的牲畜买卖中，卖方不只是要对售卖物的显性瑕疵作出担保，而且需要对难以及时发现的隐蔽瑕疵也作出担保，尽管这样的担保是有期限的。当然，交付符合买方要求的标的物，正是买卖契约关系的另一方——卖方的主要责任，在买卖券契中

---

① 即宿疾，意指买卖之前就存在的病患。

约定对质量瑕疵的担保责任,这构成了唐代瑕疵担保制度的第一个方面。

其次,卖方负权利瑕疵担保责任。这一责任意指"出卖人就其所转移的标的物担保不受他人追夺以及不存在未告知权利负担的责任",[①] 权利瑕疵担保是为了保证买受人可以顺利获得买卖物的所有权,以及其权利在日后不受到外来的侵扰。留存的唐代买卖券契中,多有权利瑕疵担保之约定,如"西州康思礼卖马契":"其马及练即日各交相分付了,如后有人寒盗识认者,一仰主、保知当,不关买人之事。"[②] 正是较为典型的权利瑕疵担保。值得指出的是,该契约定如果存在权利瑕疵,"一仰主、保知当",也就是除了作为物主的卖方以外,保人也要负担保责任,从而使担保的主体由卖方延及保人,这也使得买受人的权利保障更为全面。

三 唐代买卖瑕疵担保的独特性

在唐代,无论是城市还是乡村,商业性买卖十分活跃,当然也存在不少非商业化的、基于日常生活需要的买卖。这些买卖及买卖文书中体现的瑕疵担保作为一种民间习惯,与中国人特有的伦理本位、实用理性及乡土逻辑不无关系,因此也具有不少特性。

首先,由于中国义务本位的传统法观念,在唐代买卖的瑕疵担保中,出卖人承担较重的义务。由于买卖中的券契文书多由卖方出具,所以为了保证买方能够对标的物享有完整的权利,卖方就要在文书中作出保证。这些保证多是从出卖人义务的角度而言的,即由卖方承担确保售卖物品质良好无瑕疵的义务。这与西方早期在买卖瑕疵纠纷中侧重

[①] 吴志忠:《买卖合同法研究》,武汉大学出版社,2007,第142页。
[②] 张传玺:《中国历代契约会编考释》(上),北京大学出版社,1995,第207页。

赋予受损方诉权的民事法律完全不同。①

其次，唐代买卖中的瑕疵担保非常注重见人、保人等卖方关联人的作用。在本章初步整理的唐代十份买卖券契中，有八份约定：如果有人主张权利，进行追夺，全由卖方及其保人负担责任，与买方没有关系；另外三份分别由卖方自己、妻儿、父子等一起担保（详见附表三）。虽然也有少数买卖券契声称是由卖方独自担保，但即便如此，契尾仍有数个保人联署，如卖方担保的"敦煌尼明相卖牛契"中就有三个保人，还有一个见人，他们在买卖券契文书中出现，最主要的作用是保证所卖之牛的权利。而其余大部分买卖券契则明确由卖方和保人共同承担瑕疵担保责任，这又与罗马法中通过赋予诉权的方式避免权利人因瑕疵而受损有着很大的不同。

作为对照，罗马法在瑕疵担保责任上就有很大不同。古代罗马法有关买卖契约的法律及法学家论述中却鲜见提及保证人的作用，而更主要的是针对可能的物的瑕疵赋予买方相应的诉权，保证其合法权利的实现。例如对奴隶的买卖，所出卖的奴隶如果存在瑕疵，则赋予当事人以诉权，允许买方提起买卖之诉，以便将奴隶退回，或追回其他相关的损失。乌尔比安的《论市政官告示》中说："未讲清被售奴隶的实际情况……我们将以卖方本应讲明奴隶的情况而未讲明为由，赋予买方以及其他将拥有该奴隶之人以诉权，以便将该奴隶退还卖方。"这在罗马法上称为是"隐瑕疵责任"。对于权利瑕疵，罗马法赋予买方对卖方的追索权或诉权，乌尔比安在《论萨宾》第28篇中说："如果一件出售物全部或部分被追夺，那么，买方对卖方享有追索权。"② 在戴克里先

---

① 在罗马法中，权利瑕疵担保是指卖方就其所移转的标的物担保不会受到他人追夺，也不存在未告知权利负担的责任，如果发生追夺，则赋予买方追夺诉权。参见吴志忠《买卖合同法研究》，武汉大学出版社，2007，第142页。

② 〔意〕桑德罗·斯契巴尼选编《契约之债与准契约之债》，丁玫译，中国政法大学出版社，1998，第473页。

皇帝及马克西米安皇帝致艾乌蒂克中也有："当你为购买房屋交付了部分价款后。有人对你说，不要买这栋房子，因为他对你购买的房屋享有抵押权。在这种情况下，裁判官将赋予你所有产生于买卖契约的诉权以对抗卖方。"① 这样，通过赋予买方以追索权或者诉权，就使得卖方需要承担买方因权利瑕疵而遭受到的损失。

最后，唐代瑕疵担保制度还有时效要求，只有在约定期限内提出有关瑕疵的权利要求，卖方才承担责任，过期则不再承担责任。如"康国康乌破延卖驼契"中约定："三日不食水草，得还本主。"② 实际上，在唐代西域买卖交易实践中，类似"某日内不食水草，任还本主"的条款屡见不鲜，这说明了瑕疵担保责任具有时效性在民间是广泛通行的一种惯例。这种民间的惯例与《唐律疏议》中"诸买卖奴婢、马、牛、驼、骡、驴等，立券之后，有旧病者，三日内听悔"的条文具有某些一致性。瑕疵担保中的时效制度，不仅保证了买方的权益，也维护了交易、市场的稳定性。值得注意的是，这一期限随着地域的不同有所变化，在西州买卖中多为三日，而在沙州有时则是十日，如"押衙韩愿定卖妮子契"就特别约定："其人在患，比至十日已后不用休悔者。"③ 这也反映出在具体规则中乡法的灵活性。

四 法文化的简要分析

正如许多学者指出的那样，中国传统社会总体而言是一个伦理本位的社会，传统中国儒家化的人伦道德嵌入古代中国法之中，并在原

---

① 《契约之债与准契约之债》，第139页。
② 张传玺：《中国历代契约会编考释》（上），北京大学出版社，1995，第202页。
③ 当然这或许也因为奴婢买卖与牲畜买卖又有不同。参见罗彤华《唐代民间借贷之研究》，北京大学出版社，2009，第299页。

第三章 唐代乡法中的买卖

则、精神等层面上指引着法的变迁与发展,因此,"伦理法"也被作为中国传统法的重要特性之一。[1] 事实上,不止是国家法如此,民间规则亦不例外。具体到买卖交易中,尽管充满了种种周密的算计和利益的衡量,仍不可避免地受到传统伦理道德的影响。买卖的价格、责任的大小、风险的负担,都离不开儒家伦理法则的指引与评判。唐代买卖交易的瑕疵担保中特别重视保人的作用,正是这种"伦理法"的直接体现。在买卖中,保人经常与卖方有着多种多样的联系,由他们作出保证,背后是人情化、伦理化的人际关系网络在起作用,这种关系网络将他们连成一体,只有如此,买方的权利才能得到更好的保障。同时,中国古代买卖之瑕疵担保责任的整个制度结构,与罗马法之买卖契约重视诉权、强调以国家司法手段提供权利救济存在差异,中国古代的瑕疵担保制度更注重在买卖中的关系人,尤其是与出卖方有一定亲缘联系的人的保证作用。正是独具特色的中国传统文化使买卖中瑕疵担保的确立,更重视借助在伦理网络中的关系人提供担保,而主要不是通过向国家司法寻求救济。

从民间习惯发展演变的角度看,中国古代买卖中的瑕疵担保更多的是民间自发形成的一种惯例。在正式的国家法律层面,晚至唐代才出现相关法律条文,两宋时这一立法才渐趋成熟。但在民间,汉代"长乐里乐奴卖田契"中就已经有瑕疵担保的条款,尽管非常简略,但已经充分说明至晚在汉代,对出卖物的瑕疵担保在民间买卖中就已经成为一项交易惯例。因此,在唐代,这一交易惯例不大可能是对"官法"的直接回应,而最先是在民间买卖实践中自发形成的。

买卖的物品存在瑕疵,在西方经院哲学家看来是对交换正义的违

---

[1] 参见张中秋《原理及其意义:探索中国法律文化之道》,中国政法大学出版社,2010,第1页。

反，因为交换正义要求对等，而出售的物品存在瑕疵或未被告知的缺陷，正是违反了对等的原则。[①] 从社会经济的发展进程来看，唐代买卖活动比之前代无疑更为复杂，虽然当时并不一定有交换正义的观念，但一定程度的交易理性必然是存在的。在买卖参与者日益多元，买卖对象、支付货币日益繁杂的大背景下，形成适当的瑕疵担保制度十分重要。在总体趋势上，民间买卖中的瑕疵担保制度由秦汉至唐宋不断发展完善。在担保的内容上，从质量瑕疵延伸到权利瑕疵；在担保责任的主体上，从卖方本人扩展到亲友等卖方关系人；在担保的具体责任上，从早期的金钱补偿，到唐代的返还、赔偿，均呈扩大化趋势。这说明，民间自发运行的瑕疵担保制度也在不断地走向成熟和完善，从而使其更加符合当时社会经济的需要。

第四节　姻亲干咨：先买权

"亲邻优先权"是指在中国古代田宅买卖中，卖方的亲族、邻人所具有的优先权，该权利可以对抗亲邻以外的买受人。这种优先权得到官方法律确认，就形成"亲邻之法"。"亲邻之法"作为一项正式官方立法，学界多认为源自五代后周时期。然而，一项涉及重要财产交易的制度，不会突然出现，一般应有一个形成、演进的过程。在后周出现官方立法前，民间不动产买卖中是否有类似的实践，学界缺少足够的关注。亲邻之法的起源，到底是五代，还是中晚唐，抑或是更早期，仍存在争议，并形成几种观点。由于《宋刑统》中"典卖指当论竞物业"条提及相关唐令，有人提出早至唐宪宗元和六年就有规范亲邻优先权的诏

---

① 参见〔美〕詹姆斯·戈德雷《现代合同理论的哲学起源》，张家勇译，法律出版社，2006，第18页。

令,故中唐已经有亲邻之法。① 也有学者从民间习惯和国家法律多角度分析了"先问亲邻"立法与实践,认为自汉代以来民间就有"先问亲邻"的习惯,但在正式立法中,"五代时很可能已经有了田宅买卖必须征求亲邻意见的法律,或至少是法律确认民间的这一惯例"。② 有学者认为,唐及五代的资料里,已经存在房亲和地邻的不动产先买权。③ 还有学者进一步区分了民间实践与官方立法,认为唐中后期,民间田宅买卖实践中出现了不少先问亲邻的现象,一直到五代后周时,亲邻优先才进入国家立法。④

综上所述,相关研究对于"亲邻之法"的民间习惯的起源和官方立法的形成演变虽均有述及,但仍存在不少问题:第一,研究应用的多数材料是国家正式的律令制度,属于官法,而相对较为缺乏民间买卖交易实践的、非正史的相关资料作为比照;第二,五代之前特别是隋唐时期民间实践中的"亲邻之法"还较少被论述。征引的诏令或官法,也存在争议,或者非律典原文,或者并非完全符合亲邻优先权的内涵,《魏书·食货志》记载:"诸远流配谪,无子孙及户绝者,墟宅、桑榆尽为公田,以供授受。授受之次,给其所亲;未给之间,亦借其所亲。"⑤ 其基本含义是在授田制的前提下,如果发生"远流配谪"的情形下对于公田的具体处理办法,而并非一般的民间田土买卖过程中的亲邻优先权。即使论及中晚唐民间的"亲邻之法",但对其在"中晚唐"存在的具体实例,相关论著并没有引述足够的资料,作出充分的证明,这成为本节研究的主题。

---

① 参见吕志兴《中国古代不动产优先购买权制度研究》,《现代法学》2000年第2期。
② 郭建:《中国财产法史稿》,中国政法大学出版社,2005,第218页。
③ 〔日〕仁井田陞:《中国法制史研究》,东京大学出版会,1991。但所依据的资料仍以宋元为主,诸如《宋刑统》及《文献通考》的宋代敕文等。
④ 参见柴荣《中国古代物权法研究》,中国检察出版社,2007,第299页。
⑤ 《魏书》卷一百一十,中华书局,1974,第2855页。

一　唐代买卖优先权的民间实践

典型的"亲邻优先"主要发生在民间田宅等不动产买卖中，故可以从唐代民间券契入手，进行实证的考察。在出土西域文书中，数量最多的一类就是买卖类券契，它们的书写时间跨越数个世纪。这些券契的内容不一，但包含姻亲、兄弟等条款的券契却为数不少，如"平康乡百姓张义全卖舍契"：

> 8. 都断作价直五十硕，内斛斗干货各半。其上件
> 9. 舍价，立契当日，交相分付讫，一无悬欠。其舍一买
> 10. 已后，中间若有亲姻兄弟兼及别人，称为主己者，
> 11. 一仰旧舍主张义全及男粉子支子，只当还替，不忓
> 12. 买舍人之事。或有恩敕赦书行下，亦不在论理
>
> 后略

该"卖舍契"特别约定，如买卖之后"亲姻兄弟兼及别人，称为主己"，由卖方即张义全等负责找"舍"替代，与买舍人无关。可以设想，作出如此约定，其实暗示了在当时与卖方有姻亲关系的人，可能对宅舍等不动产之买方主张权利，从而影响到买方权利。约定这一特别条款，正是对这种潜在不利影响的提前应对。为了更充分地证明这一设想，笔者考察了搜集到的所有唐代田宅买卖券契，并将其他具有相关类似文字内容的回鹘文等非汉文买卖券契统一作列表比照（参见附表四、附表五）。

对于附表四所引汉文买卖券契还需要特别说明：第一，这一类型的汉文买卖券契中有好几件被注明是"习书"，这就涉及对"习书"性质与作用的理解。不可否认，既然是"习书"，那一般就不会是真实买卖

交易中使用过的,但应该看到的是,即使是作为识字练习的一种文书,一定也反映出某些当时契约使用的真实情况,而且也可能抄录某些社会广为流行的同类契约惯用语。第二,此类文书条款中有诸多文字系地方用语或口语,颇为生僻,尤其是"干吝"一词,叫人费解。有学者认为,"忏(干)"为"扰乱、冒犯"之意,"悋(吝)"有"侵占"的意涵,所以"干吝"①一词,有"侵犯、侵占"的意思。② 有姻亲兄弟等对买卖"干吝"的含义,与后引回鹘文契约中的"弟兄、家人、亲戚,无论是谁也不得争执,不得说三道四"几乎是同样的。也就是说,该条款的设置主要目的就是为了预防兄弟、姻亲等出卖一方的亲属前来主张他们的某种特殊权益,而这种权益,非常有可能就是买卖优先权。第三,唐大中五年之"敕内庄宅使牒",表面上看似乎不同于其他券契,它甚至不是私人间买卖券契,而只是一份官方文书。在唐代,该类"牒"一般是官方对私人间交易行为的批准文件。这种官方的批准,虽然不能代表其完全承认这一交易习惯,但至少说明不予反对。这一官方的"牒",在透露了此种习惯在民间交易中普遍性的同时,也说明了官方对此类交易习惯的默许。第四,汉文的"卖舍契尾",虽然并没有典型的"亲邻优先"条款,而仅仅在契尾由相关人押署,但几个署名人却都是卖方亲属,他们对于"卖舍契"的押署确认,证明其对该"舍"享有某些权利。

在同类回鹘文券契文书中,尽管对抗优先权的条款各有不同,但实质却是类似的。其中较为典型的一种说法是编号为"MM02"的羊年一月的买卖契约:"弟兄、家人、亲戚不得说三道四。如果他们依仗有权力的官吏之力、萨满之力想赎回的话,就得在这个渠上给(一块)相

---

① 契约文书原文作"忏悋",后文统一简作"干吝"。
② 参见毛远明《释"忏悋"》,《中国语文》2008年第4期。

同的令骨咄禄·塔西（意指买方，引者注）满意的田地。"对这些约定，需要进一步澄清以下两点：一是其中提及"依仗有权力的官吏之力、萨满之力"，应不是单纯地依赖有权力的官员，用权力夺取。事实上，这可能暗示其作为姻亲享有的这种在土地买卖中的"优先权"是合理合法的，故他们有非常正当的理由提出对该土地的优先权。也正是因为这个原因，买受人才需要作出如此约定。二是因亲属等行使优先权而导致的违约责任的承担，回鹘文买卖券契中通行的做法是由卖方来承担责任，一旦发生主张优先权的情形，那么卖方就需要另外给一块品质类似的土地来解决，这与前引汉文的田宅买卖券契中的处理方式是相同的。

经过前述分析，可以得知，在晚唐时期的田土、宅舍买卖券契中，因卖方亲属可能主张优先权而导致的违约保证条款有以下一些主要特点。

第一，买卖的对象大多是田土、宅舍等价值较大的财产，可以归入现代物权理论之不动产的范畴。亦即买卖券契中明确约定由于"亲姻、兄弟"等卖方亲戚介入而造成违约情形的，买卖的标的物绝大多数是葡萄园、田舍等价值相对较大的财产，因此也更容易受到家族其他成员的关注。

第二，在唐代晚期，买卖中优先权的提出主体是"姻亲"，还没有看到有"邻人"优先的现象。所以这类条款意欲对抗的优先权人主要限于卖方之亲属，包括有姻亲关系的妻、嫂等人，当然也包括有血缘关系的兄、侄等，但总体上是姻亲等关系人，房邻、地邻等优先权主体在这一时期的券契文书中尚未见到。

第三，如果因优先权人主张权利导致买卖无法实现，将由卖方来负责解决，与买方无涉。而解决的具体方法一般是，另找一块情况相类似的地，或者是类似的房舍，交给优先权人或者买方作为替代。

二 "姻亲干咨"与先买权

从宋代以后"亲邻优先"的规范立法来看，它主要由如下一些法律要件构成：一是买卖中行使优先权的对象主要是"田地宅舍"等，这也是古人安身立命的最重要财产；二是可以提出"优先权"的主体包括"亲"和"邻"两类，即不限于有姻亲关系的人；三是如果有优先权的人主张权利，影响到买卖的实现，造成的违约责任主要由卖方承担，同时，如果买卖中有保人，他们也需要承担连带责任；四是亲邻之法主要适用于田宅的典、卖、倚当等。

"亲邻之法"是中国传统民事法中最具特色与代表性的典型制度，突出表现了中国传统法独特的内在机理。首先，"亲邻之法"的形成是出于中国古代家族制度的需要，在儒家思想文化中，"孝"作为重要的价值取向一直受到极大的重视，《孝经》开宗明义谓"夫孝，德之本也，教之所由生也"[1]。而在家内推行孝道的重要方式之一就是保证家族财产的完整，亲邻优先或"亲邻之法"恰好可以达成这样的效果。其次，中国中古时代的财产买卖，与现代买卖有着很大的不同，它转移的不完全是现代民法语义中的完整物权，而实际上主要是物的占有、使用、收益等部分权能，"亲邻之法"给予亲、邻优先权也正是遵循了这样的内在逻辑。田土、宅舍等财产被出卖，变更的主要是上述权益的主体，而这些权利的实现，在乡土社会、小农经济的背景下，极有可能受制于卖方的亲属、邻人。给予亲属、邻人优先取得财产的权利，当然是避免上述纠纷的最佳方式。从民法理论看，买卖中特定主体的优先权是一种形成权，它是在中国古代社会文化环境下形成的，在田宅买卖时可依照优先权一方之意思行使的一种权利。

---

[1] 《孝经注疏》卷一，上海古籍出版社，2009，第3页。

出于对中国古代"亲邻之法"的上述理解,再对照上述买卖券契中的相关条款,特别是后周二年以前的几份券契,不难发现,这类条款在唐乾宁年间的说法是"亲姻兄弟兼及别人,称为主己",天复年间则变成"亲姻兄弟及别人,争论上件地",内容虽不尽相同,但实质含义类似,其中反复出现的关键词是"称为主己""姻亲干吝"及"论争"等,我们认为这并非姻亲等人对田宅所有权的主张,而是对其在田宅买卖中具有优先权的表示,原因有如下三个方面。

第一,从语言学的角度看,"称为主己"之"主",在中国古汉语中多作为动词使用,[①] 有"掌管"的含义,意指对某一财产的掌握管理之权。在唐代田宅买卖中,姻亲等人提出"主己",只不过表示其拥有一定限度的掌管权,这种权利并非该财产的所有权,只是由于其与卖方是姻亲关系;"己"有"尽"的意思,表示尽量、尽力,在唐代史书中也有类似的用法,如《唐会要》中提及逃户之田土宅舍应"先己亲邻买卖"[②],意为尽量优先保证这类人的权利。另外,在中国中南、西北等部分地区的方言中,"己"或"尽"本身就有优先考虑、尽量等意,而这些地方方言本身留存了不少中国古语的因素,亦可以用来反推唐代买卖文书中"己"的含义。所以,上述条款中"主己"一词意指掌握优先的权利,或者在田宅买卖中具有优先权。

第二,汉文券契中的典型说法与回鹘文券契中的有关条款联系来看,它们在很多方面都具有类似性。在汉文买卖券契中,姻亲等人提出优先权一般表示为"论争此地""称为主己"等,即对正在进行买卖的田宅提出权利要求。在回鹘文券契中,则多是对田宅买卖"说三道

[①] 亦有观点认为"主"是名词,其含义为"诉讼案的当事人、契约的双方"等,但在本节所引文书中,结合上下文作整体解释,认为作动词解,似更为恰当。参见王启涛《"主"字新解》,《中国史研究》2004年第2期。

[②] 《唐会要》卷八十五,上海古籍出版社,2006,第1854页。

第三章　唐代乡法中的买卖

四",文字虽然不同,但实质含义都是通过主张优先权,意图干扰买卖的实现。此外,因姻亲等主张优先权会造成卖方违约,两类券契中这一违约责任的承担也十分类似。责任承担的主体以卖方为主,如编号为"斯3877号2V"文书中是由"旧舍主",亦即卖方承担责任;另外一件"斯3877号5-6V"是由"口承人"及卖方兄弟承担责任,口承人作为买卖见证人,也是为履约作保证的人,① 与卖方自然有密不可分的关系,同卖方一起承担连带的担保责任亦情有可原。在回鹘文买卖券契中,如果发生姻亲等人主张优先权的情况,同样由卖方承担违约责任。在承担责任的方式上,回鹘文券契中约定"另外给或买一块相同的地或房宅",汉文买卖券契则多是由卖方再找一块好地或品质类似的地作为替代。有这类约定的敦煌汉文券契与高昌回鹘文券契的形成时间虽有不同,但抵制优先权的内容上却有诸多相似性,说明这种有关姻亲等在田宅买卖中主张优先权的民间规则已经被沿用很久。为防止其提出主张,或使因主张优先权而受损的权益能够得到补偿,在买卖券契中约定保证条款,是自晚唐以来的民间买卖实践中就广泛存在的。由于民间交易惯例较强的延续性,唐与五代时期卖契中的这类条款就有很多一致性。

第三,从历史演进来看,五代之后的"亲邻之法"与唐代买卖文书中提及"姻亲优先"也有诸多类似之处。五代至宋,亲邻优先的制度开始正式进入官方立法,宋开宝二年(969年)规定:"先问房亲,不买,次问四邻。"宁宗时则限定:"有亲而无邻与有邻而无亲,皆不在问限。"② 适用的范围有所限缩。在民间田宅买卖中,亲邻优先作为一种久已通行的惯例,普通百姓对此相当熟稔,以致贪婪之徒借机牟

---

① "口承"有"保证"之意,"口承人"的作用也类似于保人。参见杨惠玲《敦煌契约文书中的保人、见人、口承人、同便人、同取人》,《敦煌研究》2002年第6期。
② 参见郦家驹《两宋时期土地所有权的转移》,《中国史研究》1988年第4期。

利,他们"往往妄执亲邻挡住外姓,以图获利。为了保护业主的利益,宋代法律不得不规定'若亲邻着价不尽,亦任就得价高处交易',禁止亲邻之人虚抬价钱或邻亲遮吝的行为"。① 到了元代,亲邻优先之制继续发展,在田宅买卖中要求立账批问,也就是要优先询问房亲意见,然后再问邻人。取问时要立账,也就是要出具"征询亲、邻、典主是否愿意典卖土地的通知书……不愿者三日批退,愿者五日批价"②,假如"亲邻典主除过限不批外,更行'遮占',阻止业主处分者,也丧失优先权"。③ 由此可见,在宋元"亲邻优先"制度趋于完备的时期,其实现权利的方式也多是通知权利人,征询其意见,但显然论争、遮占等仍然是主要的方式,以此来阻挠买卖的顺利达成,以实现自己的权利,这样的方式与前引唐晚期买卖券契中提及的方式是一致的。

由此观之,在唐代西域买卖文书中,无论是这些文字用语的内在含义,还是权利行使的方式、违约责任的分担,这类约定都符合"亲邻之法"的各项特征。所以,可以推断这些买卖券契中的相应约定,反映了亲邻优先在唐代民间买卖中的早期实践。

三 晚唐"姻亲优先权"之分析

田宅买卖中隐约透露出的"姻亲优先"之民间习惯在晚唐已经出现,这并不是偶然。首先,唐初实行均田制,为了维护土地产权秩序,土地买卖受到严格的限制,特别是"口分田",因其"受之于公,不得私自鬻卖",故"卖口分田"长期被作为一种犯罪处罚,而且所卖之田要还给本主,买田财物要被没收。唐官法仅仅允许一些特定情形下的土地买卖,"永业田家贫卖供葬,及口分田卖充宅及碾硙、邸店之类,狭

---

① 陈志英:《宋代物权关系研究》,中国社会科学出版社,2006,第216~217页。
② 陈高华:《元代土地典卖的过程和文契》,《中国史研究》1988年第4期。
③ 杨一凡:《中国法制史考证甲编》第五卷,中国社会科学出版社,2003,第556页。

乡乐迁就宽者，准令并许卖之。其赐田欲卖者，亦不在禁限。其五品以上若勋官，永业地亦并听卖"。① 唐中叶以后，随着中央统治力的下降，均田制被削弱，民间土地买卖活动开始增多。出于对利益的追求，上至官僚豪强、富商大贾、皇亲国戚，下至普通百姓都积极地投身到土地买卖当中，② 一些贫苦无依的百姓为纾解一时之困，更是卖掉了永业田，甚至口分田，沦为逃户。唐后期，中央统治力更趋微弱，口分田买卖的禁令也名存实亡，加之赋役不均、授田不足，耕种土地不仅不能带来赖以为生的收益，反而成为底层百姓的负担，③ 民间土地买卖的现象更多。在归义军时期的西域，土地买卖一度被合法化。由于土地买卖频繁，造成的一个意外后果就是土地交易经验不断得到累积，民间规则也逐步完善。不动产买卖中排除姻亲优先权的特别约定，正是这类不断发展完善的民间习惯，而这种习惯或规则的形成，又是源于民间存在因姻亲主张优先权而买卖不成的先例。这种优先权的主张，对买方而言，可能造成潜在的威胁，因此，特别在买卖文书中作出如此约定，以备不测。

其次，唐代排除姻亲优先权条款的出现，与中国古代推崇的"同居共财"思想与制度有很大的关系，"同居共财"最重要的就是不允许"别籍异财"。自两汉时起，随着儒家思想获得统治地位，中国官方文化就开始对世代共居的大家族极力推崇，它被认为是"父慈子孝"的典型象征。唐代的律令制度"一准乎礼"，在家族财产制方面自然也不例外。因此，唐"官法"中财产制最重要的部分就是要维护"同居共财"，为此，特意规定："诸祖父母在，父母在，而子孙别籍、异财者，徒三年。"④ 严禁违法别籍、异财。虽然别籍与异财存在差别，即别籍

---

① 《唐律疏议》卷十二，中华书局，1983，第242页。
② 参见赵云旗《论唐代均田制下的土地买卖》，《社会科学战线》1998第2期。
③ 侯家驹：《中国经济史》，新星出版社，1998，第464页。
④ 《唐律疏议》卷十二，中华书局，1983，第236页。

时必然会异财，异财则不必然导致别籍，故异财具有相对性，① 但财产特别是土地、房宅等不动产流入外姓的结果，会增大别籍的可能性，进而影响到社会秩序的稳定，这必然是官法要严格防止的。在财产制度中，除了禁止违法别籍异财，唐代官法也禁止卑幼处分家产，亦不得积蓄私产。家长在，家内的其他人不得擅自出卖家内财产，而田宅等对于一个家而言，更为重要，几乎是一个家的根基，就更不能被允许私自处分。因此，在这样的"同家共财"制度下，一家的任何财产，在亲族之间都不允许随意买卖，更不用说卖给家族之外的人了。当然，如果"国家"统治衰落，法纪不彰，并导致"家族共财"的制度松弛，那财产就有可能先在家族内部流转，这也正是晚唐社会买卖文书中常见的。

其三，田宅买卖中"姻亲优先"的民间惯例也与唐代社会发展阶段有关。唐中期以后，特别是安史之乱以后，战乱频仍，尽管民间商业活动仍在勉力维持，但毕竟受到很大影响，成熟的商贸体系无以形成，多数地区的百姓还是过着"日出而作，日入而息"的农耕生活。因此，民间进行的买卖，更多是出于生活需要的买卖，而不是纯粹为了追求利润的商业性买卖。在以传统农耕生活为主的社会里，土地、宅舍这样的财产，对普通百姓而言当然极为重要，为减少或避免风险，与较为熟悉亲属进行交易当然成为一种优先的选择。而且，与亲属交易也间接地减少了交易费用，② 节省了各种不必要支出，是非常有利的。另一方面，土地在亲族间转移，亦可以在通行、水利等农耕方面形成很多便利。

其四，唐代民间买卖中的姻亲的"优先权"与唐晚期不合理的税制不无关系。唐中后期，社会秩序逐渐开始失控，逃户大量出现。安

---

① 参见艾永明等《〈唐律〉别籍异财之禁探析》，《法学研究》2010年第5期。
② 经济学中认为"交易费用"包括了衡量交换物价值的成本、保护权利的成本以及监管与实施契约的成本。参见诺斯《制度、制度变迁与经济绩效》，上海人民出版社，2008。

土重迁本是中国人的传统，不到万不得已，没有人愿意沦为逃户。但是，晚唐土地分配不均、赋税沉重，土地耕种入不敷出，成为逃户出现的重要诱因。天宝以后，税赋更重，土地不足以营生，于是卖地逃户更多。逃户导致的后果之一是国家租赋无法足额征收，部分地方就开始将逃户的土地赋税摊派给他们的亲邻，针对此种情况，宝应元年（762年）特别规定："逃户不归者，当户租赋停征，不得率摊邻亲高户。"① 尽管屡有禁令，但因逃户不归，其邻亲被"摊租赋"的风险始终存在。为了避免这类风险，亲邻就需要拥有对逃户土地的"优先权"，这也是出于维护自身利益的现实考虑，因此具有相当的合理性。

四　晚唐"姻亲优先"习惯法及其成文化

亲邻在田宅等买卖中优先权的形成和发展，亦是考察民间习惯法律化的一个典型范例。从前文所述可知，就算姻亲优先权不是最早在晚唐出现，也至少可以证明该习惯在晚唐民间买卖中已经非常多见，并实质性地影响到了田宅买卖的实现。从田宅买卖文书中"若有亲姻兄弟兼及别人，称为主己"这样多次出现的条款来看，晚唐姻亲等人主张先买权，干涉正常的田宅买卖的情况经常发生，因此而产生的民事纠纷也不会少。在传统儒家推崇"无讼"的思想文化氛围中，这类因财产买卖而生的民事纠纷不应通过诉讼处理，而应优先通过民间调解解决。如果调解实在无法解决，才有可能进入官方司法。由两宋频繁发生的田宅买卖纠纷诉讼推断，② 中晚唐，地方官府处理此类财产争议的案件也不会少，在司法处理过程中，这类民间习惯就开始逐渐进入官法领域。

---

① 《唐会要》卷八十五，上海古籍出版社，2006，第1855页。
② 留存的南宋判词中多有争田业、争屋业、争山、争界至等事。参见《明公书判清明集》，中华书局，2002。

也就是说，中国古代"亲邻之法"应该存在从民间实践到个别案例，再到通行判例，最后形成正式立法的过程。具体到唐代，一部分国家成文法的形成也经历从个别到一般的过程。例如，唐代的主要法律形式之一——"格"就是由皇帝敕令到永格，再成为正式的"格"。① 敕令的形成，除了统治利益的需要外，在一定程度上，恐怕也会受到民间习俗、惯例的影响。民间规则通过这种历程，经由司法等中介，不断地影响正式的律令制度。正是因为民间交往中对一些规则长期沿用，加之基层官府民事审判实践不断地选择与确认，及官方立法的吸收采用，才有可能使得晚唐民间"姻亲优先"的民间习惯得以进入到正式的官法层面。

揆诸法律生成、发展的一般轨迹，与社会现实相适应是其必然的要求，一国之法与民间习俗、民族情感相联系亦理所当然。或者说，"法的功用和价值，也正在于表现和褒扬民族情感和民族意识。法律因而成为民族历史凝成的生活方式的规则形式"。② 所以，真正适宜一国社会生活的"法"必然是对民族习俗、情感的深刻体察与应用。习惯法的生成与生效，也必然与某一个特定地域产生、发展的风俗、习惯息息相关，同时还需要这一地域民众的普遍认可与遵循。因此，"习惯必须是被特定地域的民众认为具有约束力的规则，这种约束力也叫做对它的法律确信"。③ 晚唐买卖中这类对姻亲优先权预作防备的条款，已经成为民间买卖中的惯例，在形成、发展的过程中，获得了更多民众的适用，并成为地方性的习惯法。晚唐时期的这种民间规范意义上的"习惯法"，演进到五代宋元正式律令中的"亲邻之法"，正是这

---

① 作为成文法的格主要就是来源于皇帝的制、诏、敕等。参见郑显文《唐代律令制研究》，北京大学出版社，2004。
② 许章润：《萨维尼与历史法学派》，广西师范大学出版社，2004，第81页。
③ 巩涛：《失礼的对话：清代的法律和习惯法并未融汇成民法》，《北大法律评论》第10卷第1辑，北京大学出版社，2009。

种从民间规则到习惯法，再到正式律令制度的一个"法"的典型发展过程，这或许也代表中国古代部分立法特别是民事法律形成的一种方式。

总之，在古代民事性法律生成的初期，民事活动中的一些惯常性做法往往具有更重要的意义。所以，晚唐民间买卖中广泛存在的"先尽姻亲"及在券契中对其积极对抗或担保的惯常做法，以及由此形成的民间规则，应该就是这种惯例或规则在民间的初期展现。而且，从民间买卖的习惯来看，"姻亲优先"在晚唐已经不是个例，而是形成了非常常见的民间惯例，这一惯例在当时还缺乏明确的国家律令与之对应。如果说作为"官法"意义的"亲邻之法"是产生于五代时期的话，那么从习惯法的角度来看，中国古代田宅买卖中"亲邻优先"的起源，应该至迟不晚于唐懿宗大中年间。晚唐时这种"姻亲优先"的民间实践，主要体现为田宅买卖券契中的特别约定，它们被经常性地应用，逐渐成为被民间买卖普遍应用的交易习惯。需要说明的是，因为本节采用的券契文书主要是敦煌、吐鲁番地区的，故只能在地方惯例的层面上探讨这类民间交易习惯，并不足以直接证明唐朝疆域内特别是中原地区的田宅买卖中都存在着这样的交易惯例。然而，对习惯法的考察，恐怕也无法完全脱离地域性、时代性、民族性。五代宋元"官法"中"亲邻之法"，均属于中原王朝的正式立法，这些立法跟西域的民间习惯似乎很难联系起来，但是，需要看到，隋唐五代，包含敦煌、高昌在内的整个西域，与唐朝一直保持着多种多样的联系，即使部分时期曾经短暂脱离唐王朝的统治，但深层的民间风俗、文化的改变不会是根本上的。所以，敦煌、吐鲁番田宅买卖文书中反映的"先尽姻亲"习惯，可以用来反推当时中原的民间惯例乃至立法。因此，敦煌、吐鲁番买卖券契中对抗姻亲优先权的条款及其所反映出来的晚唐"姻亲优先"的民间规则也具有一般性的意义。

第五节　不许休悔：违约处分

在契约法的理论中，违约责任居于基础性地位。在西欧中世纪的教会法中，"违背诺言是罪，是对神的冒犯，或者根本上说是一种与神疏远的行为"[1]，由于体现了诚实和忠诚德性的诺言与契约效力的密切关系，违约也被蒙上了一层宗教禁忌的色彩。中国中古时代虽然尚未形成成熟的契约法理论，也缺少浓厚的宗教法氛围，但在大量的买卖契约实践中，却可以明显发现对违约及其责任的重视。出土的唐五代敦煌、吐鲁番券契文书中就包含大量的"违约条款"，它们主要针对因不履行契约或履行不完全而导致的违约及其责任。学者们已经对这类违约条款进行了卓有成效的研究，先期的研究集中在讨论"违约条款"是否为当时民事契约中的普遍现象，有人认为违约条款在敦煌出土契约中的存在并非普遍现象，而是存在大量的缺失。并认为这种缺失可分为"有理由的缺省、非正常的缺失和无制裁内容的有名无实者"[2] 三类情况，而存在违约条款的契约中违约责任的主要承担方式是"罚金"。对此，也有学者根据二百余件敦煌吐鲁番出土契约文书中的违约罚则，提出了异议："当时在各种契约中订立违约条款是一种普遍现象，该条款在唐五代的敦煌地区已经广泛推广。少数几件契约非正常缺失违约条款，只能视为特例，而不具有普遍意义。"[3] 并且少数契约中违约条款的缺失与订立契约的时间、地点也无直接的关系。

就这类条款的性质，仁井田陞则将它们总结为"违约担保"，并将

---

[1] 西方早期契约法的一般原则与天主教传统密切相关。参见〔美〕哈罗德·伯尔曼《契约法一般原则的宗教渊源：从历史的视角看》，《清华法学》第六辑，清华大学出版社，2005。
[2] 余欣：《敦煌出土契约中的违约条款初探》，《史学月刊》1997年第4期。
[3] 杨际平：《也谈敦煌出土契约中的违约责任条款》，《中国社会经济史研究》1999年第4期。

第三章 唐代乡法中的买卖

之归入契约担保之"追夺担保"一节中进行分析论述,认为买卖契约的完全履行有赖于卖价的支付和物的交付,为了实现该目的,买卖双方当事人在契约中订立违约担保的条款。① 罗彤华也持类似看法,并将"违约罚"作为债务不履行中债务担保的一种方式,与留住保证、恩赦担保、瑕疵担保等并列进行研究,亦同意违约罚的性质,旨在惩罚违约行为,而不以赔偿对方损失为目的。②

还有学者从债务担保的角度出发,研究了唐代民间契约中的违约罚,罗彤华在研究唐代民间借贷时,指出违约罚"是对不履约者之惩罚,是一种私力的制裁。不过其中可能也包含着赔偿另一方损失的意思在内"。不仅如此,违约条款的设置,似乎也不仅仅是民间自发的"乡例",而是源于官法的要求,"文中的'准格不许',并非订约人信口之语,而是原本于官府之条格"。③ 岳纯之对隋唐五代时期契约违约行为与违约责任做了更为全面的研究,他将违约行为细分为悔约、迟延、不履行或不如约履行以及欺诈等,并从民事、刑事、行政等多个方面分析了唐代承担违约责任的方式,认为"违约不仅要承担民事责任,还要承担一定的刑事责任甚至行政责任"。④

上述学者主要从敦煌、吐鲁番契约文书中的违约条款入手,对于唐代民间契约不履行及违约罚则做了富有启发性的研究,然而,研究仍存在不尽完善之处,有进一步扩展的必要。一是前述论著主要是集中于"违约条款"的有无,对于违约责任的承担方式仅仅提及了罚金,对于罚金的额度及更广义的违约责任承担则未能深入展开;二是研究的视角,从"经济法"甚至"契约法"的角度出发研究虽有一定意义,但

---

① 参见〔日〕仁井田陞《补订中国法制史研究:土地法·取引法》,东京大学出版会,1991,第389页。
② 罗彤华:《唐代民间借贷之研究》,北京大学出版社,2009,第277页。
③ 罗彤华:《唐代民间借贷之研究》,北京大学出版社,2009,第303页。
④ 岳纯之:《唐代民事法律制度论稿》,人民出版社,2006,第236页。

远远难以涵盖唐代民间买卖交易习惯的内涵，故不免有所偏颇。对违约条款的性质的认识，亦不甚确切，如将其归纳为留住担保等，实际上券契中的违约条款并不能算是一种担保，而更应属于民事责任的一种。故而，本节拟在既有研究的基础上，从民间交易习惯法的角度，以买卖类契约为材料，进一步探讨唐代民间契约违约的责任及其处分，对于违约责任承担的方式予以类型化，并力图动态地展现唐代民间对契约不履行诸种处置的特色及意义，在此基础上，对违约条款的性质给予再分析，并探讨其与唐代国家法律、宗教观念等因素的关系，以及背后反映出的法文化及带来的启示。

一 唐代买卖之"违约"

一般认为，"违约"就是契约当事人不履行契约义务或者履行契约义务不符合既有的约定，现代民法学认为不履行、履行迟延、履行不完全，乃至是附随义务的违反都属于违约行为。[①] 唐五代时期民间交易的频繁性、复杂程度显然要低于今日，故唐五代时期"违约"的内涵要稍窄，就敦煌、吐鲁番券契文书而言，主要包含以下两种"违约"方式。

（1）完全不履行的违约，唐代民间多称"休悔"或"翻悔"。敦煌、吐鲁番所见有大量的契约都包含"两共对面平章，不许休悔""准法不许休悔""准格不许翻悔"等惯用语，这说明，"休悔""翻悔"是唐五代时期一种较为常见的违约行为。虽然唐代的官方立法中规定了特定条件下的法定翻悔，[②] 但在民间，对于已确立买卖契约的翻悔，

---

① 参见崔建远《合同法》，法律出版社，2006，第 224~226 页。
② 《唐律疏议》规定了牛马买卖中，如果买主在订立契约时不知牛马等有隐性的疾病，准许在一定期限内反悔。即"若立券之后，有旧病，而买时不知，立券后始知者，三日内听悔"。参见《唐律疏议》卷二十六。

几乎是不能得到容忍的,并设置了种种罚则来防止。由于这一类违约行为未明确限定违约方,故任何一方都有违约的可能性,也可能双方违约。

(2)履行迟延的违约,亦即价金或物的交付迟延。敦煌、吐鲁番契约中还有一种违约明确了可能的违约方,并对违约作出限制。典型的卖方违约是编号为64TAM4:32名为"崇化乡左憧熹买草契"的一份契约,其中约定"如到高昌之日,不得草玖(拾)韦者",预示了卖草一方可能的不履约,或不完全履约;典型的买方价金支付迟延的违约是编号为P.4083的名为"通颊乡百姓唐清奴买牛契":"其绢限至五年十月,利头填还。若于时限不还者。"表明了买主可能不按期支付。无论是卖方不按期交付标的物,抑或是买方不支付价款,当然都属于违约行为。

上述种种潜在的违约行为的发生,给守约方的利益造成了威胁。因此,在大量的民间交易实践中,人们逐步确定了一些方式来防止缔约一方违约,或就其违约行为承担违约责任,从而保障交易的安全性与公平性。

二 唐代违约责任之承担

唐代官法中虽然也有对于违约行为的处罚,但其主要着眼点在于对官府利益的保护或市场秩序的稳定,对于完全是私人之间的民间交易,基本上采取了"民不举,官不究"的态度。鉴于此,民间交易中,就逐渐形成了一系列有关违约责任的习惯,或者称为是惯例。这些惯例的存在,较好地维护了非违约方的经济利益,保障了正常的交易活动秩序。

(一)"罚金":民事责任

罚金是最为普遍的一种违约责任形式,大量的敦煌、吐鲁番契约中都包含有"罚金"条款。由附表六所引契约不难发现，在高昌地区，当时较为普遍使用的违约责任的承担方式是"一罚二"的倍罚方式；而敦煌地区的罚金数额则更为灵活，高低差异较大，比较高的罚金有编号 BLS1475 的"上部落百姓安环清卖地契"中"罚金五两"，低的如编号 64TAM4：32"崇化乡左憧憙买草契"中，则仅仅"计银钱二十文"①，但从"罚麦三十驮""罚麦二十驮"等多个契约来看，违约罚金还是相对较高的。

对于履行迟延造成的违约，一般是仿照借贷取息的做法，对交付迟延一方收取额外的利息，其实亦具有"罚金"之意。吐鲁番出土的高昌延寿四年（627年）赵明儿买作人券的价金支付条款为"价银三百八十文，即日交二百八十文，残钱一百到子岁正月二日偿钱使毕"，该券之背面，记载有付钱记录两行：

1 廿八，赵明儿上钱一□八十文，次十八，上钱一百文
2 上钱二十文，次十八日上钱八十一文。②

价金支付总共分四次，共计 381 文，而契券约定价金为"三百八十文"，实际多付一文，应该是因价金支付迟延而加利息之罚金。在丁巳年唐清奴买牛契中，亦约定作为价金之绢，"若于时限不还者，看乡元生利"的条款。实际上，此种履行延期而造成的违约利息处罚是非常普遍的，有的年息甚至高达 90%。③

---

① 在该交易中，预付草的价款 40 文，如果到期不能交付草，则还回银钱 60 文，故其中多余的 20 文，当为对违约行为的罚金。
② 《吐鲁番出土文书》第五册，文物出版社，1983，第 134~135 页。
③ 据罗彤华的研究，在唐代民间借贷契约中，存在大量的因履行迟延造成的违约利息情形，其利息有月息 10%，亦有年息 100%，仅谷物类借贷即多达 26 例。参见氏著《唐代民间借贷之研究》，北京大学出版社，2009，第 258~260 页。

大概而言，唐代民间买卖交易的违约罚金数额不等，高者达一倍，甚至更多；低者也有一文、数文。但总体来看，唐代民间对完全不履行而造成违约的罚金是较高的，如前述高昌时期"一罚二""倍罚"的惯例，以及"罚麦三十驮""罚金五两"的具体实践，不论是较之于买卖交易物品的总价值，还是从当时财产的价格来看，都属于较高的罚金。而适用低额违约罚的情况只是个别性地发生在价金支付违约的券契中，数量也较少，不具有代表性。因此，可以说唐代民间买卖券契中，违约罚的性质为惩罚性罚金，高额的罚金几乎很难得以兑现。因此，罚金目的就是让可能违约的一方望而生畏，从而杜绝买卖一方悔约，保证买卖契约的顺利履行。

违约罚金的去向和管理上，唐代民间券契也反映出一些独有的特征。一般认为，券契作为交易双方订立的一种约定，从契约的相对性来说，其权利和责任也应该只落实到签订契约的当事双方。但唐代买卖券契的违约罚实践则有所不同。唐代的违约罚金除了常见的"入不悔人"以外，还有交付佛教寺院、官府或屯军等现象。如前凉升平十一年（367年）四月十五日王念换驼券："若还悔者，罚毯十张，供献。"丁卯年九月十一日张氏换舍契："博换后，永世更不休悔。如□□□充纳入官。"后周显德三年兵马使张骨子买舍契中亦有："如先悔者，罚黄金三两，充入官家。"唐大中六年张月光父子回博田券①明确约定：如果悔约，"罚麦二十驮，入军粮"。有这类约定的券契数量虽少，但供献、入官、入军粮等语词，却隐隐透露出在敦煌、吐鲁番等地，宗教机构或当地官府与屯军等，由于其权威性，积极地影响了民间买卖行为，

---

① 博田券准确地说应属于交换类券契，但由于唐代买卖交易中，并不都是以银钱等国家货币作为支付手段，绫、绢、麦也时常作为价金支付，因此，交换与买卖有时无法完全区分。另外，在山本达郎、沙知等辑录的敦煌、吐鲁番券契中，也将其归入买卖类。且交换与买卖具有本质上的共同性，故本书认为可以放在一起讨论。

并对其形成一定的监督与管理，甚至可能拥有某些权力，履行着某些职责。地方官僚机构参与对买卖违约的管理，一方面对双方依约履行具有促进作用，另一方面也在改变着民间违约处分惯例的私法属性。

（二）杖责：刑事惩罚

在少部分买卖券契中，也有对违约方处以刑罚的约定。如前引张月光父子回博田契中："如先悔者，罚麦二十驮，入军粮，仍决杖卅。"即如果悔约，在处以罚金以外，仍要杖三十。在民事交易中，约定刑罚处罚，是极为特别的。虽然可以认为这是有法律依据的，[①] 但考虑的田地交换双方的身份都是僧人，故即使真发生违约，其行刑也不大可能完全由私人来进行，而应该是由所属宗教及寺观之相关机构来实施，或者这本就是宗教机构的一项权能，即管理、监督契约的履行。然而，不管行刑者为谁，有一点是可以确定的，即在唐代的敦煌，对于故意悔约的，可以约定处以一定的刑罚，这或许透露出民间习惯法中亦存在刑罚化的倾向。

（三）超验性惩罚：宗教观下的违约责任

唐代社会特别是敦煌、西州等地区深受佛教、道教等宗教影响，这一点也体现在民间券契的违约条款当中。仅就所见买卖券契而言，主要有两类关涉民间宗教观念的违约条款，一是在实际买卖契约中作出诅咒发誓，表示绝不悔约。如敦煌发现的阴国政卖地契（斯2385）：

前略

5……永世为业。其地及地…

6……分付……欠少，叔　政百年或

7 称为主者，一仰叔互当，并畔觅上好地充替。如……

[①] 高潮等认为该刑罚约定是基于唐律"负债违契不偿"的规定，该契约为易地契，且契约双方均为僧人，故不大可能适用唐律有关借贷的法律条文。参见高潮等《敦煌所出买卖契约研究》，《中国法学》1991年第3期。

第三章 唐代乡法中的买卖

8 别已后，不许别房侄男侵劫，如若无辜非理争论，愿你

9 行。天倾地陷，一定以后，更不许翻悔。如有再生翻悔，罚麦九硕，

10 充入不悔之人。恐人无信，两共对面平章，故立私契，用……

该契约虽然约定了"罚麦九硕"的违约罚金，但前面却有"天倾地陷，一定以后，更不许翻悔"的语句，虽然缺字较多，但大致可以看出"天倾地陷"一语当与后文的"不许翻悔"相连，是一种对不会悔约的"誓言"。由于该地契发现于敦煌地区，而该地区又深受佛教、道教等宗教教义的影响，这种影响也就反映在民间的券契中，上文"天倾地陷"一语，隐隐透露出立约人可能具备的上述宗教文化背景。券契中涉及违约行为的这种诅咒发誓的方式，应该就是立约人的这种宗教观念的反映。

另外一类契约也体现了深刻的宗教观念影响，即买地券。典型的如唐大历四年（769年）十二月二十日"天山县张无价买地券"（73TAM506）（见本书第51页）。

总之，唐代西域买卖契约中，在对违约者约定这类趋向鬼神化处罚的条款中，反映出唐人的佛教、道教等诸多宗教杂糅的认识与观念。[①]

三 唐代买卖中违约条款的性质

在现代合同法理论中，违约责任系指不履行合同义务或者履行合同义务不符合约定时，依法产生的法律责任。一般仅指违约方向守约方

[①] 实际上，中国的宗教本来即有多教融合的特点，佛教进入中国亦加入诸多道教、儒教的因素，敦煌地区早期虽然以道教为主，但后期佛教的因素也逐渐强化。因此，有些宗教观念可能反映不止一种宗教的主张。"阎罗王"就是佛教的神话与中国本土道教信仰系统相互影响而演变出的具有汉化色彩的观念。参见颜廷亮《关于敦煌地区早期宗教问题》，《敦煌研究》2010年第1期。

承担的财产责任,与行政责任和刑事责任完全分离,属于民事责任的一种。① 违约责任与合同的担保是完全不同的,担保倾向于积极地保障债权的实现,而且不以过错为要件,不具有惩罚性等特征。总之,违约责任属于民事责任,请求承担违约责任亦是广义的债权;合同的担保则具有从属性、补充性,侧重于积极保障债权的实现,二者是不能混同的。

基于以上认识,再分析唐代时期敦煌、吐鲁番买卖契约中的违约条款,可以发现其具有如下特点。

第一,违约条款的内容以财产性违约罚为主,刑罚等其他违约处分方式较少。以山本达郎等辑录的敦煌、吐鲁番买卖类契约为例,总数为68份的券契中,含有违约条款的约为42份,而明确约定黄金、银钱、麦等财物的违约罚的约有35份。② 可见,违约条款主要作用就在于确定违约后违约方所应该承担的财产性责任。

第二,违约条款中违约罚之"处罚"数额普遍较高,为惩罚性违约责任。违约责任的承担特别是违约罚,一般认为有两种方式或作用,即补偿性与惩罚性。前者是指违约责任所具有的填补受害人损失的性质,后者则是道德与法律谴责与否定违约方过错违约的属性。③ 前已述及,唐代买卖类券契中的通常的违约罚为"一罚二",即加倍处罚,虽然多数券契无法识别加倍的基数,但翟绍远买婢券却透露出,似乎是在成交价格的基础上加倍。有学者认为这类罚金,"起到双重作用:对于不恪守自己义务一方的惩罚,对另一方给予赔偿"④。但是,由于普遍

---

① 参见崔建远《合同法》,法律出版社,2006,第231页。
② 其中7件未见明确罚金,一份为"冥器"性质的买地券,即"天山县张无价买地券"。另外几份则因字迹缺失而未见,但据其他契约用语推断,仍不排除存在违约罚条款。
③ 崔建远:《合同法》,法律出版社,2006,第232页。
④ 参见〔法〕谢和耐《敦煌卖契与专卖制度》,《法国学者敦煌学论文选萃》,中华书局,1993,第15页。该文唯"专卖"一词令人费解,就内容而言,无论文中所引唐律条文,还是敦煌券契,基本上都属于普通的民间买卖,而与唐宋国家对盐、茶、酒等实施国家专卖垄断无涉,应该是翻译中的问题。

的倍罚方式，以及部分远远高于财产价格的违约罚金，其作用就远非为了填补受害人即守约方之损失，道德与法律谴责的意味甚浓，故而应该主要地是一种惩罚性的责任。

第三，违约条款属于民间习惯法的范畴。尽管唐律等国家律令制度对与契约行为有所规范，如对无故悔约的处以笞刑，但对以违约罚等民事、经济方式为主的违约责任的法律规范，基本上是空白。因此，这些对买卖契约履行至关重要的规则，即进入民间习惯法的范畴，它产生于民间生活实践，源自相沿成习的交易惯例。这些惯例关注的内容，"古代法典或略而不载，或是仅具大纲，恰是民间法中的习惯法补其不足，而使民间社会生活（尤其是其中的经济生活）成为可能"[1]。尽管作为民间习惯法有相对独立性，但这类违约条款也并未完全超出唐代律令的限度，无论是"一罚二"，还是倍罚，其实仍在唐律令"诸色私债，止于一倍"[2]的限度之内。但是，国家律令在此只是作为这种违约责任惯例形成的背景而存在，而违约责任仍然属于民间习惯法领域。

财产性责任、惩罚性特征等，无不反映出唐代买卖券契中的违约条款的性质属于违约责任。这类条款存在的主要目的不在于担保契约中债的履行，而是确定在发生违约之后，违约方所应该承担的以民事财产责任为主的责任，且大多数违约条款都表现出这种责任具有明显的过错谴责性，甚至以诅咒、刑罚等极端的方式予以体现。

四　唐代违约处分的法律文化考析

唐代国家层面的律令制度无疑是非常发达的，但由于关注面向不

---

[1] 梁治平：《清代习惯法：社会与国家》，中国政法大学出版社，1999，第37页。
[2] 《文苑英华》卷四四一，文渊阁四库全书本。

同，可以适用于民间日常生活，能够有效解决私人间权利分配、纠纷协调的正式法律资源却明显是缺乏的。在对民间违约处分的管理上，唐代国家法律的态度是因事而异。在借贷契约中，掣夺家资超过借贷数额的，要进行约束，即"负债不告官司，而强牵财物，过本契者，坐赃论"①；而对买卖契约中，违约罚的各种约定，官法鲜见有具体规定，涉及买卖交易的规定大多是商税租赋之类。可见，古代国家律令主要关心增加国家之经济利益与保障统治稳定之政治利益。确定土地买卖中的权利人，要求使用"红契"，无非是着眼于租赋、商税的征收；而防止过度掣夺家资，则是防止家庭破败，造成社会范围内的不安，影响统治的稳定安全。当然，从处置方式上，即使是民事行为，也多是采用禁与罚的方式，而非正面地肯定权利。也正是由于国家律令法留下的诸多空白，使得民间有关违约责任的习惯法有了生成的需要与空间。

在此背景下，民间习惯法得以形成并发挥积极和有效的作用，它对于保证民间正常的生活秩序尤其是经济、财产秩序，意义重大。买卖契约中的违约责任条款，正是这类民间习惯法的显例。从法文化的角度看，它的运作及其背后的法律意识或理念，仍给我们诸多有益的启示。

在唐代买卖券契的违约条款中，违约"罚金"的处置方式明显居于大多数，这一点完全不同于借贷券契的情况。今所见唐代借贷券契中的违约处分方式除违限生利外，多为掣夺家产或者人身奴役，② 这一区别，其实也容易理解，一般从事买卖行为的人尤其是买方，资产较为充

---

① 《唐律疏议》卷二十六，中华书局，1983，第485页。
② 据杨际平研究，仅32件借贷粮食契中，含有掣夺家资内容的就有24件，占3/4之多；罗彤华则整理出消费类借贷券契中含掣夺家产的总数达68件，涵盖高昌、西州、沙州、龟兹等各个地区。参见杨际平《也谈敦煌出土文契中的违约责任》，《中国社会经济史研究》1999年第4期；罗彤华《唐代民间借贷之研究》，北京大学出版社，2009，第271页。

裕，故约定罚金是可以实现的。而进行借贷的，则一般家境窘困，甚至只为一解燃眉之急，如此情况下，约定违约罚金并无实质作用，只有用掣夺家资，甚至人身奴役的方式，以使其倾尽全力，偿还负债。民事行为属性的不同，采用不同的违约责任条款，正体现了唐代民间民事责任使用中的灵活性、实用性，即完全着眼于现实作用的考量，而不会受到外在形式的制约。

唐代买卖券契中的违约条款表现出强烈的实用主义色彩，主要是源自中国人的"实用理性"。由前述买卖契约条款内容不难发现，这类违约条款虽然也形成一定的民间规则，如一罚二的违约罚，但民众在选择适用违约条款时，完全是实用化的使用思路，而并不过分受外在形式等的约束，这与中国人的传统性格十分吻合。"中国的哲学和文化一般缺乏严格的推理形式和抽象的理论探索，毋宁更欣赏和满足于模糊笼统的全局性的整体思维和直观把握，去追求和获得某种非逻辑非纯思辨非形式分析所能得到的真理和领悟。"① 实用理性是中国古代思想文化的重要特征之一，如果能通过诅咒、刑罚等方法的威慑迫使契约最终履行自然乐见。如果万一无法正常履行，即发生"休悔"的情况，唐人也多选择违约罚的方式，无论是黄金、银钱，还是青麦、楼机绫，都是着眼于非常实际的日常生活需要，能够在整体上满足私人利益的需求，而不管契约履行与否。因此，在契约的使用中，如果可以更多关注其实用，关注实际效果，而不是太过拘泥于法理化的形式等，② 可能更有助于交易的顺利进行。

在违约责任的承担上，除违约罚外，唐代民间也形成一些特别的方

---

① 李泽厚：《中国古代思想史论》，人民出版社，1985，第305~306页。
② 当然，在法律高度技术化的今天，马克斯·韦伯所谓的"法律形式理性化"可能是注定的趋势，不注重法律形式、程序是不可能的，在此只是指现代法律对此过分地偏好，而远离了民众的日常生活。

式，如诅咒、刑罚等。无论是宗教观下的诅咒发誓，还是刑法中心主义下的刑罚处罚，唐代作为民间规则的违约条款都体现出一定的民事行为或民事责任刑罚化，[①] 或者是非民事化处理的倾向。尽管长久以来，这种方式或观念都被认为是中国古代封建法律制度中的糟粕部分，但不可否认，刑罚威慑下的守约一般而言会更好些。如果暂时抛开肉刑的优劣、民事行为刑罚化的人道性与否不谈，仅仅着眼于法律的实效性，即法律最终的实效——社会欲求的最终实现，[②] 可能这种略显极端的方式的作用是积极的。如果从一般经验出发，比如对恶意欠债不还，但却达不到诈骗犯罪并处以某种刑罚的情形，或者是私下串通，故意利用合同危害第三方利益等情形，是能够起到有效威慑与督促作用的。当然，在此探讨的仅仅是一种有限度的刑罚处罚，并非"法家"化地过度崇尚肉刑的绝对作用，也不是信奉"以刑去刑"或者以刑去"诈伪"、刑罚万能，只是从客观效用而言，有一定形式的刑罚保障，对于民事活动的正常进行，具有重要的作用，即使这种处罚大多数仅仅是威慑意义上的。当然，在民事活动当中，即使是有限度的刑罚，也应该要由权威的司法机关来做出裁决并执行，而并非如唐代券契中表现出的，可以私下约定，自行执行。

概而言之，在本章中，总计使用了敦煌和吐鲁番发现的 42 件唐五代时期的买卖类券契文书。通过对它们所包含违约条款的对比分析，发现在买卖类的交易当中，唐五代民间私人约定的违约责任或处分主要有民事性的违约罚、刑事化的刑罚，以及报应观下的诅咒等几种方式，从侧重于财产性责任、惩罚性，反映出这类条款存在的主要目的不在于担保契约中债的履行，而是确定在发生违约之后，违约方所应该承担的

[①] 不可否认，在此借鉴了刑法学界"刑罚民法化"或者非刑罚处罚方式的理论。参见杜雪晶《中国非刑罚化的涵义探解》，《河北法学》2007 年第 4 期。

[②] 苏力主编《法律与社会科学》，法律出版社，2010，第 107 页。

以民事财产责任为主的责任。因此，以往的研究将唐代买卖券契中的违约条款划入契约担保责任中，明显不妥，它们的性质应属于违约责任。当然，由于唐五代时期的民间规则与现代民商法的巨大差异，我们也不能简单地将其与现代合同法中的违约责任等同起来。

唐人在设定违约条款时，是非常灵活和实际的，体现出中国古人特有的"实用理性"，或曰"实用道德主义"，[①] 即不去过分追求契约条款的形式完备性，甚至也不对违约条款作出具体的定位，而仅仅关注其是否能实际有助于契约的履行，或者有效惩罚不诚信的"悔约者"，维护守约方的利益。这种实效主义的考虑，至少给我们以下启示：在民事经济活动中，是否必须追求契约文书等交易证明在形式上的完美无缺，对其过度的追求是否使我们忽略了实际的生活需要，甚至还造成交易效率的低下。推而广之，如果在涉及民事交易或合同的司法裁判中，更注重于实用性，注重实际效果，或许更容易达致法律对民事契约治理所追求的和谐双赢的社会效果。

第六节　押署印信：公信方式

一　证见人

在唐代民间的买卖当中，除了直接进行买卖交易的双方以外，还有诸多其他参与人，他们参与买卖交易的整个过程，同样也在契约的末尾押署，例如对买卖进行担保，或证明买卖契约的有效性，这些人主要有见人、保人、同商量人等。他们的参与对于唐代民间买卖的有效成立同样具有重要的作用。

[①] 黄宗智：《我们需要什么样的学术》，《开放时代》2012 年第 1 期。

（一）见人

唐代买卖券契中最为常见的一类其他参与人就是"见人"。所谓"见人"，一般是指"当场目睹可以作证的人，又称作见证人、证人或人证"[①]。"见人"不只在汉文买卖契约中大量存在，在回鹘文等非汉文买卖契约中同样可见。回鹘文契约中的"tanuq"一般就被认为是与"见人"非常类似的"证人"，同时，回鹘文买卖契约中还有专门的词汇表示"临座""临坐""见人"[②]，意思是当场见证契约有效成立的人；在于阗文买卖契约中，同样能见到类似角色，如"高僧买奴契约"中，有"如下这些人在买卖中作为证人，商人 Budai，破沙 Mamsali 等"，同时还说明"此买卖是当着乡头、破沙 Suham 的面，并且当着杰谢乡居民的面"[③]。因此，至少在唐代的西域地区，买卖中的"见人"或"证人"几乎是不可或缺的一个角色，而且一次买卖中的见人往往还不只一个。

对这种起见证作用人的称谓，汉文买卖契约中常见的还有知见人、邻见人等说法，如斯 1285"杨忽律哺卖宅舍地基契"中，除见人外，还出现三位"邻见人"；在伯 4083"唐清奴买牛契"中，则有"知见人宋竹子"的参与，知见人应是"见人"的另一种说法。值得一提的是"邻见人"，这个称谓虽然也有见证人的含义，但是联系到唐代晚期习惯法意义上的"亲邻之法"，或许也暗示了几分放弃"优先权"的意味，因为"邻见人"出现的买卖，恰恰多是"宅舍地"的交易。

唐代民间买卖中的"见人"还有一大特色，就是对其身份的强调。

[①] 杨惠玲：《敦煌契约文书中的保人、见人、口承人、同便人、同取人》，《敦煌研究》2002 年第 6 期。

[②] 参见刘戈《释回鹘文契约中的 paosin、tanuq、koerüp oluryuci》，《敦煌学辑刊》2005 年第 4 期。

[③] 段晴：《于阗语高僧买奴契约》，载《敦煌吐鲁番研究》，上海古籍出版社，2009。

不少买卖契券中出现的"见人"都有确定的身份,如寺僧、尼、村邻等,有些还有一定的社会地位,如河西管内都指挥使兼御史、上座、兵马使、押衙等。这与"见人"的作用密切相关,"契约中见人的身份虽较为宽泛,但大多数契约中对见人的社会地位、威望的要求较高。那些有地位、身份、威信、可信托的人才有可能做见证人"。① 就唐代买卖契约中的见人来看,这种认识确有道理。但是,对见人的要求除了威望、地位以外,更重要的可能与可信赖度,对买卖双方及所买卖财产的熟悉度都有关系,这一点可从作为见人的"僧尼、长老",以及"邻见人"中管窥一二。买卖双方选择"僧尼"作为见人,很重要的原因在于对其作为有虔诚信仰的宗教人士的信赖;而邻人作为"见人",如排除"先买权"争议的可能的话,就只能是缘于他们对所买卖的"宅地"更为熟悉。由此可见,见人或证人在买卖交易中起着重要的见证作用,是对买卖交易效力的一种保证,从而使私人间的买卖得到了类似公示、公信的效果。

(二) 保人

所谓保人,是在买卖交易中,为某一方,或者为双方能如约履行作保证的人。保人在唐代买卖契约中也出现较多,如"尼僧明相卖牛契"(S5820、5826号)中,就出现多达三名保人,既有尼、僧,也有普通百姓。同见人类似,唐代买卖契约中如果有保人联署,一般也要写明保人的身份、年龄等基本要素。如上引卖牛契中第一名保人就写明"尼僧净情年十八",并在一侧作"画指"标记。为了便于分析唐代买卖中保人的特征,将涉及保人的几份券契列表如后(参见附表七)。

深入分析唐代买卖券契中的保人情形,可以发现如下一些特征:就

---

① 杨惠玲:《敦煌契约文书中的保人、见人、口承人、同便人、同取人》,《敦煌研究》2002年第6期。

唐代买卖制度研究

图 3-1　敦煌文书，斯 5816 之二

年龄而言，主要集中在 18～59 岁，这与更为广义的保人年龄在 8 岁以上 70 岁以下①又有不同。年龄上的限制，应该与保人需要承担严格的

---

① 参见杨惠玲《敦煌契约文书中的保人、见人、口承人、同便人、同取人》，《敦煌研究》2002 年第 6 期。

186

民事担保责任有密切关系。《唐律》依照周礼"矜老恤幼"的精神原则，规定："年七十以上、十五以下及废疾，犯流罪以下，收赎。"① 也就是说，年龄在七十以上、十五以下，虽然亦可构成犯罪，但只承担有限度的刑事责任，处罚也多以赎刑的方式替代。在民事和行政责任方面，唐代也有相应的规定，以承担赋税徭役为标准，唐代对"丁男"进行了年龄的确定，如武德七年定制："男女始生者为黄，四岁为小，十六为中，二十一为丁，六十为老。"② 唐中宗时，为收时望，改易制度，又有"以年二十三为丁，五十九免役"③ 的规定，也就是唐代至少21岁才算是"丁男"，需要承担国家的赋税徭役等义务，具有了民事与行政的责任。所以，一般而言，在唐代应该是在21岁以上才具有民事行为能力，可以承担相应的民事责任，对买卖的担保当然亦需作如此要求。这也是为什么表中所列买卖中的保人年龄基本分布在26～59岁，所见唯一出现的一名保人"净情年十八岁"，但其身份是尼僧，应当也是极其特殊的情况。

就保人的身份与作用而言，买卖中的保人与其他类型的民事行为中的保人亦有区别。与唐代律令关系密切的《宋刑统》对保人课以一定的义务，"如负债者逃，保人代偿"④，尽管在唐代律令中尚未见明确规定，但一般认为，"保人要对契约人履约担负责任，即当事人约定一方与他方债务，约定不履行时，由其代负履行债务、约定的责任。因此，作为保人须具备一定条件，才可担当，即只有有足够的财务抵偿债务的人才可作保人"。⑤ 依据这样的认识，要担任保人，显然应该是有

---

① 《唐律疏议》卷四，中华书局，1983，第80页。
② 《旧唐书》，中华书局，1975，第2089页。
③ 《旧唐书》，中华书局，1975，第2172页。
④ （宋）窦仪等：《宋刑统》，中华书局，1984，第413页。
⑤ 杨惠玲：《敦煌契约文书中的保人、见人、口承人、同便人、同取人》，《敦煌研究》2002年第6期。

一定身份地位，或有相当财产的人。但唐代买卖中的实际情况却相反，恰恰大多是非常普通的百姓或僧人做保人，原因之一是他们虽然是普通人，但可能与买卖一方关系亲近，因此担保。然而，更重要的原因恐怕在于，唐代买卖中保人的担保责任主要不在于财产责任，而更多的是对买卖一方的人格、信用等所作的保证，因此一般并不对保人自身的地位、财产等有过高的要求。

在唐代的买卖契约文书中，还有一类并不常见的"准保人"——"口承人"。从其身份和作用来看，一般认为类似于"保人"，起到保证、担保的作用。在"洛晟晟卖园舍契"中，在出卖人洛晟晟押署之后，紧接着的就是"口承人弟晟晟"，同一列还有另一名口承人，因字迹缺损无法辨识姓名。从其"弟"的身份及押署位置来看，应该是对园舍这一不动产买卖的一种保证，这也可以从更广泛类型交易契券中的"口承人"中得到证实，"如P.4885：'如若押牙东西不平善，一仰口承人弟愿兴面上取绢。'又如P.3636：'成若怀实身东西不来，不管诸人，只管口承人王七身上。'此处口承人即为契约履约之保证人"[①]。当然，不可否认，多为契约当事人之亲属的口承人，除了起到保证作用外，确实也对买卖行为起到"见证"的作用。

二 同商量人

在中国古代的商业性买卖中，中人扮演非常重要的角色。中人也被称作中保人或中证人，"在买卖关系中充作中介人和证明人的总称。文献记载，春秋、战国时期，由于商品货币关系的发展，已有职业中介人出现。可能最早以说合牛、马交易为主，所以被称作'驵'"[②]。唐代，

[①] 杨惠玲：《敦煌契约文书中的保人、见人、口承人、同便人、同取人》，《敦煌研究》2002年第6期。

[②] 张传玺：《契约史买地券研究》，中华书局，2008，第78页。

第三章　唐代乡法中的买卖

以居中说合为业的中人也极为常见,"他们多经官府批准,开设邸店,招揽生意,代客买卖,从中抽取佣金。这些中介人被称作牙人、牙郎或牙侩"。① 唐代国家律令对牙人的职责亦有规定,元和五年十一月敕:"应中外官有子弟凶恶,不告家长,私举公私钱,无尊长同署文契者,其举钱主并保人,各决二十。仍均摊货纳。应诸色买卖相当后,勒买人面付卖人价钱。如违,牙人重杖二十。"② 宋元以后,中人更是形成固定的团体,从交易双方收取一定的费用,这时也被称为牙人。宋代的牙人被称为牙保,"是不动产买卖的中介,他们比较了解市场,又在很多情况下负有协助政府收税的使命,因此,他们的参与既可为买卖双方居间穿梭,也可起到见证作用,同时对政府收税也是一种保障"。③

尽管在传统的唐代史料中,多有牙人、牙侩的记载,但在吐鲁番、敦煌的唐代买卖文书中,有关牙人、中人押署的实证却十分罕见。敦煌买卖文书中经常出现的惯用语是"两共平章",即买卖双方互为商酌之意,并无涉第三方,"这反映出唐代牙人在田宅交易中所起的作用不大"。④ 唯一一件是"韩愿定卖女契"(S1946号)⑤中,出现了"同商量人"押署,非常值得注意。所谓"同商量",按照一般的理解,应该是与买卖双方都进行了商量,而该"同商量人"袁富深,单从姓氏来看,与出卖人韩愿定、买受人朱愿松并无明显亲属关系,应该是相对中立的第三方。因此,该件敦煌买卖契约中出现的"同商量人",很有可能就是中人或牙人在唐宋变革时期的一种称谓,起到类似"中人"的作用。当然,"同商量人"在唐代买卖契约中也十分鲜见,仅仅一两件

---

① 张传玺:《契约史买地券研究》,中华书局,2008,第78~79页。
② 《唐会要》卷八十八,上海古籍出版社,2006,第1919页。
③ 岳纯之:《论宋代民间不动产买卖的原因和程序》,《烟台大学学报》2008年第3期。
④ 戴建国:《唐宋变革时期的法律与社会》,上海古籍出版社,2010,第419页。
⑤ 虽然该契标注的时间是宋淳化二年(991年),但鉴于敦煌等西域地区民间买卖习惯的延续性,我们认为其可以作为唐五代买卖习惯的一种推测。

孤证，也无法证实唐代，至少在唐代的西域边疆地区存在职业性的"中人"群体。牙人真正作为买卖交易的固定一方出现，当是在宋代以后。①

三 略花押

由唐代券契中不时出现的"倩书人"②等买卖其他参加人可以看出，唐代买卖契约多由他人代写而成，契约中的各种约定条款以至于买卖双方的姓名都可以由代写人代为完成。但是，最终契约的确认还必须由买卖双方，以及参与买卖交易过程的其他人亲自来完成，而确认的方式亦有多种，"一种是书写花押的方法，另一种是（本人）自己按指印，或画指的方法"③，可见，花押（略花押）与画指是契约确认的两种最重要的方式。

唐代买卖契约末尾的当事人和其他参与人的名字下面或一侧多有类似"十"或"七"等符号，它们一般被称为"略花押"，"略花押"是由"花押"发展演变而来的。"花押"又称"画押"，一般"是在公文、契约或供词上签署自己的名字或画记号，表示认可文书的内容"。④因签署人文化水平、书写能力的不同，就产生"花押"和"略花押"之别。

广义的"花押"起源应早于唐代。北齐时，"领军一时三十，连判文书，各作依字，不具姓名，莫知谁也"。⑤其中"依字"，有的版本直

---

① 宋代的契约文书惯用语已经从"两共平章"转变为"三面评议"或"三面评值"，这时，除了买卖双方以外，中介方也参与交易。参见戴建国《唐宋变革时期的法律与社会》，上海古籍出版社，2010，第420页。
② 如"唐贞观十八年（644年）十一月九日张阿赵买舍券"中，就有"倩书，道人法贤"，参见山本达郎书，第10页。
③ 〔日〕仁井田陞：《唐宋法律文书之研究》，东京大学出版会，1983，第24页。
④ 吕德廷：《唐至宋初敦煌地区的签名和画押》，《寻根》2010年第2期。
⑤ 《北史》卷八，中华书局，1974，第300页。

接作"花字",当是"花押"早期的一种形式。"《集古录》有五代时帝王将相等署字一卷,所谓署字者皆草书其名,今俗谓之画押,不知始于何代,程史谓晋已有之,然不可考。"① 顾炎武同样提及:"《集古录》有五代时帝王将相等署字一卷。所谓署字者,皆草书其名,今俗谓之画押,不知始于何代。"② 到了唐代,在文人墨客间草书其名以作押署的风气更为流行,"有武将王周,署名先为吉,而后成,其外世说萧引书法遒逸,陈宣帝尝指其署名语诸人曰:此字笔势翩翩,似鸟之欲飞"。③ 而"花押"的得名,据说是"唐文皇令群臣上奏任用真草,惟名不得草,遂以草名为花押"。④ 可以确定的是,最晚至唐代文人士族间"花押"的署名方式已经广为流行。

作为一种文书的确认方式,花押兴起以后,又逐渐发展和演变为一种简略形式,被称为"略花押"。略花押是在本人的姓名之下画上"王""十"或者"七"等符号,以表示对内容确认一种方式,它相对于花押更为简化,更为随意。"唐天复九年(909年)十月七日洪润乡百姓安力子卖地契""唐天复六年(905年)十一月押衙刘石庆换舍契""丁巳年(957年?)正月十一日通颊乡百姓唐清奴买牛契"中的买卖双方,以及见人、保人等姓名之下均有签押的印记。在"后唐清泰三年(936年)杨忽律哺卖宅舍地基契"中,同院人邓坡山、同院人薛安昇、见人薛安胜、薛安住等人的姓名下方,均有类似"七""十"或"大"等形状的略花押,它们大小及形状各异,显然是各参与的

---

① (清)孙承泽:《砚山斋杂记》卷一《署字》,四库全书珍本初集,子部一七八,杂家类,景印故宫博物院所藏文渊阁本,台湾商务印书馆,2008,第134页。
② (清)顾炎武:《日知录》卷二十八,《日知录校注》,安徽大学出版社,2007,第1636页。
③ 《砚山斋杂记》卷一《署字》,四库全书珍本初集,子部一七八,杂家类,景印故宫博物院所藏文渊阁本,台湾商务印书馆,2008,第134页。
④ 《砚山斋杂记》卷一《押字》,四库全书珍本初集,子部一七八,杂家类,景印故宫博物院所藏文渊阁本,台湾商务印书馆,2008,第135页。

"见人"亲自押署的。因为在契约实践中最为常见的是画"十"字,因此,"略花押"也经常被称为"十字花押"。

四 画指

一般意义的画指意味着用手指或指关节的纹理、外形作为标记的一种署名确认方式。画指与晚近出现的指印、手印是有显著区别的,这一点,仁井田陞早已指出,"学者们以往的研究,往往将中国古代的画指和指模（指印）混同起来……（以致在）かのジセィルス氏的汉英词典中,将'画指'直接解释为'按一个指印作为署名（signature）'"[①],但实际上,画指尤其是唐代的画指,与指印是有显著区别的。

唐代买卖契约中的"画指"较为特别,一般是在本人的姓名下方或一侧,亦即可以签署略花押的地方,比照某个手指的指节位置,画出三道短线,有的类似三点,以作为本人确认的方式。有些买卖契券中,除了三道短线外,还要在短线之间注明左右手,以及上中下的哪一指节。"后唐清泰三年（936年）杨忽律哺卖宅舍地基契"[②] 中的出卖人杨忽律哺及其母阿张,就都在名下画指,短线中间分别注明"左头指"和"右中指"。而"未年（827年）安环清卖地契"中,地主安环清及其母、师叔、见人等,均有画指,但仅为类似小点的三条短线,并未注明手及指节的具体情形。这种画指,在唐代还有更为深刻的社会原因,那就是普通民众识字率偏低,"那些不能读写的人们最常用的签署文件的方式是画三道线,表示手指头、第二与第三道关节线"[③] 因此,画

---

① 〔日〕仁井田陞:《唐宋法律文书之研究》,东京大学出版会,1983,第37页。
② 唐耕耦等:《敦煌吐鲁番契约文书真迹释录》第二辑,全国图书馆文献缩微复制中心,1990,第9页。
③ 〔美〕韩森:《传统中国日常生活中的协商》,江苏人民出版社,2009,第67页,图5注。

指作为确认的方式，实际上是买卖当事人无力亲自署名而采取的一种替代方法。

画指在奴婢买卖当中，已经不只是买卖双方的署名确认方式，更包含了对所卖奴婢身份的确认，即以手指的长短来确定其高矮少壮，故姚燧说："凡今鬻人，皆画男女左右食指横理于券为信，以其疏密，判人短长壮少，与狱词同。"① 为了更好地确定体貌特征，宋元以后，人口买卖的押署，又发展出手印、手模、脚印等多种方式，将被出卖人的双手、双脚的纹理都印在契约上，② 这比起单纯的画指而言，其证明能力显然更为强化。

五 押署的特点与作用

如前所述，略花押、画指除了起到当事人对买卖契约的认可作用外，还可以作为契约真实有效的证明。在长期的契约实践中，略花押、画指分别在何时使用以及由谁来使用等方面，也形成一些习惯。总体而言，画指更多地被财产的所有权人也就是出卖人及其直系亲属使用，典型的例证如前引"杨忽律哺卖宅舍地基契"。同时，画指也经常被用作保人的署名方式，如"未年尼僧明相卖牛契"（S5820、5826号），除牛主外，三位保人有两位进行了画指；略花押的方式更多地被见人、知见人、邻见人等使用。之所以有如此区别，一个主要的原因恐怕是，对于买卖中不同参与人身份确认的准确程度要求不同，作为财产所有人，以及对买卖行为合法有效进行担保的人来说，一般应该有更高的要求。当然，上述区别也仅仅是一个概略的分析，事实上也有很多例外情况。如"韩愿定卖妮子契"（S1946号）中，所卖"妮子"的所有人"娘主七

---

① （元）姚燧：《牧庵集》卷二二《浙西廉访副使潘公神道碑》，四部丛刊集部，上海涵芬楼藏。
② 参见张传玺《契约史买地券研究》，中华书局，2008，第57页。

娘子、郎主韩愿定"都采用略花押的方式署名，可见，具体买卖中当事人会采用何种方式，有时也是比较随意的，并不一定完全遵循这些惯例。

此外，作为买卖当事人押署的，还常有出卖人的父母、兄弟、叔侄等亲属，如"安环清卖地契"中，就有其母、师叔、姊夫等亲属的连署。"杨忽律哺卖宅舍地基契"中同样有"舍主母阿张"的画指，这与中国古代的家族财产制有密切的关系。一般而言，中国古代法律强调父母在，子女不能私有财产，如果子女要处分家庭财产特别是宅地等重要的不动产，必须要有作为一家之主的父亲的押署，如果父亡母在，则需要母亲的押署，安环清卖地时其母押署正是如此。在传统公有的"家产制"下，子女不仅不能私自处分财产，连自身都可能被当作财产"处分"，"丙子年赤心乡百姓阿吴卖儿契"即是如此。作为家长的父母联署以外，兄弟、叔侄也经常在不动产买卖契约中联署，如"阴国政卖地契"（S2385号）中有"同户侄阴再"的押署，"令狐宠宠卖牛契"（S1475号）中有的"兄和和"画指，这种由兄弟、叔侄联署的形式，一是作为对买卖财产行为的见证，二是这些亲属对该财产也拥有某些权利，因此需要得到他们的确认。

如同多数买卖契约为单契一样，画指与略花押也大多由一方完成。唐代买卖实践中，除了作为居中第三方的中人、见人押署以外，更多见的是由出卖人及其关系人来押署，买受人在契约中押署的情况非常少见。这大约是因为，在多数情况下，在契约订立之时，买受人交付价金的义务也已完成，只留下出卖人尚须履行义务，而义务已履行一方大可不必再行押署。另一方面，买卖中的单契，在唐代，除了作为交易的证明，更重要的是权属证明，而且是由一方即买受方收执，故其自己也无必要再押署。

由略花押、画指发展演变而来的"摁手印"，在近代以至今日的契约实践中都广为使用,而这种证明方式仍具有重要的价值。手印具有极大的独特性,"至今仍找不出两个指纹完全相同的人,由于皮肤表皮上的纹路是在胎儿六个月的时候形成的,因此同卵双胞胎的指纹也是不相同的"。① 而唐代买卖契约中广为使用的略花押、画指等,同样具有重要的证明作用。它们虽然形式有区别,但功用是类似的。略花押作为一种书写,和一个人的书写习惯具有很大关系,握笔的方式,拿捏的轻重,都会导致写出的文字笔画方向、粗细不尽相同,因此,也使略花押也成为一种极富个人色彩的略式"署名"。这使得在不损及独特性的前提下,又适应了唐代多数人书写能力欠缺的现实。画指就更具有独特性。由于唐代的画指,并非是以"摁手印"的方式直接印于券契表面,而是比量食指或中指等每个指节的长度,在签名处画线并详细标出,这就使人们对画指人的指节有了更为精确的认识,而考虑到成年人骨骼、指节的生物学特性,这一方式证明的独特性、精确性甚至不输于近代流行的"摁手印",这再次体现了唐人在契约确认、契约证明中的高超智慧。

---

① 赵英良:《摁手印:从作为民间习惯到具有法律效力》,武建敏主编《河北法律评论》,人民出版社,2009,第278页。

第四章 比较法中的唐代买卖制度

买卖商品、互通有无是人类生活共通的需要，为了保障买卖交易活动的顺利、有序进行，一定的买卖制度规范就成为必不可少的辅助条件，虽然这样的制度规范未必都是以成文法的形式表现出来，但作为一种在买卖交易中或隐或显的存在，应该是没有疑问的。尽管人类生活中的买卖具有共通性，但由于文化、社会、经济等背景的差异，规范买卖活动的制度在各个国家、各个民族之间既有相互统一之处，又存在各种各样的不同，再加上时代变迁，财产交易的复杂化，都对买卖制度提出了更高的要求。尽管如此，仍有必要将唐代的买卖制度放置在比较法的视野中加以观察，比较的目的不仅仅在于展现唐代买卖制度的"特殊性"，更在于发掘其超越时空的一般价值，并期待为当代的买卖法注入"传统的力量"。为此，以下将从官民、蕃汉、古今、中西等几个角度，对唐代买卖制度进行深入的比较。

第一节 官民

从唐代买卖交易的实践来看，官方律令与民间惯例均起到了重要作用，它们一起规范着买卖交易行为，维护了市场的秩序。规范买卖的律令制度与民间惯例在内容及价值取向上，既存在一致的地方，又有诸多不同。

第四章 比较法中的唐代买卖制度

在买卖的基本制度方面，官方律令与民间惯例存在诸多类同之处。第一，二者均强调买卖契约中的诚实有信，要求双方诚信履约。唐律严格禁止"违契"行为，"负债者，谓非出举之物，依令合理者，或欠负公私财物，乃违约乖期不偿者"，① 均要施以笞杖等刑罚。这一规定，虽主要针对借贷，但其严禁"违契"的规定，无疑具有更为一般的含义。在奴婢、牛马买卖中，唐律规定有旧病者三日内可以悔约，但无病"故相欺罔而欲悔者，市如法，违者笞四十"②。也就是说，依约履行是常态，无故悔约是为法律所禁止的。这也可以从反面推定契约之效力法定，当事人在无相反证明的情况下，即卖方存在给付瑕疵，买受人不得主张合同无效并违约不偿或主张双方返还。③ 类似诚信履约、不许休悔的规定，不止见于唐时的律令，在西夏等少数民族区域的法律中，亦多有体现。正因为有官方律令的明确规定，民间买卖契约中才常常可以看到"准格不许休悔""准法不许休悔"等类似的条文。第二，律令与民间惯例二者还强调买卖中的"和同"，即应坚持契约自由，双方需在自愿、协商一致等条件下进行买卖，禁止强买强卖。唐律明确规定"卖买不和，而较固取"为罪，并解释为，"卖物及买物人，两不和同，而较固取者，谓强执其市，不许外人买"，这些违背买卖中契约自由的行为，均要受到律令的制裁。对于各级官员利用权势，强买或买卖不依时价的，同样类比"乞取监临财物"④ 罪予以严禁。律令之所以作此规定，是为了避免霸占市场的强行交易行为与强买强卖等剥夺当事人是否缔约及与谁缔约自由的行为。⑤ 在民间买卖契约中，经常可以看到

---

① 《唐律疏议》卷二十六，中华书局，1983，第485页。
② 《唐律疏议》卷二十六，中华书局，1983，第501页。
③ 刘云生：《中国古代契约思想史》，法律出版社，2012，第146~147页。
④ 《唐律疏议》卷十一，中华书局，1983，第223页。
⑤ 张珊珊、刘彤：《中国古代对"两不和同"的法律规制：以买卖契约为例》，《东北师大学报》2011年第4期。

"两和立契、画指为信""两共对面平章"等用语，表达的同样是契约自由、"和同"买卖的含义。第三，官方律令特别要求对奴婢、牛马骡等的买卖要依法订立市券，"若不立券，过三日，买者笞三十，卖者减一等"。虽然强制要求立券不乏防止交易逃避税费的目的，但在客观上，奴婢、牛马等较贵重财物买卖的立券，保证了交易的规范有序以及买卖双方的权利。从民间买卖实际来看，订立契约得到了极大的重视，不仅土地宅舍、奴婢牛马等重要财产的买卖会明立契约，一些价值很小的物品诸如衣物等，也会订立契约，尽管未必会经过官府"印契"等正式立券程序，但却体现出官民在买卖立券倾向上的一致性。这说明，官民在买卖中应遵守诚信、自愿、合意等基本价值取向是完全一致的。

但同时，民间惯例与官方律令的不同之处也不少。在买卖的对象上，唐律明确规定，弟、妹、子、孙及兄弟之子孙、外孙等期亲以下卑幼，不得略卖为奴婢，违者要依据斗殴杀法，分别处以数目不等的徒刑。然而，在民间买卖现实中，子女的买卖现象并不鲜见，如"丙子年赤心乡百姓阿吴卖儿契"等，这当然是由于民生的艰难，不得不如此，另一方面，也可以看出，在百姓生存伦理的促使下，官方律令的规范完全地被置之不顾了。唐律还禁止出卖口分田，"卖口分田者，一亩笞十，二十亩加一等，罪止杖一百；地还本主，财没不追"。[①] 在敦煌、吐鲁番等地出土的买卖契约中，土地买卖契约数量不少，虽然多数仅记载"某地一段"，无法确认是否为"口分田"，但在生活窘迫的情况下，类似情况应该亦有出现。在买卖契约的形式上，官方律令要求奴婢、牛马等买卖须订立官制"市券"，但在民间，多数契约仍属"私契"，也就是不经官，从而避免了交易的税费。这种情况，到宋元以后更为严重，甚至出现以借贷的形式进行买卖："多有典卖田宅之家，为恐出纳

[①] 《唐律疏议》卷十三，中华书局，1983，第242页。

税钱，买主、卖主通行捏合，不肯依例写契，止以借钱为名，却将房院质压。如此朦胧书写，往往争讼到官，难便归结，深为未便。"① 可见，很多民众宁愿在交易安全上付出一点点风险，也要通过各种方式逃避官税。此外，在民间买卖契约中，特别强调对官方可能的"恩赦"排除适用，"恩赦书行下，亦不在论理之限"几乎成为买卖契约的固定用语。虽然"恩赦"至多涉及民间的债负，但由于唐代典卖、非即时买卖等情形的存在，使得买卖与借贷也存在密切的关联，这使得这类本应用于借贷契约的条款也出现在买卖契约当中。

买卖之民间惯例与官方律令存在诸多差异，反映出官方与民众对待买卖规范的不同态度。总的来说，由于官法是皇帝、官僚系统主导制定的，主要是基于一定的国家价值取向、总体秩序观，具有"公"的属性，为了"社会"的整体利益，当然这种整体利益是服从于国家的统治利益的。比如，律令制度中对买卖对象的限制，对订立"市券"的强制要求，对利率的限制、襢夺家产的限制，均是出自社会整体利益的考虑，而不仅仅是保障交易公平或个人利益的满足。

除此以外，唐律对买卖制度做如此粗疏的规定，或许还有其更深层次的理由。在唐代的律令法中，有不少条文涉及买卖与商贸市场的管理，但就总体而言，这些市场法制显得疏密有度，既维护了市场中买卖的正常秩序，又保护了商业贸易的活力。值得注意的是，唐朝采取这样的市场立法政策，并非是由于缺乏相应的立法技术（可以对比唐律针对贪渎犯罪的57项罪名），而或许是一种主动选择的立法谦抑，"非不能也，实不为也"，唐朝立法者或许已经知道保证市场繁荣的法律的奥秘。在针对市场的有限立法中，主要包含了这么几类：一是对市场的设置与管理。律令制度详细规定了市场的设置及开闭时间，长安的东西二

---

① 《元典章》，中华书局，2011，第695页。

市设有"市署"，负责执行管理市场的一系列行政法规，惩罚违反商业秩序的商人。二是对诚信、公平经商的保障。三是对度量衡的特别规定。唐代的律令制度只是维持买卖秩序最基本的制度框架，涉及买卖具体的权利、义务的细节，则有意地留待民间自己去完善，从而为市场交易留下了充足的自由度，这也是官方立法的智慧。

相对而言，买卖中乡法的形成则完全不同，它是在民众千百次的交易实践中反复磨合达成的，是一种"共识性规范"，买卖各方之所以遵守它，是因为这能为彼此带来最大的利益。买卖之乡法具有"私"的属性，它更着眼于具体而微的个人权益，意图实现某些生活目的。仅从所见唐代民间买卖契约看，与其说它体现了市场逻辑，毋宁说它集前商业逻辑、市场逻辑与生存伦理于一体，[①] 出自一种实用逻辑与实践理性，因此也更为灵活、实用。明乎此，民间买卖惯例中的各种"违例"情形就可以得到顺理成章的解释。

虽然律令与民间惯例各有侧重，但从唐代买卖制度的整体以及构成买卖实践的效力规范来看，可以发现如下基本特点。

第一，唐代民间买卖中的"乡法"，即地方性民间习惯构成了唐代买卖规范的主体。虽然，在唐代的"官法"中亦有不少涉及买卖的条文，但是究其实质，"官法"的主要关注点在于国家统治的秩序，如市场的秩序、税赋的缺漏等，真正涉及买卖行为本身的规范少之又少，买卖双方权利的实现并非"官法"关注的重心，因此，如何保证双方的权利，如何使买卖交易顺利完成，买卖中的风险如何分担，交易后出现问题如何救济，这种种相对买卖当事人更为重要的问题，就只能留待民间丰富的"乡法"来规范。这一点，也深刻影响着现代的买卖法，因为即使在现代，习惯法的因素也不能为买卖法所忽略，民商事习惯同样

---

① 参见林端《儒家伦理与法律文化》，中国政法大学出版社，2002，第112页。

构成买卖法的重要因素。

就买卖之乡法本身来看，礼的成分较少，利的成分较多。不可否认，唐代买卖之乡法亦包含了儒家"礼"的成分，这主要表现在对家族秩序，对尊卑长幼次序的维护，这种维护，突出地体现在有关田宅先买权的习惯当中。当然，卑幼出卖田宅，家内尊亲属联署作证，同样体现着儒家文化下的家内秩序，这些当然是源自于"礼"的要求。但是，更多的乡法还是侧重于对"利"的维护或平衡，特别是在商业性买卖当中。尽管商人在话语中不缺"诚、信、义"等，但也确实有长安药商宋清那样见义忘利的人，不可否认的是，对"利"的追求，构成了乡法的指导精神，儒家所谓信、义的话语，可能最终还是服务于利的追求，这在"违约罚""瑕疵担保"等规范中均可以看出。正如有的学者一针见血地指出那样，"在经商中所标榜的诚、信、义，不过是他们求得快快发财，一本万利的一种手段，这种以儒术建立起来的商业道德，其本质是奸巧虚伪的"[1]。尽管这样的看法未免过于极端，因为像宋清这样的人并非个例，并不能将所有从事买卖的商人归入"奸巧虚伪"一类，确实有一些买卖人有着善良的本性，扶贫济困完全出于自觉自愿。因此，需要认识到从事买卖的商人本身的多样性，同时，也需要透过现象看本质，就是不仅要听其言，亦需观其行，而这种"行"反映出的更多是"利"的考虑，这也符合经济学、社会学对人的基本判断：直接支配人类行为的是（物质上及精神上的）利益，而不是理念。但是，透过"理念"创造出来的"世界图像"经常如铁路上的转辙器一般，规定了轨道的方向，在这轨道上利益的动力推动着行为。[2] 所以，尽管世易时移，时代不同，但人性是相

---

[1] 张海鹏、唐力行：《论徽商"贾而好儒"的特色》，《中国史研究》1984年第4期。
[2] 〔德〕施路赫特：《理性化与官僚化——对韦伯之研究与诠释》，广西师范大学出版社，2004，第6页。

通的，唐代虽多圣贤之士，但唐人不可能皆为圣人，特别是在商业买卖这种经济行为中，不关心利，只追求"义"是不现实的。况且，对利的追求并非一无是处，它在某种意义上也推动着社会的进步，所谓义利不对立，恐怕是指对利的追求也应以"义"为规范，不超脱"义"的要求，这或者算是唐代所谓"义商"的精神实质，也代表了乡法的基本价值追求。即使在民间的日常买卖中，确保利益的享有，也构成规范的主要元素，无论是各种担保，还是违约条款，均出于实现"私利"的考虑。[①]

第二，唐代买卖之乡法与官法并未截然分开，而是相互影响，相互作用。虽然民间的买卖主要体现对"乡法"的遵循，但"官法"并未被隔离，在多数时候以一种制度背景存在，少数情况下也直接影响和规范买卖行为。在违约问题上，民间的态度基本与官法一致。在留存于世的大量民间契约文书中，可以发现不少"准法不许修悔""准格不许修悔"等惯用语，很显然是立约人通晓相关的律令制度，并遵循了律令的相关规定。一旦发生悔约，悔约方还要受到损失，而唐代律令中却缺乏相应的规定，显然形成了法律漏洞。于是，民间通过大量的交易实践，逐渐形成了违约方承担责任的"乡例"，在吐鲁番常见的有"一罚二"的民间习惯，这又对官法形成某种补充。这种融合与统一也反映在买卖交易的担保制度中，如"瑕疵担保"在唐代民间契约与国家律令中均有反映，民间契约中常见的"三日不食水草，得还本主"的惯用语句，律令中则有"立券之后，有旧病，而买时不知，立券后始知者，三日内听悔"之规定，二者互动影响的关系，不言而喻。

当然，除了统一与融合，二者也存在对立与冲突，而对立其实也是

[①] 当然，民间买卖惯例中这种"利"的取向，也不能绝对化，邻里、家族等因素的存在，使民间规范亦呈现一定的多元性。

一种反向的影响。在对民间"债务放免"的问题上，官法与民间习惯形成冲突，"乡法"更多地体现着对赦免的抵制，因而形成"抵赦条款"。抵赦条款就是在签订买卖等类的契约时，在其中特别约定遇到放免私债的恩赦时债务不免除的条款，其惯用语多为"公私债负停征，此物不在停限""中间或有恩赦，不在免限""或遇恩赦流行，亦不在再来论理之限"等，这些条款的加入，间接反映了国家法律制度对民间法律行为的影响，也表现了民间对此消极抵制的态度。

此外，如果仅从断代的角度看，某些民间习惯似乎是独立存在的，如亲邻对不动产交易的先买权，或者叫"亲邻之法"，但是，如果放到一个比较宽的"长时段"来看，一方面可以发现这些民间习惯形成的思想文化背景，另一方面，它们对官法也并非不起作用，事实上，"亲邻之法"这样的民间习惯，在五代时就已经逐步进入"官法"的领域。

第三，官法与乡法存在某些矛盾、排斥的关系。唐代民间丰富的乡法实践，由于官法的负面作用，却无以形成规范买卖法等近现代民商事法律。如果以买卖为个例，参照西方商法[①]发展的历史，作一个纵向的比较，会发现很有意思的现象，同样是民间丰富的商业实践，同样形成丰富而有效的民间商事习惯，为何西方特别是西欧借此类习惯发展出近现代的商事法，而中国古代的商事法却无缘现代化，这是一个有趣但又十分复杂的问题。对此，可以试做简略分析：从政治上看，中国古代皇权专制的政治体制，没有给蕴含自由精神的商法的发展留下空间。西欧中世纪商法之所以能顺利发展，其主要的原因在于商人行会与商人法庭的出现，而商人行会、法庭这类自治性组织形式，是在西欧中世纪

[①] 之所以选取西方"商法"作为比较，是因为买卖规范在本质上与西方商法有着诸多共同之处，比如都经由习惯形成、主要适用于商人等，而西欧商法发展的早期，其适应的经济贸易活动主要也是买卖，如威尼斯、热那亚等地，只是西欧的买卖需跨国，又需远洋运输，故交易规则更为复杂。

城市自治的背景下出现的,自治城市里设立的相对独立的行会,就有维护市场垄断的职能,具有封闭性和排他性的特点,① 而这类组织,在高度专制、一元的中国古代社会,是不允许存在的,因为它的存在,可能会威胁到皇权至上的一元化统治,为帝制国家所不容。就宗教因素而言,西欧商法的出现,与西欧教会的影响密不可分。商人以其财富捐助教会,换来了自己地位的提升,而王权与神权的斗争也在客观上为商人阶级发展壮大、商法的产生提供了空间。而这些因素,在古代中国同样是不具备的。从经济发展来看,西欧部分地区特别是沿海城市,发展成名副其实的商业城市,职业商人数量庞大,逐步形成一个独立的社会阶层,发挥着极大的影响力。而中国古代始终以农业为本,视商业为末,商业活动、商人阶层从来难以进入主流社会,影响力有限。从思想文化角度而言,西方在宗教观念的影响下,商业并未受到绝对的贬斥。② 而在中国古代,商业活动始终受到压抑,即使经营成功的商人,最终也要通过种种方式试图进入"士"的行列,以至在宋元之后,发展出畸形的官商,这些都与商业活动的自治性、自由性相悖。仅以唐代的买卖制度为例,可以看到,虽然民间存在大量的买卖交易活动,也有着丰富的"乡法"实践,可以说具备了商法生成发展的基础条件,但中古中国整个政治体制不允许有自治性行会组织的存在,不容有自成一体的"法律"体系的运行,故这些个别化的规则始终无法体系化、成文化。国家法的态度,除了部分消极的"官不为理"之外,还有些仅仅是简单的打压和入罪化,这些官法的不当影响,与商法所需的自治、

---

① 参见何勤华《西方商法史》,北京大学出版社,2007,第255~257页。
② 虽然商人对利益的追求从根本上说是违背西方宗教精神的,但是教会同时认为,建立在高尚信念上的合法贸易有别于建立在贪婪基础上的非法贸易,建立在满足合理需求上的贸易有别于建立在纯粹自私自利或欺诈基础上的贸易,合法的利息有别于高利贷。此外,商人又通过积极捐助教会,投入慈善事业,赢得了教会的支持。参见何勤华《西方商法史》,北京大学出版社,2007,252页。

自主是格格不入的，体现自主、合意的买卖法几乎没有生存发展的环境。

第二节 蕃汉

中国古代民间的各类买卖契约浩如烟海，数以千万计。除了汉文买卖契约外，回鹘文等少数民族文字卖契也不在少数。黑水城出土西夏文卖地契是弥足珍贵的买卖契约文献材料。该批卖地契出土于内蒙古自治区额济纳旗黑水城遗址，20世纪初被俄国探险队发现并载运至圣彼得堡，今藏于俄罗斯科学院东方文献研究室手稿部，这些契约文书已经由史金波先生做了初步的整理与解读，① 在史先生解读的基础上，本节将侧重从买卖之民间法规范的角度，对这些西夏文卖地契的法律意涵，以及其与回鹘文土地买卖契约、汉文卖地契的联系与区别，再做阐发。

一 比较法中的西夏文卖地契的考察

（一）亲族权利

在中古社会，土地为家庭中最为重要的财产，在传统中原地区的"家产制"下，土地、宅舍属于家庭"公有"②，未得家内共同公有权利人之同意，任何人不得随意处分。在党项等游牧民族中，是否存在类似"家产制"的习俗，以前是不得其详的，而新出土的买卖文书则提供了这方面的例证。"天庆寅年正月二十四日邱娱犬卖地契"（Инв. No.

---

① 参见史金波《黑水城出土西夏文卖地契研究》，《历史研究》2012年第2期。后文援引西夏文卖契均据该文，简称"史文"，不再一一注明。
② 有学者认为，中国古代的家产制实际并非是财产共有，而是"公有"，也就是说，家产归属于家，而不是任何个人。参见俞江《家产制视野下的遗嘱》，《法学》2010年第7期。

5124-2)、"天庆寅年正月二十九日梁老房酉等卖地契舍契"（Инв. No. 5124-1)、"天庆寅年正月二十九日恶恶显令盛卖地契"（Инв. No. 5124-7、8）等在表述违约的情形中，多次出现"诸人共抄子弟等争讼者"一语，尤须引起关注。在该契约用语中，"共抄"，有的文书又作"同抄"，史金波认为其西夏文对译为"抄共"，即"同抄"意。"抄"为基层军事单位，同抄人不仅在军事上有密切关系，在平时的社会经济中也密不可分。在后文中，他又认为"同抄子弟"与"卖主同宗近亲"显然存在矛盾。虽然我们无法准确解释西夏文原意，但可以大致推断出，"抄"作为军事与行政合一的基层单位，与汉族地区的"乡里"存在类似之处，因此，"同抄"大致等同于"同乡"，而同一乡里则以宗族为下一级社会单位，故整体上将"同抄子弟"解释为"与卖主同乡的同宗近亲子弟"① 大致不谬。"争讼"西夏文对译为"口缚"，按汉语字面义为争议、诉讼。显然，不能按照表面含义将其直接解释为"诉讼"，按照提出地权争议的一般步骤，定然是先口头提出权利要求，因此对卖主构成一种"束缚"，这大约是"口缚"的原义。故"争讼"一词，应解释为口头提出对出卖土地的权利要求。因此，"共抄子弟等争讼者"可以理解为与卖主同宗近亲的子弟以口头的方式对所买卖土地提出的权利要求。亲族子弟提出权利要求，正是间接表示出其作为家庭财产公有人的特殊权利。

亲族的权利不只表现为可提出"争讼"，还体现在他们对卖地契的署名确认当中。在"天庆寅年正月二十四日邱娱犬卖地契"（Инв. No. 5124-2）中，这类身份的人有进行押署的同立契者子奴黑、同卖者子犬红等；在"天庆寅年正月二十九日梁老房酉等卖地契舍契"

---

① 这几份契约的西夏原文图版并未公布，因此无法做原文识读。如果"子弟"在西夏文中为"子、弟"二词的话，那就可直接解释为儿子、兄弟，依此解释，更可验证"同宗近亲"的推测。

(Инв. No. 5124-1）中有同立契弟老房宝、同立契弟五部宝；在"天庆寅年正月二十九日恶恶显令盛卖地契"（Инв. No. 5124-7、8）中则有同立契弟小老房子，同立契妻子计盃氏子答盛；在"寅年二月二日每乃宣主卖地契"（Инв. No. 5124-12、13）中，有同立契弟势乐铁，同立契妻子薐浞氏。这说明，在土地买卖契约的达成过程中，弟、子、妻等近亲属，都需要明确表述自己赞同的意思，这种赞同的意思正是通过在契约上进行签署和画押来表示的。

（二）官私转贷

有关违约的另一种情况是"官私转贷"，这一说法在"寅年二月二日每乃宣主卖地契"（Инв. No. 5124-12、13）等多件卖地契中均有反映。"贷"在古代汉语中一般作"借"解，多指金钱性财物的出借，并且一般是有偿的。史金波将其解释为土地的"典当"，认为西夏的典当有官、私二种。此种解释有一定道理，但问题仍然存在。第一，如果西夏文原意为"贷"，作为土地的出借，其基本方式应该是租佃，而不是典当。第二，在"史文"中，对"转贷"与买卖的先后关系，先是说"契约签署达成买卖后，不能再行官、私二种转贷"，而在后文中，却又解释成土地"是从官地或私地租贷而来，这种土地本不能出卖"。两种解释在逻辑关系中显然存在矛盾。事实上，从中国传统财产法的视角去看，这样的用语比较好解释。在古代中国，不存在现代意义上的完全的、排他的所有权，权利人仅享有部分财产性权益，同时，要对国家或宗族承担义务，因此构成所有权负担，这种所有权负担，在土地多重所有权的背景下，其利益享有主体更为复杂。黑水城的党项族虽然是游牧民族，但长期与汉族往来，其风俗习惯受到影响也是有可能的。据此，按照"官、私转贷"的字面义，我们可以将其概括地解释为官方或其他人对该土地享有的财产性利益，这种利益的享有，可能因为其是出租人，亦可能是典权人，等等。总之，这样的权益存在造成的后果是，土地买方不能享有完整的权益，其权益要受到损失，因此在契约中约定由卖方对此负责。

(三) 违约责任

"史文"认为，如果出现争讼等情形，则要按照地价加倍罚赔。对"悔约"的处罚，是以更昂贵的黄金计算。这样的说法大致不错，但并未细致区分违约处罚中官、民二者各自的职责或权利。正如"史文"所分析，西夏文卖地契中的违约可以分为两种情形：一种就是出现"同抄弟子争讼""官私转贷"等情形；另一种是"反悔"。前者，实质上是出现额外的土地权益享有人，因此形成土地权利上的瑕疵，从而造成违约；后者则是契约两方可能出现的反悔，进而造成违约。对这两种情形的违约责任，需要分别来看。就前一种违约情形而言，契约中约定的处罚多是"按原已给价一石偿还二石"，例如"天庆庚申年小石通判卖地房契"（Инв. No. 4194）。而在"天庆丙辰年六月十六日梁善因熊鸣卖地房契"（Инв. No. 4199）中，则是"不仅依官罚交十石杂粮，还依先所取价数，亦一石还二石，本心服"。也就是说，权利瑕疵造成的违约，有时仅仅是采取倍罚的方式，有时还有附加"依官罚"，二者可以并用。在"反悔"的情形下，则多是"不仅按律承罪，还依官罚交一两金"，"寅年二月二日梁势乐娱卖地契"（Инв. No. 5124-5、6、1）、"寅年二月二日每乃宣主卖地契"（Инв. No. 5124-12、13）均如此。这说明，因"反悔"造成的违约，为西夏律令所不容，是一种"罪"，因此要按照律令的规定处以罚金。

这里需要再作解释的是"依官罚"。从处罚的依据或标准而言，这显然是一种官方的即来自于西夏律令正式的规范。从接受罚金的主体看，则仍需要进一步明确。从字面来理解，"依官罚"既然悔约是一种罪，依照官府的标准，那罚金似乎应该交给主管地方官府。但是，契约很明显是一种私人化的文书，是买卖双方的意思合致，依照汉文契约的一般情形，除非涉及契税等，官府并不加干涉。① 故也存在这种可能，即"反悔"的违约罚金，仅仅是按照官方的标准，实际由订立契约的非违约方来收取。不管实际情形为何，这样的违约处罚方式，深刻反映了西夏地区官方机构及其制度介入私人契约的程度。

（四）证人中人

证人是西夏文卖地契中一个必备的要素，几乎每份契约中都包含2~4个证人，并且都作押署。这些证人的身份不详，单从字面看，似乎与买卖双方不存在亲缘关系。其中比较特别的是"天庆寅年二月六日平尚岁岁有卖地契"（Инв. No. 5124-16）中的证人"息尚老房子"，该名字在契约正文中土地四至中出现，由于有缺字，不能肯定为同一人。在"天庆寅年正月二十九日梁老房酉等卖地契舍契"（Инв. No. 5124-1）中，所卖地南与恶恶显盛令地接，而"恶恶显盛令"同时又作为证人画指，这些都透露出"地邻"应该是证人的重要来源之一。有关证人的数量，"史文"认为与卖地数量有关，所卖地多，证人多，卖地少，证人也少。但从契约文本来看，这也仅是一种大致的趋势，有时也存在不同情形。例如梁老房酉等卖地舍契中，出卖"十五石种子地，及院舍"，作价"六石麦及十石杂粮"，证人为四人；在小石通判卖地房契中，所卖土地为"一百石种子熟生地一块，院舍等全"，作价高达"二百石"，而证人同样为四人。证人数量并未因土地数量及价款的成倍增加而发生变化，因此可以推测，证人的数量并不一定与土地数量成正比例关系，而很有可能是随机的，这与买卖双方对交易成败的判断有关，也与签约时的情境有关。与同一时期的契约不同，此时黑水城的西夏文卖地契中，"中人"作为一个独立角色似乎很少出现，唯有在

---

① 敦煌契约中存在官方机构收取违约罚金的情形，但极为罕见。参见韩伟《唐五代民间买卖中的违约处分：一种习惯法的视角》，载《民间法》第十一卷，厦门大学出版社，2012。

"天盛二十二年寡妇耶和氏宝引等卖地契"（Инв. No. 5010）中，出现"证人说合者耶和铁"一人。据"史文"，"说合者"一词的西夏文对译为"语为者"，可能是买卖双方的说合者。如果此译无误，则"耶和铁"很可能就是该土地买卖中的中人，起到说合双方的作用，但是很显然，类似说合者的中人角色，在黑水城的土地买卖中，仅是一个可有可无的角色，因此在其他多数卖地契中是缺失的，即使存在，与证人的角色也是重合的。

二 西夏文卖地契与汉文卖地契的比较

黑水城地处巴丹吉林沙漠的北段，内陆河黑水下游北岸。宋元时期，西夏与中原王朝虽成鼎立之势，但民间的经济文化交往仍然存在。"作为黑水镇燕监军司所在地，黑水城亦兼有丝路驿站的性质，曾吸引吐蕃、回鹘、宋、辽等地的佛教界积极向这里靠拢，在促进西夏与蒙元经济文化发展的同时，在东西方经济文化的交流中亦起到纽带作用，特别是在沟通北宋与印度文化的交通中担当了桥梁作用。"[①] 具体在契约文化中，正如"史文"所言，西夏文土地买卖契约继承了中原王朝的形制，包含了传统契约的各项要素。

西夏文卖地契与汉文卖地契相类似的地方主要表现为：第一，契约的行文格式大致相同。在汉文卖地契中，一般遵照立契时间、买卖双方、交易标的、出卖原因、土地价款及交付方式、土地四至、担保条款、违约处罚、地主及见人押署等几部分内容，在西夏文卖地契中，上述几部分内容同样存在，仅仅是描述土地简况的四至条款的位置有所不同，西夏文卖地契是将其置于违约处罚之后。因此，从契约的行文格式来看，二者大体上是相类似的。在回鹘文买卖契约中，同样可以看到

---

① 杨官学、樊丽沙：《黑水城文献的多民族特征》，《敦煌研究》2012年第2期。

类似的条款，订约时间、买卖双方、交易价款、土地四至等，同样是必备的内容。第二，在土地的价款及其交付方面，二者也有类似之处，在敦煌、吐鲁番等地发现的汉文卖地契中，价款一般采取即时交付的方式，例如"未年上部落百姓安环清卖地契"（斯1475背）中，约定价款为麦15硕，粟一硕，"其地及麦当日交相分付，一无悬欠"。[①] 而在多数西夏文卖地契中，同样有"议定价二百石杂粮，价、地两无悬欠"等类似说法。在回鹘文的土地买卖契约中，价款与土地也是即时交易，如一份买卖契约这样写道："卖价是三百二十五个官布。在立约的当天我 Qutlugh Tash 一个不少地付清了三百二十五个官布。Yig 也全部点收了。"[②] 也就是说，至少在契约字面上，汉文与少数民族文字的土地买卖，都是采取立契同时互相交付地、价的即时交易方式。第三，在对土地买卖的违约处罚上，二者也有诸多类似之处。西夏文卖地契中多有"同抄子弟争讼"的惯用说法，回鹘文买卖契约中则有"我的弟弟、兄长、亲属不得过问"，而在汉文契约中，"姻亲兄弟争论上件地"的类似说法也是屡见不鲜。主要由卖方负责对此类情形的担保，以及出现此类违约采取"一罚二"的处罚，在西夏文契约和汉文契约中都有类似的表述。第四，在卖地契最末的押署中，二者也有诸多类似之处。在汉文卖地契中，常见的押署人包括卖方，即地主，还有卖方同宗近亲、见人、邻见人等。在西夏文卖地契中，对应的押署人也都存在，地主自不必说，还有同卖人、同立契者，如前文所述，他们大多同卖者为夫妻、兄弟、父子等近亲关系，故与汉文卖契也形成呼应。此外，数目不等的见人、证人，在汉文及西夏文土地买卖契约中都是不可或缺的要素。

[①] 沙知：《敦煌契约文书辑校》，江苏古籍出版社，1998，第2页。
[②] 耿世民：《回鹘文社会经济文书研究》，中央民族大学出版社，2006，第142页。

尽管西夏文卖地契与汉文契约存在上述诸多类似之处，但二者的差异也十分明显。这种差异首先就表现为官方对私人交易契约介入程度的不同。尽管在《天盛改旧新定律令》中有涉及买卖的部分，但仅仅是"缴买卖税门""（出使）他国买卖门"，[①] 对于私人间的买卖交易似乎是不特别加以干涉。然而，回到这些西夏文卖地契文本中，就会发现官方的影响如影随形，随处即是。在发生"反悔"等违约情形时，西夏文的卖地契几乎都写明"按律令承罪"，虽然我们还无法确定其究竟是指哪一部律令，但从"律令"这样的措辞来看，一定是指官方的正式法律制度。不仅如此，按律承罪之外，还要"依官罚交"一定数额的金或粮食，这里无论是处罚的依据，还是处罚的标准，均体现官方正式制度的影响，并且严格地执行了官方的制度，这些内容在西域所出汉文契约中是非常罕见的。在遵循"官有政法，人从私契"理念的汉文契约中，极少引用官方律令，[②] 违约处罚的标准更多是依照"乡法""乡元""乡例"等民间的地方性惯例，而不会直接沿用官方的违约处罚标准。与汉文契约的另外一个区别是，西夏文卖地契中纳税印记的存在，这同样体现了西夏官方对私人契约的影响。一般而言，在中古中国，官方对私人契约较少干涉，其干涉的理由之一正在于契税的征收。对于私人而言，契税的缴纳意味着契约成为受到官方保护的、合法的文书。尽管在唐五代就有收取契税的记载，但表现在汉文契约文本上，已经是宋元以后了，在西域所见汉文契约文书中，很少有纳税的记载。而在这一批西夏文卖地契中，多份却有纳税记录。在"天盛二十二年寡妇耶和氏宝引等卖地契"（Инв. No. 5010）中，清楚记载"税已交"，

[①] 史金波：《天盛改旧新定律令》，法律出版社，2000，第562、567页。
[②] 在极少数几份汉文契约中存在引用律令的情况，如 S.1946号"韩愿定卖女契"中有"准格不许翻悔，但其所谓"格"究竟是指官方之"条格"，还是地方性惯例，仍存在争议。即使是"条格"；这类情形也极为少见。具体讨论参见罗彤华《唐代民间借贷之研究》，北京大学出版社，2009，第303页。

并且还有印章。在其他三份卖地契中，同样包含朱印，据"史文"研究，西夏文契约上加盖的朱印并非当地政府的印章，而是当地买卖税院的收税印章。这种印章形制较大，呈长方形，下托莲花，上覆倒荷叶，在一般的契约纸上，几乎与纸等高。可见，此时西夏的契税制度不仅已经存在，而且还设立专门的收税机构，有特定的律令制度依据，可以说达到十分完备的程度。表现在私人买卖契约上，也与同一时期汉文契约显著不同。

通过上述分析比较，可以发现，黑水城所出西夏文土地买卖契约体现了很高的契约书写与应用水平，具有多方面的特色，这些特色可以大致概括为如下几点。

第一，西夏文契约文书具有很强的规范性。从形式看，西夏文卖地契格式统一、规范，所见十余份卖地契，均按照立契日期、土地概况、价款约定、违约责任、土地四至、立契者及证人等顺序书写，并且四至与最终的押署等采取另列、缩进等方式排列以示突出。从内容来看，契约用语精确，无论是土地、宅舍情况，还是价款数额、支付方式，都明确清晰表示，避免了语词方面的纷争。在权利义务分配方面，既通过对官方律令援引明示其约束力，又加入私人间的违约处罚，加强履约的保障。更为特别的是，与汉文契约多采用的"十字画押"不同，西夏文契约的押署除了"画指"外，还采取特殊符号画押的方式，即由当事人亲自在自己的名下画上代表自己的符号，不同人有不同的画押符号，这大大提高了其防伪功能，增强了契约的规范性。

第二，西夏文契约与官方律令实现了良好的通融。在汉文契约文书中，经常可以看到类似"抵赦条款"一类的对国家法的反抗，即使有一些规范性的内容，也多是"乡法""乡元"等纯粹的民间规则。

而在西夏文卖地契中，民间规范与官方律令实现了很好的通融，契约中处处体现出对国家律令制度的遵从，通过这种主动的遵从，民间契约也获得了官方法律的认可与保障。即使在未纳契税也未加盖收税印章的所谓"白契"中，"依官罚交""按律令承罪"等说法仍存在，这说明即使契约订立者无意通过纳税的方式获得官方的正式认可与保障，但其在契约内容中仍表达出强烈的官方化、正式化的倾向，或者说，官方律令成为确认契约正当性、合法性存在的重要基础。尽管根据仅见的十多份契约不能得出所有买卖契约均是如此的结论，但这些契约所反映出与官法通融的高度一致性，也使其具有了极大的代表性。

第三，西夏文契约与中国传统契约文化一脉相承。尽管政权不同，文化不同，文字更是大相径庭，但是，无论是从其形式，还是就其实质内容而言，西夏文契约文书受到中原文化的影响显而易见，它与传统汉文契约具有内在的一致性，无论是契约的条文格式、必备条款，还是契约中的违约责任、画指押署，乃至于重要财产买卖中所要求的同宗近亲的保证，都具有极大的可比性，均体现出西夏文契约与中国传统契约一脉相承的渊源关系。因此，这些西夏文卖地契，从社会经济角度反映出一个重要的事实，那就是在宋元时期，中华大地尤其是地处西北部的各民族经济文化交流频繁，已经实现了较好的民族大融合。

第三节　古今

2012年，最高人民法院关于买卖合同的司法解释颁布以来，各种争议的声音不断，其中原因当然包括理论上的或实务上的，但不能忽略的一个方面是，包括买卖合同法在内的当代中国买卖法历史维度的缺失，是买卖相关立法及解释备受争议的重要原因之一。自清末变法以来，中国传统法就开始与移植于西方的现代法律制度发生断裂，除了婚姻家庭法中尚存某些传统法的遗迹，其他大部分内容已经湮没无闻。1911年《大清民律草案》之契约部分，满篇"给付""意思表示"等名词，[①] 完全是从德日民法中照搬而来。改革开放以来，我国各项民事经济法律制度也本着国际化的原则，主要采取了移植西法甚至是国际公约的立法原则，传统买卖制度基本上被忽略了，因此，传统买卖制度与现代买卖法似乎也是风马牛不相及。然而，这并不意味着传统买卖制度与当代买卖法毫无关联，一方面，作为私法的买卖法本身即源自于民商事习惯，与民间的买卖制度密切相关；另一方面，当代中国《合同法》及其解释，在忽视中国国情的情形下，也存在着某些实施中的阻力，特别是在当代买卖交易的实践中，传统买卖中的某些惯例仍有着巨大的生命力，传统买卖制度的当代价值仍值得省思。

一 基本精神及原则

传统买卖法制虽散见在历代律令中，但更多数的是反映在民间大量买卖契约惯例当中。这些买卖惯例看似杂乱无章，不成体系，却内含了共同的精神或原则，它们构成传统买卖制度的基础。就其重要的方面而言，主要包含以下数端。

（一）诚信原则

诚信原则是现代契约法的基础性原则之一。《法国民法典》明文规定契约之履行必须遵循诚实信用原则，《德国民法典》第242条同样规定："债务人应按照诚实信用所要求的方式，并顾及一般惯例，履行义务。"这一条款最初的目的是让人们明白契约债务的真正内涵，但后来

[①] 杨立新主编《中国百年民法典汇编》，中国法制出版社，2011，第106～110页。

却成了适用于整个民法典的"超级调整规则"。① 在中国，尽管历代不乏奸商图利、欺瞒买卖的现象，但这些现象只是个别的，诚信仍是贯彻买卖制度的基本原则。诚实有信被认为是传统社会的基本美德，或者说它根本上就是一项贯彻中国传统道德观的基本价值取向，诚信是一种"德"，也是一种"义"，于自身品格修养谓之"德"，于世事交往谓之"义"，德义并重，名声攸关，为士人民间所推重。② 西周即出现了在契约履行中"结信止讼"（《周礼·司徒·司市》）的观念。中国传统社会大多数的买卖契约能得以顺利履行，即从现实的角度说明传统卖契制度中包含的诚信精神。"恐人无信，故立此契"等类似的文句在唐宋买卖契约中屡屡出现，这从文本话语的角度说明时人对于诚信履约的重视，但更为重要的是，传统卖契一系列支撑制度保持了契约履行中实现诚信，瑕疵担保、违约责任、中人见人、押署印信等均是其保障基础。从利益衡平的角度，人们是考虑到相互间的利益才进入交易关系，因此总会朝着履行的方向努力。如果一方违背诚信，不遵守约定，那就在长期的交易关系中失去了继续下去的可能，故从长远来看，对于当事人而言，诚信地履行契约才是最大的利益。③ 从道德观念到利益考量，多种因素共同保证着中国传统契约中诚信原则的实现。

（二）自由平等

契约自由作为现代契约法的核心原则之一，受到各国立法及司法的推崇。契约自由的基础在于意思自治，即当事人之间的合意决定契约的成立和生效，具体包括缔约自由、决定契约内容的自由等。中国古代没有成文契约法，契约自由的原则也没有明确的法律保障，但在以卖契

---

① 〔德〕罗伯特·霍恩、海因·科茨、汉斯·G.莱塞：《德国民商法导论》，中国大百科全书出版社，1996，第147页。
② 刘云生：《中国契约思想史》，法律出版社，2012，第205页。
③ 参见〔日〕寺田浩明《权利与冤抑》，清华大学出版社，2012，第131页。

为代表的民间契约实践中,一定程度的自由却是存在的,选择相对人、订立契约、契约内容等方面,当事人都拥有相当大的自由,一些学者甚至认为,中国古代存在着的广泛的社会地位体制下的契约自由,比罗马法还要优越。[1]尽管在实际中,这样的自由因伦理观、家产制受到一些限制,但从契约内容的丰富性以及订约主体的多样性可以看出,这些限制并未构成对契约"自由"的根本障碍,个人在伦理网络的相对位置上享有契约的自由。故伦理构成中国式契约自由的重要内核与理据,契约自由成为伦理正义下的自由。[2]何况反观今日,契约自由也是有限度的,要受到政策、法律的限制。

传统买卖制度还体现出一定的契约平等性。尽管在传统社会中,订约主体存在着身份地位的差异,但在多数买卖契约交易中,这种差异性却并不显著。宋时官民之间的买卖有"和买"之制,内在的实质就是公平与平等。在买卖契约实践中也有不少例证,敦煌文书"押衙韩愿定卖女契"(斯1946号)中,地方官吏押衙韩愿定因为"家中用度不接",将家中奴婢槛胜"出卖于常住百姓朱愿松",常住百姓在唐朝的敦煌属于贱民阶层,官员士族将奴婢卖于贱民阶层,二者在政治身份上虽有差异,但并未影响到作为买卖契约主体的平等。故有学者认为,这是一种交换的平等,"以公平合理的价格分配契主双方的可得利益,并在双方利益中保持对等的人格和利益交换的平等"[3],应该是不无道理的。当然,无论是传统买卖契约中的自由,还是其平等,均是相对于一定的社会情境而言的,并不能与现代自由平等观念同日而语。

---

[1] 如果基于同一时代的横向比较,这样的评论也并非完全夸张。参见包恒《传统中国法律中的契约自由与法律面前人人平等的概念及其演变》,载《中国法律形象的另一面》,中国政法大学出版社,2012,第62页。
[2] 刘云生:《中国契约思想史》,法律出版社,2012,第1页。
[3] 刘云生:《中国契约思想史》,第211页。

(三) 买卖主体

在当代买卖合同法中，可以构成买卖主体的是个人或者法人等，故作为合同一方的个人或法人掌握完全的订约自由。但在中国传统卖契中，家族作为买卖主体更是惯常的现象。中国历来遵循"家产制"，家内财产既不是家长的，也不是哪一个普通家人的，而是属于家长与家人组成的家庭共同体，形成一种共同公有制。在"家产制"之下，卑幼不得私自处分财产，"凡是同居之内，必有尊长。尊长既在，子孙无所自专。若卑幼不由尊长，私辄用当家财物者，十匹笞十，十匹加一等，罪止杖一百"。① 在土地、宅舍等不动产买卖中，即使书面上的卖主往往只是一人，但在契约中押署确认的，不仅仅是家内的这一人，而常常包含了父、母、子等家族共同体的成员，也就是说"家"在整体上成为事实上的出卖方。当然，在具体的买卖中，经常会有一个人作为"家"的代表，这一代表一般是家内尊长、家长，宋时规定："应典卖物业或指名质举，须是家主尊长对钱主，或钱主亲信人当面署押契帖。或妇女虽于面对者，须隔帘幕商量，方成交易。如家主尊长在外，不计远近，并须依此。如隔在化外，及阻隔兵戈，即须州县相度事理，给与凭由，方许商量交易。如是卑幼骨肉蒙昧尊长，专擅典卖、质举、倚当，或伪署尊长姓名，其卑幼及牙保引致人等，并当重断，钱业各还两主。"② 这种家推而广之，即延及族、邻，甚至整个村落。正是源于买卖主体的特殊性，造成一系列相关的买卖惯例，亲族先买、取问亲邻、尊长押署、签约钱等，均是如此。当然，在实践中，卑幼擅专典卖"悖法"的现象也偶有发生，但这类交易对于买卖双方而言，无疑都需承担一定风险。

---

① 《唐律疏议》卷十二，中华书局，1983，第241页。
② 《宋刑统》，中华书局，1984，第205页。

二 买卖契约结构要素

契约的结构主要是就其形式而言,亦即其一般包含那些方面的内容或条款。契约的形式结构对于促进契约的履行具有重要意义,Brockman 对清代台湾契约的研究甚至认为,商业中大量个人间交易的顺利完成并不依赖于司法系统或者非正式的社会控制,而更多的是依靠契约形式的发展以及契约中重要的实体性规范,它们直接构成了保障契约自己实施(self-enforcement)和自己履行(self-execution)的机制。① 具体到买卖契约,一般必备的标的物、价款、违约等重要的条款古今皆然,以下仅针对原因条款、中人见人、押署印信等几类特殊的条款进行比较。

(一)原因条款

中国传统卖契中最为特别的应该是其原因条款,它主要用以说明有关买卖的立约理由,如"唐乾宁四年敦煌张义全卖宅舍契"中有"平康乡百姓张义全为阙少粮用,遂将上件祖父舍兼屋木头出卖与洪润乡百姓令狐信通兄弟";"未年尼明相卖牛契"中有"尼明相为无粮食及有债负,今将前件牛出卖与张抱玉";"丁巳年通颊乡百姓唐清奴买牛契"则言"通颊乡百姓唐清奴为缘家中欠少牛畜,遂于同乡百姓杨忽律面上买五岁耕牛一头";"丙子年赤心乡百姓阿吴卖儿契"则言"赤心乡百姓王再盈妻阿吴,为缘夫主早亡,男女碎小,无人求济,供急依食,债负深广,今将福生儿庆德七岁,时丙子年正月廿五日,立契出卖与洪润乡百姓令狐信通"。② 从大量卖契条文来看,至少从宋时起,

---

① Rosser H. Brockman, "Commercial Contract Law in late Nineteenth-Century Taiwan," *Essays on China's Legal Tradition*, Edited by Jerome Alan Cohen, R. Randle Edwards, and Fu-mei Chang Chen (Princeton University Press, 1980), p. 83.

② 沙知:《敦煌契约文书辑校》,江苏古籍出版社,1998,第 10~75 页。

说明立契理由的原因条款，就逐渐成为卖契中的一种通行条款。原因条款的常态化，一方面是因为契约格式传承中的稳定性，立约原因被作为一项重要内容固化在契约条款中；另一方面，立约的原因条款可以更明确地说明立约人订立契约时的经济困难或生活需要，并通过契约实现互惠互助的实际效果。[①] 这些原因条款在说明订约原因、财产来由的前提下，进而也证明了契约行为与产权移转的正当性。但在现代买卖合同法中，说明订约原因的条款却在契约中隐而不显，即使有些国家的契约立法中强调契约原因，这种原因条款也流于形式化，不具有实质意义。

(二) 中证人

现代买卖合同法一般仅强调直接构成买卖双方的当事人，与买卖无关的人一般不构成契约的主体。但在中国传统卖契中，中人、见人等却是必不可少的角色。中人、见人在传统卖契的成立与运行中，承担诸多作用。首先，作为公示公信的方法，促进契约履行。由于中人、见人多是民众乡土生活的伦理关系网络中的人，卖契的效力在伦理关系网中得以确立。而且，中人、见人不仅在契约文本中出现，还通过具有酬谢性质的沽酒、宴饮等公开的方式，起到一种公告、证约的作用。其次，中人还起到居中议价的作用，例如文斗寨典卖契中，中人的一个直接作用就是组织三方议价，也即出典人、承典人和中人共议典价。[②] 而且，由于买卖双方一般选择在乡间有权威、有文化的人作中人，故中人也经常兼作契约的代笔人。契约中经常还出现"保人"，"保人承担债务不能履行时的补偿责任，一如《朴通事》所说的'如借钱人无物准与，代保人一面替还'那样"。[③] 在现代买卖合同中，即使存在中人，

[①] 参见张珊珊《中国古代契约的互惠性与互助性及其文化解读》，《法制与社会发展》2011年第3期。

[②] 瞿见：《清中后期黔东南文斗寨苗族典制研究》，《民间法》第十一卷，厦门大学出版社，2012。

[③] 徐忠明：《〈老乞大〉与〈朴通事〉：蒙元时期庶民的日常法律生活》，上海三联书店，2012，第57页。

中人一般也不再承担上述功能，而仅仅是提供信息、居中撮合买卖，而且买卖双方与中人往往会订立单独的合同，它们与买卖双方之间的合同各自独立。

（三）押署印信

押署印信在买卖契约中起到重要作用，它直接关系着契约的效力。在当代，确认合同成立一般采取签字或印章的方式，在实践中，为了更稳妥，往往是签字与盖章同时使用。中国现行《合同法》第32条规定，合同自双方当事人签字或者盖章时成立，也就是说，签字或盖章具有同样的效力。尽管如此，从安全性及效率的角度，签字与盖章还是可以进行一番比较的。在中国传统的卖契中，确认契约主要采取画指、画押的方式，这种方式看似简陋，但在古代中国识字率低下的时代，无疑在契约效用与安全的两极达到了很好的平衡。"印章虽然在古代广泛存在，但多是作为权力的证信，在民间漫长的契约史中，印章从来没有自己的一席之地。在契约上标示自己的生物学特征无疑是最安全的，于是，画指、画押或者签字也就成了古人不自觉的智慧选择。"[1] 在当代买卖合同法中，由于印章本身的复杂性，使其效力大小存在极大差异，并且由于印章极易伪造，使得法院在裁判时不得不慎重考虑，"应当根据其盖印行为的具体情况，结合其他证据，对合同的效力、内容作出综合判决"。[2] 尽管现在大量的买卖交易发生在公司法人之间，传统押署来自自然人生物属性的优势难以完全承续，但在涉及自然人，例如法定代表人等情况中，重新认识并借鉴传统卖契中的押署方式，无疑仍具有现实意义。

---

[1] 杨德桥：《自然人书面契约取信方式研究》，《北方法学》2012年第2期。
[2] 江必新等编著《最高人民法院指导性案例裁判规则理解与适用》（合同卷二），中国法制出版社，2012，第93页。

三　民间买卖规范

在中国传统卖契中，还存在很多不见于成文法律的民间买卖惯例，它们被民众反复地适用，也影响着民间买卖的秩序。甚至出现"官有公法，民有私约"的观念，在很多时候，私约中惯例在民间买卖中起到主导作用。这些惯例虽然形成于一定的社会经济情境下，但也有自己内在的逻辑，并且与当代买卖合同法形成鲜明的反差。

（一）亲邻先买

现代合同法强调"契约自由"，落实于买卖合同中，即当事人有选择买卖对象的自由，有确定买卖内容的自由，这也是现代市场经济财货自由流通的法律保障。但在中国传统卖契中，这种买卖的自由是有限度的，特别是受到源自于儒家伦理的家产制的深刻制约。亲邻先买的习惯大约在晚唐时期即已初见端倪，敦煌卖契中经常可以看到的"若有亲姻兄弟兼及别人，称为主己者"等用语，表示的就是这种亲邻先买的民间惯例，这样的契约用语，到明清时更为常见，巴县档案"况钊弟兄卖柴山熟土文契"中有"弟兄商议，请凭中证，先尽房亲，并不承受"等语，"张绍杰等卖田地文约"中更明确约定"先尽房亲，后尽四邻"①，均是排除亲邻先买权之例证，从侧面印证了亲邻先买惯例的存在。民间亲邻先买之惯例，延至宋代已经进入官方立法，"应典卖、倚当物业，先问房亲，房亲不要，次问四邻，四邻不要，他人并得交易。房亲着价不尽，亦任就得价高处交易。如业主、牙人等欺罔邻亲，契帖内虚抬价钱，及邻亲妄有遮吝者，并据所欺钱数，与情状轻重，酌量科断"。②律文不仅明确了亲邻的先买权，而且也对其"妄有遮吝"的行

---

① 《清代乾嘉道巴县档案汇编》，四川大学出版社，1989，第106、110页。
② 《宋刑统》，中华书局，1984，第207页。

为给予限制。买卖中的这一制度，到清末发生了重大的转变，立法虽未更易，但在大理院司法裁决中已经逐渐否认亲邻之先买权利：

> 吉林习惯对于本族本旗本屯卖地时有先买之权，此种习惯不仅限制所有权之处分作用，即于经济之流通与地方之发达均不无障碍，为公共之秩序及利益计，断难予以法之效力。（二年上字第三号）①

亲邻先买的惯例，是对契约当事人选择契约相对人的一种限制，在客观上制约了契约自由，确有悖于民法"债权平等性"原则，对更有效率的资源配置及经济发展实有不利之处。对比今昔亲邻先买权，不是为了让立法作出变更，而是意图探讨如何在司法中处理这一问题，特别是在传统家族伦理仍有留存的部分地方。② 实践中出现的这类情况，司法应如何裁断，是否可以简单地因其违法而一概排除其效力，还是在裁判中将社情、民情纳入考量，恐怕还需要结合具体案情审慎决断。

（二）瑕疵担保

关于买卖中的瑕疵问题，主要有两种立法模式：一种是以德国为代表的物的瑕疵担保责任制度，这一制度源自于罗马法中的大法官告示。按照罗马法，奴隶和家畜的买卖中标的物具有一定的瑕疵时，买主有价金减额诉权和契约解除诉权。由此发展而来的物的瑕疵担保责任制度，强调出卖人负有转移标的物的所有权于买受人，并且担保标的物不存

---

① 郭卫编《大理院判决例全书》，（台湾）成文出版社，1972，第179页。
② 肖唐镖在中国现代乡村宗族的研究中发现，在江西农村，转卖不动产时，卖主会由亲而疏地选择买主，而且族人间买卖，价格一般要便宜于非族人。参见氏著《村治中的宗族》，上海书店出版社，2001，第144页。

在瑕疵的义务，采取法典化的立法方式，先给以原则性的规定，再予以细化。在担保责任的法律效力方面，主要包含减价、解除、修复、赔偿损失等几种形式。另一种是英美法系对瑕疵履行采用统一的违约责任，即卖方在品质方面承担默示担保义务，当卖方违反其品质担保义务时，他所应承担的责任形式应根据其违反该义务的程度来确定。《联合国国际货物销售合同公约》主要借鉴了英美法的一般违约责任制度。[①] 在中国，统一的《合同法》制定时，将源自德国"先进经验"——瑕疵担保制度予以舍弃，主要采用了"公约"的立法模式。但在2012年，最高法院颁布的《买卖合同司法解释》又将其纳入，这说明瑕疵担保制度仍有其价值。但是也有反对者认为，瑕疵担保在实践中造成诸多困扰，例如补救方法有限，无法请求违约金责任，买受人权利受限，因此德国债法本身已经在改革。德国《新买卖法》第437条关于瑕疵担保情形下买受人的权利规定，标的物有瑕疵的，或者请求再履行，或者解除合同，或者减少价金，还可以请求损害赔偿。[②] 但损害赔偿是需要证明的，而且有些隐性损害难以证明，买方同样无法请求对方承担违约责任。目前，买卖法的瑕疵担保有一些新的发展趋势，例如，德国将无瑕疵给付义务提升为出卖人的给付义务，从而将买卖瑕疵担保责任制度统一到一般给付障碍法中，也就是认为，出卖人的瑕疵给付要么构成给付迟延，要么构成给付不能，扩展了一般给付障碍法的适用范围。[③]

在中国传统的卖契制度中，同样有十分完备的物的瑕疵担保制度，包括了物的品质瑕疵担保与权利瑕疵的追夺担保。不仅具有承担责任的制度，而且还规定了承担责任的时效，例如在奴婢、马牛骡等买卖

[①] 参见吴志忠《买卖合同法研究》，武汉大学出版社，2007，第152～162页。
[②] 杜景林：《现代买卖法瑕疵担保责任制度》，法律出版社，2012，第56页。
[③] 杜景林：《现代买卖法瑕疵担保责任制度》，第15页。

第四章　比较法中的唐代买卖制度

中，卖契中通常会有"三日内牛有宿疾，不食水草，任还本主"等类似的约定，以避免买卖对象一些隐性的瑕疵。在权利瑕疵方面，第三者的追夺担保制度也历史悠久，汉代的土地买卖契约中，就有所卖土地为"吏、民、秦、胡"中的某人"名有"即作为自己的土地而进行追夺时，作为卖主有义务自己出面进行防卫，以解决纠纷。北魏的土地买卖契约中也有"其地保无寒盗，若有人识者"等约定，如果买卖的标的物受到第三者的追夺，卖主应有防卫和赔偿的义务。含有"寒盗"一词的追夺担保文句，在唐代家畜买卖契约中也屡屡见到。而且，对追夺的赔偿必须与被追夺之物是同等的，在唐宋，这样的赔偿称为"充替"，有关买卖的法律谚语中有"买者不明卖者抵当"的说法。[①] 这些制度不仅在民间通行，有的也得到立法的确认，如牛马有疾"三日得悔"的民间惯例，得到唐律的确认，《唐律疏议》卷二十六云："有旧病三日内听悔。"令人惊异的是，这些惯例，在当今个别地区农村的家畜买卖中仍然有效。

可以发现，无论是归入一般违约制度，还是物的瑕疵担保责任制度，当代《合同法》均是严格形式化的法律制度，体系化的建构导致不同的法律责任发生不同的法律效果。《合同法》及新的《买卖合同司法解释》中，仅规定存在权利瑕疵的情况下，买受人可以请求出卖人承担违约责任，但质量的瑕疵担保仍无法直接请求违约责任，减价或退还仍是基本的责任形式。[②] 中国传统的卖契制则不同，遵循的是内在的实体主义逻辑，注重的是实际效果，故它不从体系化的角度区别担保责任与违约责任，而着眼于买方受损的实际，以"悔约"或"充替"的方式减少或补偿其损失，尽管责任的概念体系不十分明确，却可以有效

[①] 参见〔日〕仁井田陞《中国法制史》，上海古籍出版社，2011，第245页。
[②] 《合同法》第111、150条，《买卖合同司法解释》第23、32、33条。参见田朗亮编《买卖合同纠纷裁判规则与案例适用》，中国法制出版社，2012，第19页。

地弥补买方所受的损失。

值得注意的是现行中国买卖合同法瑕疵担保责任中的时效问题：一是未规定相关请求权特别是合同解除权的时效，因而构成重大缺憾；二是时效的具体期间如何确定，仍需要根据实际情况加以区别。例如当代马的买卖，时限不同，因为功能已不是耕地，更多的是比赛。许多牲畜买卖的目的已经发生了改变，那些短暂的担保期间也不再能适合已经发生改变的疾病潜伏期。[①] 当然，过去"三日听悔"的时效制度无法照搬，但根据不同的买卖对象及不同的请求权以确定时效的立法思路，却值得汲取。此外，在民法人文主义思潮推动下，注重了消费者的利益，课以销售者更严格的责任，即使职业的出卖人对物的瑕疵全然不知，亦应承担赔偿由此产生的一切损害的责任。[②] 这也是过去买卖法不曾有过的，但在市场经济高度发展、买卖双方地位悬殊的今天却显得尤为重要。

（三）违约处分

"违约"及其处分始终是买卖契约中的一个核心问题。在传统卖契中，类似"不得休悔"之禁止违约的条款也随处可见，但传统卖契制度及惯例中，对于违约的防止绝不仅仅停留在书面的约定上，而是诉诸一系列具体而富有成效的制度规范予以约束，同时在实际违约的情况下，给非违约方以适当补偿。唐宋以后，经常可见对违约者进行惩罚性文句的买卖契约，这种惩罚既有财产上的，也有肉体惩罚以及阴谴等宗教观中的处罚。这些惩罚措施，一方面对潜在的违约方形成威慑效力，督促其适当履行；另一方面，它也使在不可避免的违约中，守约的一方得到权利救济。此外，财产性的违约罚有时还可以灵活地被转化为解除契约的罚金，"如果支付了罚金（翻悔钱），就可以单方面解除契约，

---

① 〔德〕迪特尔·梅迪库斯：《德国债法分论》，杜景林等译，法律出版社，2007，第57页。
② 梁慧星：《论出卖人的瑕疵担保责任》，《比较法研究》1991年第3期。

这样的情况在中国法史上也不是没有例子的"。① 买方作为债务人，其违约的责任更重，在唐宋卖契中，经常要求以全部"家资"作为履行担保，即"掣夺家资"，承担无限责任，如果还不足，可以要求保人来代偿。如果契约中约定的条款全部落空，"那么通过诉讼途径以求官府的救济，可以说是利用外来强制机制确保契约履行的行为"。② 这样的例证，也见诸《名公书判清明集》等宋代司法判牍当中。总体来看，传统卖契中对违约行为的防止，更多地从契约本身的内容及有关惯例来实现的，而不是依赖于司法等外在的压力，因此使得其外在看起来具有某种"自己履行"的性质，这透露出传统买卖制度的优越性，其中"违约罚"无疑是突出的优点之一，这一方式直到今天仍发挥着重要作用，在当代买卖合同中，违约金约定也成为必不可少的内容，违约金的主要目的在于督促债务人履行合同义务。债权人可以通过违约金实现损害赔偿，而无须对自己的损害进行证明，并且对于因违约金而给自己造成的、通常是难以证明的财产损害之外的其他损害，也就是非物质损害，债权人同样可以得到赔偿。③ 因此，应该更为重视契约本身的形式及规范对促进适当履行的作用，重视普通民众尊重契约文化的养成，如果单单依靠法律规范、司法裁判，未必能起到最好的效果，事实上一些研究还解释出司法裁判对契约履行的逆向作用。④ 在比较当代合同法，回顾传统买卖制度时，这些问题也值得深思。

（四）多重买卖

出于经济利益的考虑，多重买卖的现象一直屡见不鲜，古今皆然。

---

① 〔日〕仁井田陞：《中国法制史》，上海古籍出版社，2011，第244页。
② 徐忠明：《〈老乞大〉与〈朴通事〉：蒙元时期庶民的日常法律生活》，上海三联书店，2012，第56页。
③ 杜景林：《德国债法总则新论》，法律出版社，2011，第304页。
④ 参见张维迎、柯荣住《诉讼过程中的逆向选择及其解释》，《中国社会科学》2002年第2期。

在法理上，多重买卖是指出卖人以某一特定不动产或动产为标的物先后与多个买受人签订买卖合同，从而产生的数个买卖合同皆以同一动产或不动产为标的物的法律现象。多重买卖一般会出现两个问题：一是出卖人与数个买受人分别订立的多个买卖合同的效力如何；第二，如果多个合同均有效，何人有权获得该标的物。在当代，对于一物二卖等多重买卖，社会一般观念认为，出卖人失信背义，应保护第一买受人。学说和判例主流观点认为第二买卖合同的效力并不因第一买卖合同存在本身而受影响。若第二买受人先完成登记，即可取得标的物所有权。《买卖合同司法解释》确定"支付价款优先，合同成立在先说，以及交付的效力优先于登记"等标准。一些研究认为，一方面普通动产的多重买卖中，出卖人为求私利，不顾诚信，固然可恨，但《买卖合同司法解释》第9条为了维护诚信，防止多重买卖，不顾基本的债权平等原则，任意剥夺出卖人的自主决定权，采取支付价款优先和合同成立在先说，也是非常错误的。在船舶、航空器、机动车等多重买卖中，登记的效力应优于交付，如数个买受人均要求实际履行，法院应按照下列标准：无论登记、交付与否，登记优先于交付。[①] 这些司法实践及学理观点，一个基本的出发点在于物权形式主义，这也是我国当代物权法所采取的基本原则。按照这样的理论，买卖当事人的德行、价款交付的实际等不再是首要考虑的问题，形式上的债权及物权转移成为关键。因此，登记效力优先等规则自然导出。

多重买卖问题在中国古代同样存在，而且由于古代买卖自身的复杂性，导致典、当、卖中的多重交易更为繁杂。在民间的私契惯例中，多重买卖的问题主要通过追夺担保等方式解决，即通过约定保护当前

---

① 程啸：《论动产多重买卖中的标的物所有权归属的确定标准》，《清华法学》2012年第6期。

契约中买受者的权利，如果有另外的"买受者"，则由卖方通过"充替"等方式，赔偿当前买受者的损失。在中国的买卖法原理中，契约的交付就意味着标的物的转移，法律上也禁止两度处分（重复典卖），对之要视同盗窃犯而起诉、处罚。① 类似规定，在宋代就已出现，《宋刑统》规定："应有将物业重叠倚当者，本主、牙人、邻人并契上署名人，各计所欺人入已钱数，并准盗论。"② 清代亦规定："若将已典卖他人田宅，朦胧重复典卖者，以所得价钱计赃准窃盗论，免刺，追价还后典买之主，田宅从原典买主为业。"③ 可见在立法中，显然不止将其作为一种民事经济行为，而从道德甚至犯罪的角度，对其作出了刑法上的评价。并且，所涉不动产归"原典买主"，保护第一典买人之权益。在司法实践中，有时处理则比较灵活，在"巴县档案"中有一份清代的"一田二当"的审理记录：

> 审得张元碧、张显明等于乾隆四十八年用价得当罗继盛弟兄田业一分，前后共立有当约三纸。其田仍系罗继盛佃转耕栽，张元碧、张显明止占房屋住居。嗣继盛等将佃业转当与张天玉叔侄，继盛弟兄搬居黔省，先后身故，余有子侄罗久和等，仍居黔地。兹张天玉等复将此业转当与罗有贵弟兄。张元碧等见伊当价无着，呈控到案。讯查张元碧等所当罗继盛之业，当约三纸朗存，罗有贵、罗有荣已向张天玉等用价赎转，自应归清当价，以免缪辖。断令罗有贵弟兄代罗继盛子侄罗久和等，先归还张元碧旧当价钱五十六千二百文，揭回继盛当约存据，俟罗久和等回家，再为凭证清标。其田即归罗有贵等耕栽。有贵、有荣随具遵结，待秋收后措钱交清。

---

① 〔日〕仁井田陞：《中国法制史》，上海古籍出版社，2011，第235页。
② 《宋刑统》卷十三《典卖指当论竞物业》。
③ 《大清律例·户律·田宅》，天津古籍出版社，1993，第211页。

张元碧等亦具情甘领价,迁搬遵结了案。①

可以看出,在该案处理中采取交付主义,以田产实际占有者为最终权利人。当然,该案处理应该说未严格依照清代律例,而是以一种更为灵活的方式,由后典买人代典卖人返还先典买人价款,并取得土地使用、受益等财产权益,待从原典卖人追回"当价钱"后,再返还后典买人。其司法的逻辑在于,处理着眼于现实的、实际的占有,而不是仅从形式上看谁更符合法定的物权,对第一权利人,即原典买主,可以通过归还当价的方式补偿损失,而不需要通过"业"的实际转移,因为土地耕作是一个较为长期的过程,保护土地的实际占有与适用,也就很好地保证了农耕秩序。无论在立法还是司法中,对重复典卖更注重从实质的角度保护实际占有、使用人的权益,惩罚不守诚信的重复典卖者。

世易时移,完全的实质主义处理思路也许并不符合当今的法治现实,但是完全从形式主义的角度去解决重复买卖问题,忽略其道德、实际效果等问题,恐怕也未必十分合适。对于目前房屋等不动产一物二卖问题,研究认为实践中可采取"违约的损害赔偿"救济方式,将出卖人转卖获利的差价推定为买受人所受损害的规则。② 这一思路,不仅在形式上实现了债权的平等性,维护了登记的公示公信效力,而且有效地限制了多重买卖中的不诚信行为,剥夺了其不当获利,不失为一种兼顾形式主义与实质主义更优方式。尽管这一思路的论证完全是西化的,但就其实质言,与前述清代对"一物二当"的司法处理方式,显然具有某些一致性。而这样的方式,正与当代民法与司法裁判的主流观点形成

---

① 《清代乾嘉道巴县档案选编》,四川大学出版社,1989,第224页。
② 许德风:《不动产一物二卖问题研究》,《法学研究》2012年第3期。

(五) 典卖加找

典制是长期存在于中国民间社会的一种财产交易惯例，典与卖密切相关。"典权"是指支付典价、占有他人之不动产而为使用及收益之权，典出方可以取得资金融通，但保留回赎之权，典入方则可以较低的价格取得财产的占有。五代时期的立法开始将土地房屋出典行为规范化，在宋元后，国家立法规定了出典交易的详细程序。[1] 在历史发展中，"典与卖是如此紧密地联系在一起，以至于典是卖的一般形式，而现代意义上的卖成了典的一种特殊情况"。[2] 尽管世易时移，典制在民法现代化的浪潮中被淘汰，但"典之风俗"并未从社会生活中消失，反而以各种形式大量出现，这也说明了"典制"具有的现实价值。在某些方面，"典制"甚至与当代买卖法中的"所有权保留"制度具有极大的可比性，[3] 在融资担保的功能及对市场经济的促进作用方面，都体现出二者的共性。"典"的功用并不限于古代，在当代仍不乏其价值。缘于房价高涨，当代农村宅基地上房屋出现了大量的买卖现象，因而形成了中国所特有的"小产权房"，这使得在农民正当获益与国家法律权威之间形成某种尴尬，如何解决这一问题，一些学者提出的折中方案，还是通过"典"来解决。农民通过"典"这个有条件的"借"，既可以有效地协调物权法与农民获益需求的冲突，而且在房价上涨时还可以通过"找贴"适时调整价格。实际上，不仅在"小产权房"买卖中，在更广泛的房地产买卖当中，如果摒除"典"之限期回赎的要素，保

---

[1] 郭建：《典权制度源流考》，社会科学文献出版社，2009，第4页。
[2] 吴向红：《典之风俗与典之法律》，法律出版社，2009，第6页。
[3] 当然二者绝不能等同起来，所有权保留是买卖合同法实践中发展而来的非典型担保，但在功能上，却含有与典制类似的地方。因此，与其从西方法制探究"所有权保留"之法律渊源，不若从中国传统法律探求，或可找到更适合中国国情的制度资源。参见曲宗洪《债权与物权的契合：比较法视野中的所有权保留》，法律出版社，2010。

留其"找价"的某些合理功能，或可以在物价不稳的社会现实下，借助传统法律智慧在部分种类的买卖交易当中实现交易公平的结果。例如，21世纪初期，中国部分城市房价呈飞速上涨趋势，特别是在价格极端变化的时期，现行的买卖制度的确存在不合情理之处，有时可能导致卖方"潜在的巨大损失"[①]，我们当然可以认为这是市场经济、契约自由原则下的必然，但在存在商业性获益的情形下，通过类似"加找"的某种方式给受损的卖方适当补偿，[②] 或许更有助于实现情法之平。

(六) 卖契与产权

在中国古代的买卖中，卖契承担很重要的一个功能是财产权益的归属确定，"红契可以证明清晰的所有权"[③]，一定财产的"管业权"，正是由持有买卖该财产正式券契的人所有，有券斯有业。换言之，传统的卖契不仅仅承担财产流转，即债权债务的功能，更重要的是承担确定产权的功能。在传统卖契制度下，债权行为与物权行为被实质性地包含在一份文件里，或通过一个行为来完成。

在现代民法体系下，契约主要被放置在债法中，物权被放置在物权法中，二者泾渭分明，各成体系。但是在实践中，一些客观存在的问题却突破了这种简单的二分法，导致了法律适用的两难，典型的问题如错误装修他人房屋引发的纠纷。在学界，已经有学者意识到这一问题。常鹏翱认为，债权、物权并非泾渭分明，相互间有斩不断理还乱的丝丝关联，无论在交易现实还是规范体系中均触目皆是。二者存在引导和发展

---

① 如上海楼价急剧上涨，卖方迁怒于买方、中介，最终伤害中介。《男子卖房后房价飙升6倍 幻想损失300万刺死中介》，凤凰网，http：//house.ifeng.com/news/detail_ 2012_ 08/06/16577498_ 0.shtml。最后访问日期2013年1月24日。
② 这一欲求的实现，未必一定需要通过诉诸对国家正式立法或司法的变更，而完全可以在买卖合同的实践中，以一种民间惯例的方式，通过合同约定达成某种谅解。如此，既能照顾到的交易的实质性公平，又不至于破坏现代法律的形式理性。
③ 〔美〕曾小萍、欧中坦等编《早期近代中国的契约与产权》，浙江大学出版社，2012，第110页。

的关系,如买卖之债为所有权移转提供了条件。债权和物权是先在的概念工具,拘泥于二分的逻辑对它们进行僵化理解会陷入概念法学的僵局。① 但在法律的发展中,连创立二者区隔的德国学者也认识到,债法和物权法同属于财产法的范畴,共同构成了市场交易的基础性规则,因此两者之间越来越多地存在多元化的关联。② 如何实现这种关联,西方财产法的成熟经验当然不能忽视,但传统买卖制度中的一些经验、做法,似乎同样有益于当代中国法学的参照。

对传统买卖制度与当代买卖合同法进行比较,不是为了说明古代制度的特色,而是为了实现传统法律文化的创造性转化,发掘其当代价值。在立法、司法中,传统买卖制度中的积极因素仍值得重视,特别是在处理买卖中的民情习俗问题,以及民间买卖为避税而不立契,或立私契的行为,当前主流的"法教义学"之形式主义司法处理的方式,恐怕仍有反思的必要。

当然,这里还是有必要交代买卖制度古今差异的内在机理。现代的买卖合同法基于这样一些原则:契约自由、债权的平等性、物权绝对以及物权与债权的分离。但事实上,在中国的法律传统里,契约虽然存在一定的自由与平等,但契约并非完全自由,债权也不具有平等性,物权更不是绝对的,甚至债权和物权并未分离,而是结合在一起,买卖中立契交易的行为,本身既具有债权的性质,又具有物权的性质。因此,在中国传统买卖制度中,财产权的移转规范与民众的基本观念是一致的,通过卖契这一中介,债权的建立与履行以及物权的转移得以完成。构成这一制度的内在逻辑,乃是民间长期以来在交易中形成的某种实践理

---

① 常鹏翱:《债权与物权在规范体系中的关联》,《法学研究》2012 年第 6 期。
② 朱虎:《财产法内部的区隔与关联》,《南昌大学学报》2012 年第 3 期。

性，它促使买卖双方自动地履行各自的义务，尽管官方的司法裁判也起到某种影响，但这样的效果主要依靠内含实践理性的民间买卖制度得以实现。

因此，传统买卖制度在当代的价值主要有：在买卖法律规范的建构中，应考虑中国人长久以来的买卖契约传统，以及其通过契约形式、契约惯例等形成的契约秩序；在涉及买卖合同的司法裁判中，需要对源自历史传统的一些交易惯例、习惯性权利保持适当的尊重，并作出审慎的裁判。如此，不仅能有效地减小现代《合同法》实施的阻力，也能在涉及契约的司法裁判中，获得更为深厚的民意基础，重塑司法信任。贯彻这一精神的买卖契约的规范未必一定是国家正式法律，有时也可以表现为民间的交易惯例，它可以更方便地吸纳传统买卖法的实践智慧，如此，在当代买卖交易的实践中，中国法律传统与西方法律传统完全可以彼此互补，并行不悖，共同构成符合中国国情的财产交易法律制度体系。

第四节 中西

无论中西，买卖与契约法的关系都非常密切。在民法法系，契约法中的绝大多数规则来自买卖法，这一进程在19世纪德国的潘德克顿法学派十分活跃的时期就已经蓬勃兴起了，而《德国民法典》则别具一格地将这些规则尽可能地概括总结，加以分解归类。在《德国民法典》债权法总则性规定中，有很多规则是来源于买卖法，《德国民法典》的总则编也是如此。[①] 因此，由买卖法延伸至契约法的比较，并非毫无

---

① 〔德〕罗伯特·霍恩、海因·科茨、汉斯·G. 莱塞：《德国民商法导论》，楚建译，中国大百科全书出版社，1996，第126页。

缘由。

由于中国改革开放的不断深入，原来的三部合同法的调整范围和部分规定已经不能适应现实发展。为更好地与国际衔接，促进对外经济贸易，制定新的合同法成为必要。在具体规则上，新的合同法充分借鉴和参照了《联合国国际货物销售合同公约》《国际商事合同通则》等国际上通行的做法，[①] 可以说，这部统一的《合同法》是对西方现代法律大规模移植的典范之一。但是很显然，这部看似十分先进的《合同法》并没有考虑中国传统契约规范的因素，也就是移植自西法的新《合同法》中，"中国"是缺位的。这就引出两个问题：传统中国有契约法吗？传统契约实践又能为今日提供什么？一般契约法（general contract law）在传统上被认为适用于调整有关提供货物、金钱、土地或者劳务的契约，[②]故契约法主要反映财产的流转关系，可以说，没有财产流转的社会现实，就没有契约法。在欧洲，"契约自由"于19世纪被写入法典，是《法国民法典》三大原则之一，足见其受重视的程度。事实上，西方有关契约的法律，在此之前已经存在，甚至可一直追溯到古罗马时期。西方现代契约法的出现，一般认为源自早期英格兰法上允诺的强制执行，并由英格兰法院在中世纪重建，这种重建是通过建立对违反允诺进行司法救济的诉讼形式来实现的。[③] 数量可观的涉及违反允诺的诉讼被提交法院，隐含的一个社会背景是：中世纪的英国商业活动极为繁荣，民众极为频繁地使用契约。由此可以推出，契约法生成的两个社会因素是商业活动的兴盛和民间大量的契约实践，这种主要是商业活动中进行的契约实践，足以形成数量可观的民间契约规则，以及如违反允诺等情形的契约纠纷。这些规则、纠纷，经过国家司法机关的吸收、

---

① 参见顾昂然《立法札记》，法律出版社，2006，第293~294页。
② 〔美〕艾伦·范斯沃思：《美国合同法》，中国政法大学出版社，2004，第22页。
③ 〔美〕艾伦·范斯沃思：《美国合同法》，第11页。

改造以至重塑，最终导致契约法的生成。揆诸中国古代社会的实际，商业活动的繁盛，民间契约实践，至晚在唐代即已存在，到了两宋时期，这种民间实践更是到了相当繁密的程度。在官方层面，中国古代尤其是宋以后的基层司法机关也开始处理大量的民事契约纠纷，国家司法的因素也存在。问题是，契约法在西方经由英格兰早期"允诺的强制执行"到《法国民法典》《德国民法典》，以至美国《合同法重述》最终发展成熟，而在东方的中国，同样的社会经济条件，同样有司法解决实践，浸润着中国传统文化特色的契约法却未能生成，其原因何在？

一　宗教哲学

在西方，奠定早期契约法基本原则的重要背景之一是宗教精神特别是基督教的思想。例如，基督教反对违背诺言，在西欧中世纪的教会法中，"违背诺言是罪，是对神的冒犯，或者根本上说是一种与神疏远的行为"[1]；而且，遵守诺言自古希腊时代以来就一直被认为是一种"德性"，亚里士多德认为信守诺言是有德性的。中世纪哲学家托马斯·阿奎那对此解释说，诺言作为忠诚和诚实的事物而有约束力，食言如同撒谎。阿奎那还进一步认为，所有的允诺根据自然法都是有约束力的，它们类似于命令。一项允诺就像他为自己制定的法律。[2] 在古罗马，对契约效力的正当性的说明主要乞援于神明，而神意体现在形式之中。[3]

在西方的哲学中，特别是古希腊以来的西方古典哲学塑造了契约理论的基础。在西方哲学看来，契约法的效力之基，或者说法律可以强

---

[1] 西方早期契约法的一般原则与基督教传统密切相关。参见〔美〕哈罗德·伯尔曼《契约法一般原则的宗教渊源：从历史的视角看》，《清华法学》第六辑，清华大学出版社，2005。
[2] 〔美〕詹姆斯·戈德雷：《现代合同理论的哲学起源》，张家勇译，法律出版社，2006，第13~14页。
[3] 徐涤宇：《原因理论研究》，中国政法大学出版社，2005，第288页。

制执行允诺的原因大致有如下几类：一种理论可以追溯到功利主义者那里，在边沁看来，最为重要的就是满足和愉悦，而满足和愉悦又与选择相关，效用因允许人们自己做选择而最大化，法律强制实现合同以便最大可能满足人们的偏好。尊重合同当事人的选择就是因为他们揭示了这种偏好。另一种合同理论可以追溯到康德与黑格尔，他们认为合同具有拘束力是因为它是自由的必要结果。[1] 还有一种理论诉诸对"正义"的实现："交换正义"遵循算术比例，通过从一方当事人拿走保持对等所必要的数量而给予另一方当事人，正义得以实现。[2] 因此，契约需要被强制执行，正是源于实现"交换正义"的需要。同时，合同法也与矫正正义有关，矫正正义的任务是矫正因私人交易中的不道德行为而导致的损害，矫正正义向后看，仅考虑特定交易中双方当事人过去行为的道德性质。这里共同隐含的是，由于法律对道德习惯的形成具有重要作用，故合同法应当建立在被共同接受的道德原则上。[3]

资产阶级革命以后，"在道德和宗教领域，西方社会的变异起源于资本主义下个人主义的道德观和新教伦理下的个人行为，中国宋明以后也有资本主义的萌芽，却一直没有出现西方走向法治的个人主义、自由主义和新教伦理"。利己主义和功利主义仰仗于资本主义下的自由竞争和个人主义。12世纪以后西欧各国手工业和商业的普遍恢复和发展，城市开始兴起。城市的形成意味着社会本位从人身依附关系走向个人的自由、自治和独立。[4] 而正是个人主义、自由主义塑造了西方早期契约法中完全的契约自由的基本精神，当然这样的自由被规范在一定的共同道德的基础之上。

---

[1] 〔加拿大〕彼得·本森：《合同法理论》，易继明译，北京大学出版社，2004，第299页。
[2] 〔美〕詹姆斯·戈德雷：《现代合同理论的哲学起源》，张家勇译，法律出版社，第16页。
[3] 〔美〕亨利·马瑟：《合同法与道德》，戴孟勇等译，中国政法大学出版社，2005，第62～78页。
[4] 徐爱国：《无害的偏见》，北京大学出版社，2011，第233页。

而在中国，情况则大大不同。虽然自中古时代就开始有大量的契约实践，形成了一些契约使用中的惯例性做法，但是，除了极其个别的券契，绝大多数契约内容是世俗的，契约规范的基本原则及其价值取向不涉及超验的宗教信仰因素，也甚少能进入哲学讨论。在唐五代时期的敦煌地区，尽管存在大量的寺院经济行为，如借贷、买卖等，它们主要是依靠一个个具体的契约文本来实现的，但是，契约的内容与精神完全是世俗的，极少涉及超验的信仰因素。在民间契约的规范中，对允诺的违反，即"悔约"行为，当事方多诉诸经济的赔偿、熟人网络的担保或肉体的惩罚，不管怎样都是着眼于契约能够被实际地履行，或者受到的损害能够被合理的补偿，一般不会单独地诉诸对违约方"德性"的否定性评价，或是以宗教的某种信念促使契约实现。当然，仅仅从文字表面看，中国的某些契约中似乎也含有一些道德因素，例如敦煌寺院的借贷契约中，对利息的约定还是有所限制，有的在书面上甚至是无息的，这或许是出于宗教的某种伦理道德，但深入的研究却发现，表面上看似无息借贷的背后都有宗教机构的支持，而且这些借贷大部分是有息的。宗教的这种社会角色在道义上是建立在谋求私利的基础上的。[①] 也就是说，在中国，单纯的伦理道德并未构成契约理论的价值基础，它们的使用及其内在规范都还是世俗化的。自汉唐以来的大量的契约使用的实践也表明：中国古代契约法体现的是民间社会的一种重视实用的实践逻辑，它是世俗的，也是具体的。事实上，在特定亲缘关系的伦理之网中，契约反而失去了存在的空间，即使在今日，亲友间的借贷等典型的契约行为，为了体现关系之亲密，多拒绝使用书面契据。这样的实践理性，也成为契约法成文化的一个负面因素。上述这些因素，使得中国民间丰富的契约实践更多地表现为大量的文字或条文的重复，契约法所

---

① 〔法〕童丕：《敦煌的借贷》，中华书局，2003，第128页。

必需的一般精神或原则难以被发展出来。

如果将目光从民间契约本身扩展开来，着眼于更为宏大的中国传统社会，我们不难发现，影响甚大的儒家思想中的伦理道德因素也是与契约法的精神格格不入的，奉行"亲亲尊尊"的等级秩序的儒家思想，实质是使社会财富的分配均衡有序，使贫富、贵贱的差距不致太大，而孔、孟背后的真正目的还在于使社会财富平均分配与实现社会、皇权统治的长治久安。因此，它更类似于亚里士多德所谓的分配正义，是皇权体制下同等级人之间的财富、地位的分配。因此儒家伦理的整合使得中国失去了制定成文契约法的机缘。① 窥诸历史现实，我们无法排除儒家伦理在中国契约实践中具体而微的影响，但就其主要方面来看，与其说儒家伦理内在构造了中国传统契约的道德精神，毋宁说是儒家伦理及其影响下的分配正义对"交换正义"的拒斥，使得中国传统成文契约法的形成失去了根基。

与此相关，中国传统思想中独特的公私观也在事实上影响着契约法的生成，在私人的、德行的层面，正统思想观念一直提倡的是"先公后私"，乃至是大公无私，"私"被放置在次要的地位，尽管有极个别思想家也曾提出"私"是人的本性，"有生之初，人各自私也，人各自利也"（黄宗羲：《原君》），但是，其目的还是以个体之私反对君主之私，最终还是要回到"天下大公"的理想中去。在国家或社会的层面上，私的观念也受到抑制，"如果要谈有没有（社会）契约原理，因这个原理来自欧洲市民社会，问题的前提恐怕是诸如契约主体的个人是霍布斯式的以欲望为本质的个人。但在中国的近代，尽管有着性善、性恶的传统议论的积累，却看不到就契约的内容进行的这种议论"。② 这些观念，与利己主

---

① 参见刘云生《中国古代契约思想史》，法律出版社，2012，第18~20页。
② 〔日〕沟口雄三：《中国的公与私》，三联书店，2011，第84页。

义、个人主义等西方契约理论基础形成鲜明的反差。

二 国家社会

严格地讲，契约法属于私法领域，是私人之间的民事交易中逐渐形成的一种法律制度。古典的契约理论是意志自由理论，与自由放任哲学紧密关联。这一理论将契约义务归结于当事双方的意志，故契约自由成为契约法的基本原则，当事方应该按照自己意愿订立契约的过程中被赋予最大可能的自由，法院或立法机构不应干涉。[1] 故契约法似乎有一种排斥国家干预的倾向。同时，契约法又是随着一定程度的市场化而产生的，统一市场的形成可以说是统一的契约法生成的前提条件。然而，无论是契约的合法守信的履行，还是统一的契约法的构建，事实上都离不开国家的积极介入，例如买卖契约中"瑕疵担保"的产生，正是源于古罗马市政当局市场管理的需要，某些规则来自于罗马最高官员为建立市场秩序而颁布的禁止商贩坑蒙拐骗的敕令。[2] 契约法律体系的建立，合法契约利益的保障，更离不开国家及其司法机构的有效参与。

当然，西方近代以来特有的市民社会及其自治，也为契约法的形成奠定了坚实的基础，例如跨区域的市场、行业组织、经济自由等都构成有利因素。一方面，市民社会的出现导致了个人主义的形成，个人获得了自主选择的权利，源自"意志决定论"的现代契约法自然有了社会之基；另一方面，远程贸易的发展，大量的非人情式交易的出现，由此带来的信息不对称、信息不完全，就需要契约制度的发展。[3] 在契约理论中，承诺意味着要约束交易参与人未来的行动，在交易中分配不确定性造成的风险损失和促进信息交流，"合同法"的目的就是通过强制履

---

[1] Ewan Mckendrick, *Contract Law* (Palgrave Publishers Ltd, 2010), p. 3.
[2] 〔德〕德特尔·梅迪库斯：《德国债法分论》，杜景林等译，法律出版社，2007，第36页。
[3] 〔美〕科斯、哈特等：《契约经济学》，经济科学出版社，2003，第5页。

行承诺帮助人们实现他们的私人目标。[①] 所以,自由主义、跨境贸易与契约法存在相互影响和促进的关系。

以英国为例,国家制定契约法或通过诉讼保障契约权利,是与保障人们自由选择的基本权利紧密关联的,它与社会的民主化、现代化进程同步进行。因此,要理解英国合同法中作为普通法的合同法,我们必须从个人自治在一个自由、民主、市场经济的社会中的重要性这一核心问题入手。个人自治的核心思想在于自我统治,在于肯定追求自由选择的目标与人际关系具有一种内在的固有价值。私人缔结合同的能力在增强这一有价值的个人自治方面起到了极为重要的作用。通过订立合同,人们选择穿什么、住在哪里、从事什么事业、参与哪些活动,等等。通过缔结合同,我们能够决定生活的形态和质地。那么,我们就合理地认为,国家应当通过立法,在支持和促进合同制度(合同法的游戏规则)方面扮演一个正当的角色,合同法应通过实现当事人的意思来保障合同自由。[②] 可见,正如"自由"具有相对性,在某种意义上,渗透着自由精神的契约权利,同样需要国家法律制度的保障,特别是在契约双方存在实质上的不平等的情况下。

尽管中西社会发展历程存在根本的差异,但如果从古代社会现实看,中国并不存在契约及契约法形成的根本障碍,一定意义上,中国古代的契约史甚至还优于欧洲大陆的发展。这不能仅仅从儒法等正统思想中去看,[③] 在民间实践中,私权及私契秩序不仅存在,而且还有效地

[①] 〔美〕考特:《法和经济学》,上海三联书店,1991,第9页。
[②] 陈明渝:《英国合同法的目的和方法》,《北大法律评论》第2辑,第682页。
[③] 仅仅从正统思想观念出发研究中国契约史,不免会得出偏颇的结论,而这似乎又成为证明中国契约制度落后性的"铁证"。例如有论者从儒家思想看,认为"大同"思想主张财产公有、否定私权,只重生产、反对交换,由此得出结论说"大同"思想窒碍了中国古代契约法的发展。这显然是因其对于中国古代民间实践中的契约的频繁运用视而不见而造成的偏见。李仁玉、刘凯湘:《契约观念与秩序创新》,北京大学出版社,1993,第134~136页。

运转，担保、罚金、定金等一系列民间契约制度的存在，还有效地保障了契约履行的自我实现，但成文的契约法在传统中国却未能发展出来，其背后的原因又是什么？

社会结构的巨大差异导致了中西契约法的歧途。一方面，宗族组织是中国特有的社会基础，家族伦理型塑着社会伦理，在血缘家族关系中，亲情成为维系人们生活的纽带，人们形成了一种鄙视契约的心理，①家族关系极大地影响着个人在契约行动中的自由，现代契约法的基本精神难以立足。另一方面，唐宋以后虽然出现了大量的行会组织，但它们不仅难以承担起行业自治的职责，反而以行会条例等垄断手段抑制了自由竞争，限制了个人作为自由契约主体从事经济行为的能力，②进而继续压缩着契约法的现实空间。

现代契约伦理的维度之一就是平等，而社会等级的存在极大地影响着个体的缔约能力，主仆、男女的缔约能力差异极大。近代社会就是一个"从身份到契约"的过程，但传统中国人的身份没有获得解放，没能形成平等与自由的现代契约的社会基础，这一点，特别体现在雇佣、租佃契约当中。但是，需要指出的是，即使在西方现代契约法的发展历程中，自由与平等也存在着内在的紧张关系，资本主义发展初期，将契约自由发展到极致，带来的就是实质上的不平等，这是在理解西方"契约自由"这一基本原则时须时刻加以注意的。而在中国古代，即使是现在看来最不平等的雇佣、租佃契约中，所谓的不平等也不过是现代人的后知后觉，如果放置回历史的情境，也未见得时人会认为是不平等，即使到了20世纪50年代，对于没见过什么世面的庄稼汉子来说，"我没有钱雇他，我就得给他干"③是最朴素的逻辑。所以，尽管形式

---

① 强昌文：《契约伦理与权利》，山东人民出版社，2007，第160页。
② 刘云生：《中国古代契约思想史》，法律出版社，2012，第23页。
③ 张伟：《〈暴风骤雨〉背后的真相》，《信睿》2011年第6期。

严格的等级身份制看起来与蕴含平等伦理的现代契约法构成根本矛盾，但从社会生活实际看，它虽然在一定程度上影响着契约的达成，但并未形成对民间灵活地使用各类契约的根本障碍。

民间社会也有一种反对国家干涉的倾向，民间契约中多有"官有政法，民从私契"类似的约定，在契约中实际起作用的不少惯例也直接反对国家法令的干涉。因此，契约的有效运作，原因主要不在于官方法律的保障，而是由于"契约的自己执行的性质"，为了促进履行而形成的种种制度安排并不依赖外部，而更多的是有意识地组合到或"嵌入"了契约的内容及订立契约的过程之中。[1] 在此方面，契约担保制度起到了关键的作用。因此，尽管中国古代的民间社会拒绝契约法的官方化、成文化，但这并不代表当时不存在一定的契约秩序或者规范，这种契约秩序决定着民事契约的履行。构成这种民事契约"自发"履行的内在原因主要是一种习惯法的力量，"习惯法力量的集中体现是宗族、行会、村落之力量，这三种力量是契约效力的最终裁判者和执行者"。[2] 将契约效力中习惯法的力量来源诉诸宗族、行会等社会力量，无疑是有一定道理的，仅仅从契约文本中看，中人、保人、见人等一系列角色的参与，正是基于建立在熟人社会人际网络之间的对个人人格的相互信任，因而契约中带有浓厚的人伦色彩。通过私人关系网络来缔结契约并使之获得担保的普遍做法意味着把具体的个人之间建立的伦理道德带入或融进了追求功利的一般交易中去。[3] 尽管来自家族、村落之社会网络及伦理的力量不容忽视，但它们还不是契约效力来源的主要力量，从

---

[1] Rosser H. Brockman, "Commercial Contract Law in late Nineteenth-Century Taiwan," Jerome Alan Golden, R. Rande Edward, Fu-mei Chang Chefl ed. *Essay on China's Legal Tradition* (Princeton University Press, 1980), p. 83.

[2] 刘云生：《中国古代契约思想史》，法律出版社，2012，第140页。

[3] 王亚新：《对岸本美绪教授论文的解说》，〔日〕滋贺秀三等《明清时期的民事审判与民间契约》，法律出版社，1998。

历代的各类契约实践看，至少还有两种力量决定着契约的实际运行：一是定金、违约罚等民间契约制度设计，使得立约各方在现实利益的比较、衡量中形成某种压力，从而实现契约的履行；二是福报等世俗化的信仰体系（而不仅仅是源自家族生活的儒家伦理观）影响着契约的实际运行。或者说，最终表现为诚信守诺的如约履行，并非是（或主要不是）儒家道德教化的结果，而是在各种现实利益的衡量中，在世俗信仰的潜在压力下，最终得以达成的。在这一背景下，官方性质的成文法以及通过官府的救济手段，一般来说也没有实际的意义。

从官方的视角看，在古代中国，统治者视各种契约行为为"细故"，对待大多数民间契约纠纷采取"官不为理"的态度，民间有关契约的规范难以进入正式的法律领域。尽管自宋元以来就有大量的诉讼涉及契约，但是，契约要么被看作证明产权的佐证，要么仅仅作为一种"乡原体例"来对待，契约自身的履行及契约中所蕴含的规范甚少进入司法官员的视野。真正关注到契约履行的规范，直到清末变法以后的民国才出现，并开始进入民众的契约观念，例如在民国三十二年（1943年）北京的"药房承兑契约纠纷案"中，原告提出：

> 被告于渡过难关后竟欲毁约，云菘始悉被告乃存心欺骗，勾串之不忠诚行为，殊不知正式契约已然成立，证人证物俱皆完全，岂容一造任意反悔。为此提起确认之诉，以求法律之保障。[①]

原告提出确认契约有效之诉，自法律的层面关注契约的履行，显然主要是西方现代契约法、契约观念引入的结果，而不是中国传统契约观念的自然生成。

---

① "药房承兑契约纠纷案"，北京市档案馆，编号 J065-009-03205。

从种种迹象可以看出，家族伦理、"官不为理"虽然客观地影响着民间契约的运行，但并未构成契约行为的根本障碍。但是，民间契约使用中的个别化、实用化倾向，官方对于契约规范的轻视，却极大地影响着规范"契约法"的形成。

三 立法观

尽管契约法主要是一种私法，有着拒斥国家介入的倾向，但不可否认的是，国家的正式立法对现代契约法的形成影响甚巨，这就涉及契约法的作用是什么这一问题。理论上，合同法建立在许诺者须实现自己意志的这样一种道德义务的基础上。法律制定者认为许诺基于道德可以强制执行。在英国，"每一项契约暗含着合意"，事实上，正如我们所看到的，契约就是这种"合意"的书面文字化。"契约"一词更倾向于被用来描述那类可以提起契约之诉的协议，这类诉讼是对于侵权或错误及违约侵权的补偿。故在理论上，契约的功能在于让那些未来或者是合法的或是侵权的可执行的行为，产生侵权法上的效力以减少不执行或疏忽，这类似于当代侵权法中承担责任的方式。[1]

美国的契约立法史为我们提供了另外一个视角。例如《美国统一商法典》，作为一部由学者和商事实务工作者起草的示范法，本身并不具有强制力，但在后来的发展中，却体现出巨大的作用。第一，推进了美国各州之间商事法律的一致性，促进州际贸易的发展；第二，作为补缺性规则（default rule），它在合同方面为当事人提供了一个合理的、有效的法律框架，因此双方当事人可以省略对于各种基础条款的讨论，仅就所关心的、不同于普通合同的部分进行重点讨论。[2] 由此可见，关

---

[1] A. W. Brian Simpson, *A History of the common law of contract* (Oxford University Press, 2005), pp. 18–19.
[2] 参见刘彤编《国际货物买卖法》，对外经贸大学出版社，2006，第1~2页。

于契约的立法，特别是在判例法传统的国家，主要在于统一适用于各种契约的基础性规则或条款，从而实现对大范围、跨区域贸易发展的需求。

而在要求法的体系化、逻辑化之大陆法系国家，契约的立法观又稍有不同。近代大陆法系合同法以《法国民法典》中的合同制度为典型代表，它追求合同自由、抽象的平等人格、个人责任等原则，其背后的基本精神是资本主义的经济自由主义，因此，合同或契约的立法主要是对经济自由、个人自主的法律保障，故"契约自由"成为其最为重要的原则之一。契约秩序及守信当事人的契约权益，也是大陆法系契约法的关注焦点。显然，在契约法中，最为关键的是如约履行，如果契约的履行中没有任何障碍，那么大量的义务及附随性义务也就完成了使命，不再有任何用处。但是，如果履行中背离了原来的安排，或者遇到了障碍，造成"给付义务违反"的任何情况，那契约规制就显得十分重要了。如何解决这类问题，也就成为契约法的核心所在。[1] 因是之故，大陆法系契约法同样十分关注契约的履行及契约当事人合法权利的救济，只是表现形式是更为体系化、法典化的立法。

大陆法系的契约法形成，还与近代早期欧陆城市法与商人法的互动关系紧密相关，是近代商业城市政府的立法主动吸收商业习惯、惯例的结果。在一项对16世纪比利时安特卫普城市法的详尽研究中，论者指出，城市法大量采用或改造了商业实践中形成的习惯，为城市政府服务的法学家们，本着对商业契约的充分尊重修改了法律规范，这一新规范的创造过程包括重新定义、细化规则、补充规则以及直接采纳现行的商业实践、惯例、习惯，并将其纳入到一个有效可行的、衡平的和妥适的规则体系。交易中的习惯甚至是商人的惯例，成为法学家们构造精密

---

[1] 参见〔德〕罗伯特·霍恩、海因·科茨、汉斯·G.莱塞《德国民商法导论》，楚建译，中国大百科全书出版社，1996，第98页。

规范体系的"原始材料"。[①] 欧陆城市商业契约习惯的这一演变过程，虽然并未直接生产出"契约法"，但无疑为现代契约法的形成，创造了积极且符合实际的基础条件。

中国古代未形成成文契约法，一方面是立法者更关注涉及统治利益的社会秩序，而非契约法律本身。间或有涉及契约的法律条文，也多另有目的，"诸公私以财物出举者，任依私契，官不为理。每月取利不得过六分，积日虽多，不得过一倍"（《唐六典》卷六），这一立法显然是关注过高的利息对国家经济秩序的破坏。"应典卖、倚当庄宅田土，并立合同契四本，一付钱主，一付业主，一纳商税院，一留本县"（《宋会要辑稿》卷六十一），这里隐含的关注其实是应收契税，而契约法应关注的"允诺的执行"这些核心问题并不在考虑之列。当然更深层次的原因还在于，在契约等涉及财产关系中不立法，也有以免"民有争心"的考虑，所谓"先王议事以制，不为刑辟，惧民有争心也。……民知有争端矣，将弃礼而征于书，锥刀之末，将尽争之。乱狱滋丰，贿赂并行"（《左传·昭公六年》）。这里虽然在文字上使用"刑辟"一词，但其内在的意思主要还是涉及财产权利的民事立法，因为民之"争心"所针对的主要还是货财。

另一方面，也是更为隐蔽的一面，契约方面的立法缺失恐怕还在于中国古代立法者所奉行的"大道至简"的立法观念。立法的繁简之变，不仅发生在中国历史的现实中，也发生在思想的交锋中。中国古代的立法以晋代为界，发生了由繁至简的一个转变，这一转变缘于晋代律学的发达，是一种人为的有意整合。尽管"法深无善治"受到很

[①] Dave De Ruysscher, "From usages of Merchants to Default Rules: Practices of Trade, Ius Commune and Urban Law in Early Modern Antwerp," *The Journal of Legal History*, Vol. 33, No. 1, April 2012.

多人的推崇，但也有不少人反对立法的简化，唐代赵冬曦就是有名的一位，他指出："立法者贵乎下人尽知，则天下不敢犯耳，何必饰其文义，简其科条哉！夫科条省则天下人难知，下人难知则构陷机阱，要得无犯法之人哉！"（《唐会要》卷三十九）倡导法简的观念自不必说，即便是如赵冬曦这样的观念，其主张也不过是基于"严刑抑恶"以利统治这样的目标，主要说的还是刑事法律，而契约这类"细故"根本无须专门立法，故采取一种"非不能也，实不为也"的态度。

从民间社会的运行来看，作为私法或民间习惯法的契约法也没有存在的空间。例如在清代涉及土地的契约或民事秩序问题上，寺田浩明云：

> 官民双方基本上都缺乏"规范的成文化"设施、设备。当然，在民事关系上也存在着一般性的行动类型（惯例），但无论是民还是官，在习惯法书的编纂、裁判的援用和判例法的形成上都不具有足够的成文化和操作化，而是始终在社会中浮动着。围绕惯例从社会实际状况来看，惯例自身是否存在并不明确，而且在交界之处不但是特定权利归属问题，而且是这些权利本身存在与否就很不明了。[1]

由此可以看出，不仅作为正式立法者的官方缺乏对契约有关规范进行系统的成文化的动机，即便在民间社会，一种习惯法的体系化、成文化也毫无产生的可能或必要。[2] 实践中，人们更愿意按照自己的愿望行动，在实践中尝试可行的规则，却没有将这种规则固定下来的倾向，

---

[1] 〔日〕寺田浩明：《关于清代土地法秩序"惯例"的结构》，载刘俊文主编《日本中青年学者论中国史》（宋元明清卷），上海古籍出版社，1995。

[2] 从产权和交易成本的角度讲，契约及其规范的不稳定、不明晰，带来的就是产权的不明确，并引发交易成本的上升，这在当代经济秩序中当然是一个负面的后果。

更不会以规范成文法的方式将其书面化,甚至"神圣化"。

四 诉讼制度

近代以来,契约法的发展与诉讼制度密不可分,因此,寺田浩明对于中国契约史的研究,主要是放置在公权力以及其引导的审判制度下来考察,因为契约不仅是主体间相互自觉地基于合意形成的社会关系,它更是公权力通过审判制度来调整、规范的社会关系,或保证过去的约定成为现实。[1] 因此,中西契约史的比较,离不开对诉讼制度的考察。

在英国,早期的契约法并没有系统的理论结构,它不是由定义、学说和原理组织起来的,而是由盖印契约和非密封允诺等令状形式,以及一系列在衡平法院中没有被明确表述的关于救济的理由组织起来的。[2] 英国早期对于非盖印契约提供了诉讼形式,允许起诉提供救济,实际上鼓励了丰富的民间契约规则的形成。这一来自于信守允诺的德性理论,后来经富勒发展成为"期待利益"原则,这项合同法的基本原则认为,作为对违约进行的补偿,原告有权获得他或她被许诺的价值,而通过给予这种损害赔偿,法律旨在保护"期待利益(expectation interest)",也就是将原告置于被告如若履行了许诺他应该所处的位置。[3] 换言之,合同是能够直接或间接地由法律强制执行的允诺,合同法主要致力于实现由允诺之作成而产生的合理预期,[4] 而源于悠久的判例法传统,伴随英国普通法诞生的契约法,几乎完全依赖于司法裁判(judicial decision)。其背后的逻辑在于,通过司法诉讼为契约关系中权利被损害

---

[1] 〔日〕寺田浩明:《权利与冤抑:寺田浩明中国法史论集》,清华大学出版社,2012,第134页。
[2] 〔美〕詹姆斯·戈德雷:《现代合同理论的哲学起源》,张家勇译,法律出版社,第168页。
[3] 参见〔加拿大〕彼得·本森《合同法理论》,易继明译,北京大学出版社,2004,第2页。
[4] 〔美〕A.L.科宾:《科宾论合同》,中国大百科全书出版社,1997,第5~9页。

的一方提供救济。英国契约法的产生可追溯至早期的"简约之诉"（action of assumpsit），尽管该诉的起源可以追溯到14世纪，直到16世纪它才获得作为对毁约的法律救济这一重要地位，直到17世纪，它才成为普通法上的一种经常性的契约之诉。在实质上，早期的契约法直到15世纪末期才发展起来，而简约之诉是在中世纪末期才大量的形成。[①]简约之诉属于间接侵害之诉的一种，它是一种可用于请求损害赔偿的普通诉讼形式，通过它，当事人可以使没有盖印的契约得以强制执行。按照古老的法律规定，契约是要式的或者是要物的，形式上要求是盖印的书面文件，或者是保证书，或是特定的盖印契据。[②]通过引入这种间接侵害之诉的方法，将没有盖印的契约履行中的不当行为，也纳入普通法的诉讼保护中来，从而保障了正当的契约法秩序。

令人讶异的是，在中国，公元7世纪的唐代已经有了处理契约纠纷的记录，10世纪以后，特别是南宋时期，大量的涉及契券的财产纠纷被提交官府处理。虽然存在数量可观的涉及契约及其履行争议的诉讼，但官方的审判目的主要是通过调处纠纷达到一种社会和谐的，并不在于通过诉讼保证契约的履行，更不是要建立保证"允诺"实现的一般性规范。很多时候，案情被记录的目的并不是要展示官吏对于"契约法"或契约习惯的熟练运用，而很大程度上是为了彰显官吏崇高的个人"德性"和儒家思想中的"孝悌节义"之道，对于案件的处理特别侧重于官吏的内省，并通过自身行动使得争讼双方心悦诚服，从而达到化解纠纷之目的。司法解决本身几乎不具有任何财产权规范的意义。有一些讼案，判决直接涉及了契约或者"券"，但是判语阐释的角度仅仅

[①] A. W. Brian Simpson, *A History of the common law of contract* (Oxford University Press, 2005), p. 1.
[②] 〔英〕梅特兰：《普通法的诉讼形式》，王云霞、马海峰、彭蕾译，商务印书馆，2009，第123页。

是讼案某方当事人有诈欺不法行为，从而沿袭财产争讼刑事化处理的传统，最终诉诸对该方当事人的刑事审判。如《增智囊补》中记述的"券书改句"即是显例：

> 有富民张老者，妻生一女，无子，赘婿于家。久之，妾生子，名一飞，育四岁而张老卒。……出券书曰："张一，非吾子也。家财尽与女婿，外人不得争夺。"婿乃据有张业不疑。后妾子壮，告官求分，婿以券呈，官遂置不问。他日，奉使者至，妾子复诉，婿仍前赴证。奉使者因更其句读曰："张一非，吾子也，家财尽与。女婿外人，不得争夺。"曰："尔妇翁明谓女婿外人，尔尚敢有其业耶？诡书'飞'作'非'者，虑子年幼，恐为尔所害耳。"于是断给妾子，人称快焉。[①]

上述财产继承讼争的解决，明显基于对遗嘱"券书"文本之语言、句读的分析，是一种事实的裁判，而不见有契约原则的提炼与应用，案件的处理虽然最后得到世人的认可，但该结论对于同类契约的裁判，显然不具有任何指导或借鉴的意义。当然，在对涉及契约的争讼案的处理中，有时也或多或少体现了一些"契约法"的原理，但仍稍嫌粗糙。明清以后，契约在衙门中的作用在增强，但更多是作为证明"产权"的书证，而由于伪契的大量出现，辨别契约真伪成为庭审的一个关键内容。在清末云南地方审判厅处理的一件强占农地案中，主审官员尤为强调关涉典契的真伪：

> ……叶、王二姓争执此地，核验王慎斋典契、找契各一张，典

---

① 参见陈重业主编《〈折狱龟鉴补〉译注》，北京大学出版社，2006，第85页。

契系道光二十年立，找契系咸丰八年立；叶兴兰典契、卖契各一张，典契系道光十五年立，卖契系光绪十八年立；叶顺兰典契二张，一系道光二十八年立，一系咸丰七年立。阅此三人道光年间契纸，墨迹均新，且王慎斋之找约上钤有伪印，叶顺兰之咸丰七年典契上、叶兴兰光绪十八年卖契上均捏编字号，种种疵点，皆不能视为确据。判令西界外及北墙沟外菜地均归姚遂生管业，王慎斋等不得觊觎妄争。①

显然，这里契约的真伪对于确定"管业"之权起到决定作用，但在审理中，契约仅仅作为证明客观真实的证据，契约所内含的规范及其履行并未得到任何关注。学界对台湾淡新、四川巴县的清代诉讼档案的研究，同样发现契约在19世纪中国法庭中的地位是微妙的，一方面它被作为证明起诉真实的有形的证据，另一方面，契约本身的真实性又常常受到质疑，故主审官仅仅是通过查验契约确定最低标准的条件，多数情况下还是会对契约的真实性进行考察。即使作为证据，在不同的土地关系、不同的经济发展阶段，衙门对契约作为证据的依赖度大为不同。② 这些均说明，契约在传统诉讼中似乎主要是为了达到最终目标的一个工具而已，而且工具本身的可靠性经常受到质疑，契约蕴含的规范并不受到重视。换言之，契约在法庭中仅仅被作为一项事实，而不是视为一种规范。

尽管在形式上，官府保留了对民事契约纠纷的最终审判权，但若仔细考察这些涉及契约纠纷的案例，虽然最终也得以圆满解决，却多是借助于各种法外资源，解决的目的也不是保证契约规范的实现，而是出于

---

① 汪庆祺编《各省审判厅判牍》，北京大学出版社，2007，第81页。
② 〔美〕艾马克：《契约在19世纪中国法庭中的地位》，曾小萍等编《早期近代中国的契约与产权》，浙江大学出版社，2012。

更广泛的社会目的。或者说，官员听讼并非根据所谓客观存在的法律，或是基于这些法律所主张的权利，而为了保证其规范内容得以实现的操作。听讼受理的就是这种相互指责对方"逾分"或推挤过头的争执，目的在于想方设法地调和双方，力图回到某种能够和平共存的境地。[①]正如欧中坦认为，契约当事人本希望用明确的契约术语、规范，在法庭上维护自己的利益，而传统法庭与其目的相反，是在判决过程中发现和引用关系维系条款。[②] 这时，明确的契约术语及规范自然不是重要的依据了。当然，司法裁判中的个案化倾向、道德化倾向以及比附类推的思维，[③] 也影响着传统契约规范的稳定化。

五 秩序抑或规范

研究契约法发展的中西之别，当然不仅仅是为了回顾一段史实，也不是为了自作多情地认为"西方有的我们早就有"，在比较中发现中国传统契约实践及其规范的特色，还有着更重要的意义。在论述中国古代"民法"之争时，徐忠明指出，真正重要的问题是：我们应该着重分析和解释，中国古代的那些户婚、田宅、钱债等法律，有何内容？有何特点？它们又是如何建构和维持中国古代社会的民事秩序的？也就是说，研究和解释这些问题的本身，而非在概念问题上进行

[①] 〔日〕寺田浩明：《权利与冤抑：寺田浩明中国法史论集》，清华大学出版社，2012，第127页。

[②] 〔美〕欧中坦：《消失的隐喻》，曾小萍等编《早期近代中国的契约与产权》，浙江大学出版社，2012。

[③] 比附类推是传统司法重要的方法，比附是一种发现、论证罚则的手段，有很强的创造性。它以"事理相同""情罪一致"作为相似性的基准，在立法无法取得突破的情况下，去发现论证法条与罚则。虽然比附类推主要应用于刑事法中用于论证罚则，但这种司法思维的本质属性却在于通过一种传统"类推"思想的司法运用，解决具体的、个案的问题，而不倾向于形成类似西方"判例法"的一般性判决规范，更不会形成概念、命题的体系化、逻辑化的理性法系统。参见陈新宇《从比附援引到罪刑法定》，北京大学出版社，2007，第131页。

"本质主义"的纠缠不休。① 同样的，对传统契约的研究，也不应该仅仅限于在概念上或功能上将其比附于当代西方契约法体系，确实，勉强地使用"要物契约""诺成契约"等西方契约法术语分析中国契约法史，"除罗列概念来炫耀博学以外，几乎没有任何意义"。② 探讨中西契约法的歧途，不仅仅是认识中国古代契约的实际状态，也不仅仅是了解为何未能产生成文契约法，更在于，为当代中国的契约理论提供一种中国化的智识资源。正如有学者所指出的，我们在全盘移植"西法"时，更应看到中国古代契约所蕴含的历史能量与现实冲击波。在法律文化的意义上，作为一种与西方契约法相比较而存在的中国古代契约法，自然有其存在和发展的价值，这也是研究中国古代契约的意义所在。③ 寺田浩明通过对比中西契约史的研究同样发现，虽然越是古代，公权力对于契约的保护在范围上越是狭窄，在内容上也就越贫乏，但仅就得到法律保护的契约而言，哪怕是很古老的年代里，其保护的方法及观念却意外地与当代西方的契约法息息相通。④ 尽管中国传统的契约及其规范存在着这样那样的缺点，却表现出与西方契约法完全不同的另一种样态。因此，对于中国古代契约的探讨，更应采取这样一种基本的态度，即侧重关注这种契约实践的本身是什么，有何特点，其内在的逻辑又是什么。

不难看出，中西契约法的殊途最终仅仅表现在是否最终实现了成文化、体系化。中国古代没有契约法的事实，并不意味着中国古代没有某种契约运行的稳定状态，问题是我们应该如何概括和描述这一状态，并深入挖掘其内在的理路。"契约秩序"是一种富有启发力的思路，事

---

① 徐忠明：《从西方民法视角看中国固有"民法"问题》，何勤华主编《外国法制史研究》，商务印书馆，2011，第639页。
② 〔日〕寺田浩明：《权利与冤抑：寺田浩明中国法史论集》，第129页。
③ 刘云生：《中国古代契约思想史》，法律出版社，2012，第28页。
④ 〔日〕寺田浩明：《权利与冤抑：寺田浩明中国法史论集》，第129页。

实上，中国古代恰恰存在着稳定的契约秩序，情理的、现实的种种因素都在促进着"契约的自我履行"。不仅契约秩序很早就发展起来，而且在中古时代的法庭中就大量处理了各种与契约有关的诉讼，"宋代以来，与生产互助有关的大多数社会关系都是通过设立契约来完成的。与此相对照，在西方法制史中，法庭无条件地受理所有与契约有关的纠纷是到了 18 世纪、19 世纪才开始的事情"。[1] 从某种意义上说，中国古代的契约秩序甚至存在相比于西方的"先进性"。然而，无论是岸本美绪，还是寺田浩明，从秩序的角度入手，实际上都是着眼于一种公权力影响下的社会经济秩序，体现一种自上而下的宏观视角，它对于认识中国契约史是有帮助的，但无疑还不够全面。

作为一种补充，"规范"是一个较为恰当的概括，它体现了从私人关系的视角看待契约更为符合"契约法"私法的属性。在法律与社会学的意义上，"规范"（norms）可以像法律规则一样指导人们的行为和社会交往，它主要源自于一个社会的主流观念与文化。[2] 韦伯也认为法律规范的两个来源之一就是共识，"某些共识、尤其是某些目的理性的协议之趋向定型化"[3]，这种共识构成了具有约束力的规范。而反观中国传统的契约使用实践，以及其内在的似有似无的某些"惯例"或习惯，其实都可以用某种社会"规范"来涵盖。一方面，它来自于立约各方"共识"，有效地指导着契约关系中各方的行为，构成某种约束力；另一方面，它又可能是不断变迁的，随着社会的主流文化观念的发展而变动。因此，契约实践中的规范又缺乏"契约法"的牢固稳定性。

---

[1] 〔日〕寺田浩明：《权利与冤抑：寺田浩明中国法史论集》，第 113～114 页。
[2] 〔美〕约翰·N. 卓贝克：《规范与法律》，杨晓楠、涂永前译，北京大学出版社，2012，第 1 页。
[3] 〔德〕马克斯·韦伯：《法律社会学》，广西师范大学出版社，2010，第 153 页。

小　结

安守廉作为一位中国法律史的"局外人",以薄薄一本《窃书为雅罪》给西方人造成的"中国毫无知识产权传统"的印象久久挥之不去。而反观国内,从民法的角度对于中国契约史的研究,同样除了给人以中国没有契约传统,中国不是一个"契约社会"这样的印象外,几乎再无其他益处。反倒是几位研究中国法律史的日本学者,以一种相对客观的立场,展现了中国契约传统的一些真实面相,这不能不引起我们深思。仍然需要反思的是,我们今天研究中国契约史究竟应该持一种什么样的态度,是借论证中国契约之落后性来反证移植"西法"的正当,还是在法治资源本土化的论调下保持"人有我也有"的盲目自信?两种态度似乎都不太可取,实际上更应该做的,是在比较中西契约(法)史的基础上,更好地认识中国契约传统的独特性,挖掘契合中国文化、社会基础的契约理论。

如前文所述,中西契约法的殊途,主要是在成文契约法的意义上,其内在原因可归纳为多端:构建契约法的哲学、伦理特别是宗教精神的缺乏,掌握公权力的官府机构的轻视,以及民众在契约使用中追求灵活化、实用化的倾向,都导致规范的成文契约法在传统中国无由形成。中国古代虽然没形成成文契约法,但不意味着中国没有契约传统,某种契约规范、秩序不仅是稳定存在的,而且有其独特的内在的理路。[①] 或者说,中国成文的契约法没有生成,只是在公权力意义上的契约规范没能被有效地建构,但在民间社会,在私人交往中,尽管相对地缺少成体系的、成文的契约法规范,但在契约的实践中,前述的契约秩序、契约规范不仅是存在的,而且还得到了较为良好与稳定的运行。

[①] 契约传统的研究,同样有助于我们理解今天大量存在的《合同法》之外的契约行为,即不符合现行法律的契约,例如建于农村宅基地上房屋的买卖契约等,它们可能更体现传统中国的契约观。

结　语

买卖，作为人类社会最为古老的一种经济活动，有着相当的广泛性和复杂性。在中国传统的俗语中，买卖几乎就是商业的代名词，"做买卖"即指从事商业活动。一买一卖，一钱一物，看似简单，其实也蕴含不少内在机理。小而言之，它涉及物权的移转、债权的实现；大而言之，买卖是互通有无，维持生产生活的必需途径，买卖中包含着对诚信的追求及自由的价值，甚至构成了一种生存的方式。近代以来，分工和买卖更孕育了市场经济，并深刻地影响着人类社会生活的各个方面。

传统的法史学研究相对侧重于制度史的研究，而制度史又偏重于国家层面的正式制度，即"官法"如何规制，如何惩罚，等等，这当然是古代法制极为重要的部分。但是，具体到买卖，我们发现它很难单纯从"官法"的角度去考量，"官法"中有关买卖的内容仅寥寥数条，且大多不是正面规范买卖交易行为，而是规定对违反国家有关买卖的强制性规定的惩罚或量刑。而这并不妨碍民间买卖的频繁进行，由此我们产生疑问，唐代民间活生生的买卖实践活动大量存在，而又相当稳定有序地进行，在一个相关国家律令资源相对匮乏的时代，这种秩序是如何达成的？

为了回应这些疑问，不得不借助于由日本学者千叶正士等人提出的"法律多元"的理论，跳出一元化国家法的范畴去考虑，由此进入国家法和民间习惯法多重规范调整的买卖规范的考察。正如有学者指出的，国家法是官方的正式的"精英文化"的代表，在文化学中隶属"大传统"的范畴，它的特点是抽象性强而实践性弱，而习惯法是非正式的民间知识系统的代表，属于小传统的范畴，其特点是缺乏抽象理性但实用性强。[①] 同时，"法律多元是同一时空甚至同一问题上的多种法律共存，因此任何两极对立的划分，诸如民间法和国家制定法，在实践上都是一种错误。在任何具体的社会中，所谓社会制度都不仅仅是国家正式制定的法律，而是由多元的法律构成的，这些多元的法律总是同时混缠于社会微观的同一运行过程中"。[②] 亦即它们有时是交融在一起的，二者当然会有冲突和不一致之处，然而，在某些时候，它们又是并行不悖的，比如对于某些严重犯罪的禁止。因此，二者形成一种既相互冲突，又相互补充，甚至相互融合的动态关系，共同规范着社会关系与行为，对买卖的规范正是如此。

而事实上，在唐代，有关买卖的规范大多数是由这些被认为非正式的民间习惯构成的，当然这些形成于民间实践的规范显得粗糙而杂乱，缺乏抽象性、逻辑性，甚至连其名称都难以统一，存在数种称谓，只能勉强以"乡法"或"乡元"指代，但这并不妨碍其实用性、有效性。民间大多数的买卖活动，正是日复一日地依照着这些规范进行着，这形成一种连续性极强的历史文化积淀，成为一种行为方式，融入民间的社会生活中，甚至不会因朝代更替而变易。

唐代虽有盛世，但也并非世外桃源，唐人也不是人人皆为圣人。在规模庞大的唐代市场中，在形形色色的买卖交易当中，唐人也并非如我

[①] 参见龙大轩《乡土秩序与民间法律》，中国政法大学出版社，2010，第294页。
[②] 苏力：《法治及其本土资源》，中国政法大学出版社，1996，第51~52页。

们想象的那样全都诚实有信，说一不二。事实上，唐代也存在各种各样的欺诈诡巧，亦有假冒伪劣横行时。但是，唐人以其特有的智慧，逐步认识到，买卖中秩序的生成需要有道德教化，但是光靠说教显然是不行的，还必须建立一套行之有效的制度与之配合。于是，种种交易规范的出现有效抑制了买卖交易中的不法、不当行为，促进了市场的规范、有序。这些规范正是国家法与民间习惯相互交融形成的，这种稳定有序的秩序也是"官法"与"乡法"共同作用的结果。

据此，对于唐代的买卖制度，本书试图得出如下基本结论。

第一，唐代买卖制度中的乡法即地方性民间惯例构成了买卖规范的主体，但同时正式的"官法"亦发生着强有力的作用，二者共同构成了唐代买卖的法律规范。就乡法本身来看，礼的成分较弱，利的成分更多，而且买卖之乡法渗透了普通民众的实践理性。尽管商人在话语中不缺"诚、信、义"等，也确实有药商宋清那样见义忘利的人，但不可否认的是，对"利"的追求，构成了乡法的指导精神，儒家等所谓信、义的话语，可能最终还是服务于利的追求。

第二，唐代买卖之乡法与官法并未截然分开，而是相互影响，相互作用。乡法的内容，虽然有极少量反映出对官法的抵触，但大多数体现出与官法的通融，以及对官法遵从前提下的补充，二者共同构成了唐代买卖制度这一整体。

第三，尽管唐代民间存在丰富的买卖契约实践，也形成了一定的制度规范，但源于整体政治、经济、文化背景，民间买卖交易规则难以向近现代买卖法律转变。

尽管体系严密的成文法典是现代法律最集中的体现，但规范的成文立法并非判别某一部门法律高下的绝对标准，事实上，我们倒是更应关注法律的实践效果。就此而言，唐代买卖制度虽然非常粗疏，更没能形成体系严整、法条精密的成文立法，但在唐代的买卖实践中却起到了重要的作用，促成了大部分买卖交易的顺利进行。而且，唐代买卖制度对日常生活的影响是适度的、谦抑的，为民众的买卖或市场行为保留了充分的自由度，又通过民众的主动运用，形成了买卖契约自己实施和自己履行的机制，实现了民间社会的自治。因此，唐代立法与法律实践中的经验与智慧，恐怕仍值得我们去探求。

附录一 凡例

1. 本书中所引敦煌、吐鲁番文书，一般引用原文，附以句读。

2. 除正字外，敦煌、吐鲁番文书混杂有略字、异体字、俗字、误字、假借字等，本书原则上采用常用简体汉字。常用汉字中没有的，尽可能使用正字。

3. 许多敦煌、吐鲁番文书系用难以判读的草书书写而成，或者因影印不清难以辨识，本书中以"□"来表示因破损、影印不清而无法判读的文字，缺损汉字超过三个时，统一使用"……"表示。此外，对汉字存疑时，在该汉字后标注"？"。

4. 明显为误字的，在（）内订正，对推定汉字存疑的误字，在其后面标注"？"。

5. 大段引用文书时，尽量采用敦煌、吐鲁番文书辑录时的通用方式，依照文书原格式，按列书写，并标记每一列之序号。个别词句引用时，一般仅简写文书名称，并尽可能在其后以国际通用文书编号注明。文末的年月日、押署等部分位置，尽量仿照原文书样式。署名者的花押或略花押用"（押）"表示。

6. 引用回鹘文等少数民族语言文书时，尽量参照多家翻译，对比使用较为接近原文文义之译文，关键词一般在词尾以"（）"标注原文。

附录二 相关附表

附表一 唐五代买卖类券契文书总表

编号	立券契年代	券契名称	文书号	出土地点	出处
1	高昌承平八年（509）九月廿二日	翟绍远买婢券	TKM99	吐鲁番	TTⅢA（3/3）
2	高昌章和十一年（541）	某人从左某得买田券	TAM48	吐鲁番	TTⅢA（4/3）
3	高昌年次未详	某人买桃券	TAM90	吐鲁番	TTⅢA（5/4）
4	高昌延寿四年（627）月十八日	赵明儿买作人券	TAM338	吐鲁番	TTⅢA（6/4）
5	高昌延寿五年（628）三月十八日	赵善众买舍地券	TAM135	吐鲁番	TTⅢA（7/4）
6	高昌延寿八年（631）十一月十八日	孙阿父师买舍券	TAM10	吐鲁番	TTⅢA（8/5）
7	高昌延寿十四年（637）	康保谦买园券	TAM15	吐鲁番	TTⅢA（9/5）
8	高昌年次未详三月廿八日	张元相买桃券	TAM140	吐鲁番	TTⅢA（10/6）
9	高昌年次未详	某人买田券	TAM316	吐鲁番	TTⅢA（11/6）
10	高昌或初唐年次未详	某人买桃券	TAM117	吐鲁番	TTⅢA（12/6）
11	高昌延寿十五年（638）五月廿八日	买田券	大谷3464	吐鲁番	TTⅢA（13/6）
12	高昌延寿十五年（638）六月一日	周隆海买田券	大谷1469	吐鲁番	TTⅢA（14/6）
13	高昌延寿十五年（638）前后	某人买桃券	大谷3468	吐鲁番	TTⅢA（15/7）
14	高昌延寿十五年（638）前后	买田桃券	大谷1494	吐鲁番	TTⅢA（16/7）

续表

编号	立券契年代	券契名称	文书号	出土地点	出处
15	高昌或唐初年次未详	某人用练买物券	TAM117	吐鲁番	TTⅢA（17/7）
16	唐贞观年间	高昌县赵怀愿买舍券	TAM301	吐鲁番	TTⅢA（18/9）
17	唐贞观十八年（644）十一月九日	张阿赵买舍券	TAM338	吐鲁番	TTⅢA（19/10）
18	唐贞观二十三年（649）	卫士范欢进买马契	TAM337	吐鲁番	TTⅢA（20/10）
19	唐贞观二十三年（649）正月廿日	某欢买骡马契	TAM337	吐鲁番	TTⅢA（21/10）
20	唐贞观廿年（646）七月廿四日	某人买马契	TAM337	吐鲁番	TTⅢA（22/11）
21	唐永徽元年（650）七月廿四日	火长范欢进买奴契	TAM337	吐鲁番	TTⅢA（23/11）
22	唐年次未详	范阿伯买舍契	TAM337	吐鲁番	TTⅢA（24/11）
23	唐龙朔元年（661）五月廿三日	前庭府卫士左憧熹买奴契	TAM4	吐鲁番	TTⅢA（25/12）
24	唐［龙朔二年（662）以前］	某人买奴契	TAM317	吐鲁番	TTⅢA（26/12）
25	唐［龙朔二年（662）以前］	卫士赵荫子博牛契	TAM317	吐鲁番	TTⅢA（27/12）
26	唐总章元年（668）六月三日	崇化乡左憧熹买草契	TAM4	吐鲁番	TTⅢA（28/13）
27	唐咸亨四年（673）十二月十二日	前庭府队正杜某买驼契	TAM35	吐鲁番	TTⅢA（29/13）
28	唐上元二年（695）	碎叶赵文同买马契	新疆访古录	吐鲁番	TTⅢA（30/13）
29	唐开元十九年（731）二月	与胡米禄山卖婢市券公验	TAM509	吐鲁番	TTⅢA（31/13）
30	唐开元廿一年（733）正月五日	西州百姓石染典买马契	TAM509	吐鲁番	TTⅢA（32/14）
31	唐开元廿九年（741）六月十日	真容寺买牛契	流沙遗珍	吐鲁番	TTⅢA（33/14）
32	唐大历四年（769）十二月廿日	天山县张无价买地券	TAM506	吐鲁番	TTⅢA（34/15）

263

续表

编号	立券契年代	券契名称	文书号	出土地点	出　处
33	唐年次未详	行客王修智卖胡奴市券公验	TAM1	敦煌	TTⅢA（256/79）
34	吐蕃未年（803）闰十月廿五日	尼明相卖牛契	BLS5820	敦煌	TTⅢA（257/80）
35	吐蕃寅年（822）正月十八日	报恩寺主僧如博驴牛契	BLS6233	敦煌	TTⅢA（258/80）
36	吐蕃寅年（822）正月廿日	令狐宠宠卖牛契	BLS1475	敦煌	TTⅢA（259/80）
37	吐蕃未年（827）十月三日	上部落百姓安环清卖地契	BLS1475	敦煌	TTⅢA（260/81）
38	唐大中五年（851）二月十三日	僧光镜负俵布买钏契	BLS1350	敦煌	TTⅢA（261/81）
39	唐大中六年（852）十月廿七日	僧张月光父子回博田地契	BNP3394	敦煌	TTⅢA（262/82）
40	唐乾符二年（875）六月七日	慈惠乡陈都卖地契	BNP2595	敦煌	TTⅢA（263/82）
41	唐乾宁四年（897）正月十二日	平康乡百姓张义全卖舍契	BLS3877	敦煌	TTⅢA（264/83）
42	唐乾宁四年（897）正月二十九日	平康乡百姓张义全卖舍契	BLS3877	敦煌	TTⅢA（265/83）
43	唐天复二年（902）月十三日	赤心乡百姓曹太行换舍地契	BLS3877	敦煌	TTⅢA（266/83）
44	唐天复六年（905）十一月	押衙刘石庆换舍契	1566	敦煌	TTⅢA（267/84）
45	丁卯年（907?）九月十一日	张氏换舍契	BNP2161	敦煌	TTⅢA（268/84）
46	唐天复九年（909）十月七日	洪润乡百姓安力子卖地契	BLS3877背	敦煌	TTⅢA（269/84）
47	丙子年（916）正月廿五日	赤心乡百姓妻吴氏卖儿契	BLS3877背	敦煌	TTⅢA（270/85）
48	后梁贞明九年（923）闰四月	都头某出卖奴仆契	BNP3573P	敦煌	TTⅢA（271/85）
49	癸未年（923?）	史尧酥卖马契		敦煌	TTⅢA（272/85）
50	后唐清泰三年（936）十一月廿三日	百姓杨忽律哺卖舍契	BLS1285	敦煌	TTⅢA（273/85）

续表

编号	立券契年代	券契名称	文书号	出土地点	出处
51	丁酉年（937?）正月十九日	莫高乡百姓阴贤子买车具契	BNP4638 背	敦煌	TTⅢA（274/86）
52	后唐清泰四年（938）十二月	洪润乡百姓氾富川卖牛契	BLS2710	敦煌	TTⅢA（275/86）
53	后周广顺二年（952）	赵监久卖田契		敦煌	TTⅢA（276/86）
54	后周显德三年（956）十一月廿八日	兵马使张骨子买舍契	BNP3331	敦煌	TTⅢA（277/87）
55	丙辰年（956?）十二月十八日	神沙乡百姓兵马使氾流卖铛契	北图字14	敦煌	TTⅢA（278/87）
56	丁巳年（957?）正月十一日	通颊乡百姓唐清奴买牛契	BNP4083	敦煌	TTⅢA（279/87）
57	后周显德四年（957）正月廿五日	敦煌乡百姓吴盈顺卖地契（习书）	BNP3649 背	敦煌	TTⅢA（280/88）
58	后周显德四年（957）正月廿五日	敦煌乡百姓窦卖地契（习书）	BNP3649	敦煌	TTⅢA（281/88）
59	宋开宝八年（976）三月一日	莫高乡百姓郑丑挞卖舍契（习书）	北图生字25	敦煌	TTⅢA（282/88）
60	宋太平兴国七年（982）二月廿日	赤心乡百姓吕住盈兄弟卖地契	BLS1398	敦煌	TTⅢA（283/89）
61	宋太平兴国七年（982）	赤心乡百姓吕住盈兄弟卖舍契（习书）	BLS1398	敦煌	TTⅢA（284/89）
62	宋太平兴国九年（984）四月二日	莫高乡百姓马保定卖舍契（习书）	BLS3835 背	敦煌	TTⅢA（286/89）
63	宋淳化二年（991）十一月十二日	押衙韩愿定卖女契	BLS1946	敦煌	TTⅢA（286/89）
64	年次未详（9世纪后期?）	阴国政卖地契	BLS2385	敦煌	TTⅢA（287/90）
65	年次未详（9世纪?）	某人买地契	BNP3156P	敦煌	TTⅢA（288/90）
66	年次未详（10世纪?）	卖舍契断片	BLS6067	敦煌	TTⅢA（289/91）
67	年次未详	李山卖屋契	散录252	敦煌	TTⅢA（290/91）
68	年次未详	洛晟晟卖园舍契	HBX1355	敦煌	TTⅢA（补19/166）

续表

编号	立券契年代	券契名称	文书号	出土地点	出处
69	阚氏高昌永康十二年	张祖买奴券		吐鲁番	新/125
70	武周天授二年（691）腊月	吕索修欠钱文书		吐鲁番	新/366
71	唐某年	某衙请价钱文书		吐鲁番	新/353
72	癸未年（983?）	张幸德赊卖褐凭	伯3236	敦煌	沙（397）
73	无	卖舍契样文	斯5700	敦煌	沙（53）
74	后梁贞明九年（923）	索留住卖奴仆契	伯3573	敦煌	沙（77）
75	年代不详	张来儿卖宅舍契	斯2092	敦煌	沙（3）
76	甲辰年（944）	洪池乡百姓安员进卖舍契	北乃76	敦煌	沙（24）
77	年代不详	卖舍残契	斯9930	敦煌	沙（45）
78	年代不详	卖宅舍契	斯4707	敦煌	沙（46）
79	年代不详	卖舍契	斯8691	敦煌	沙（49）
80	年代不详	卖舍契	斯9456	敦煌	沙（50）
81	无	卖地契样文	伯4017	敦煌	沙（51）
82	广顺二年	赵监久卖田契	散二一七	敦煌	沙（存目）
83	年代不详	李山卖屋契	散二五三	敦煌	沙（存目）
84	前凉升平十一年	王念卖驼券			土（一/5）
85	北凉承平八年	翟绍远买婢券			土（一/187）
86	高昌	买葡萄园券		吐鲁番	土（二/197）
87	高昌章和十一年（541）	某人从左佛边买田券		吐鲁番	土（三/71）
88	高昌延寿五年	赵善众买舍地券		吐鲁番	土（三/243）
89	高昌延寿十四年	康保谦买园券		吐鲁番	土（四/37）
90	年代不详	唐西州高昌县赵怀愿买舍券		吐鲁番	土（四/145）
91	唐贞观某年	某人买马契		吐鲁番	土（五/107）
92	唐代	某人买奴契	TAM317：30	吐鲁番	土（六/179）
93	唐代	赵菌子博牛契	TAM317：30	吐鲁番	土（六/180）
94	唐代	市马残牒		吐鲁番	土（八/88）
95	唐景龙二年（708）	补张感德神龙二年买长运死驴抄		吐鲁番	土（八/260）
96	唐开元十年（722）	唐荣买婢市券		吐鲁番	土（九/26）

续表

编号	立券契年代	券契名称	文书号	出土地点	出处
97	唐开元二十年（732）	薛十五娘买婢市券		吐鲁番	土（九/29）
98	唐开元二十一年（733）	石染典买驴契		吐鲁番	土（九/50）
99	唐代	严海仁买牛契		吐鲁番	土（九/181）
100	唐代	某人买卖契		吐鲁番	土（九/224）
101	唐至德二年（757）	张公买阴宅地契		吐鲁番	土（九/255）
102	唐大历四年（769）	张无价买阴宅地契		吐鲁番	土（十/6）
103	唐乾元二年（759）	康奴子卖牛契		吐鲁番	土（十/241）
104	唐上元二年（761）	马寺尼法买牛契		吐鲁番	土（十/291）
105	七世纪末（约696）	高僧买奴契	于阗文、木质	吐鲁番	国家图书馆藏
106	后唐天成二年	龙门寺主僧卖地碑文	碑刻	洛阳	
107	年次不详	居律克卖房子契	回鹘文		回269
108	年次不详	拔洽赫卖奴婢契	回鹘文	吐鲁番	回3
109	年次不详	居律柯坦坦卖奴隶契	回鹘文	吐鲁番	回8
110	年次不详	坎土耳相温卖奴隶契	回鹘文	吐鲁番	回12
111	年次不详	拖鲁喀喇等人卖田契	回鹘文	吐鲁番	回31
112	年次不详	毛熙艾得古等人卖地契	回鹘文	吐鲁番	回37
113	年次不详	阿狄赫达干卖地契	回鹘文	吐鲁番	回42
114	年次不详	萨比卖地契	回鹘文	吐鲁番	回47
115	年次不详	沈熙图卖土地契	回鹘文	吐鲁番	回51
116	年次不详	尹奇喀亚等二人卖田契	回鹘文	吐鲁番	回55
117	年次不详	佛僧众卖地契	回鹘文	吐鲁番	回59
118	年次不详	拔弼卖地契	回鹘文	吐鲁番	回63
119	年次不详	库奇奥胡依纳尔卖地契	回鹘文	吐鲁番	回67
120	年次不详	伯铁木耳卖葡萄园契	回鹘文	吐鲁番	回69

附表二　唐代买卖类辞、牒等法律文书

编号	年代	文书名称	编号	出处	备注
1	唐天复年代	神力为兄坟田被侵陈状并判	伯4974	敦煌	讼（21）
2	年次不详	仓曹为买八绫布事		吐鲁番	土（一/12）
3	年次不详	冯渊上主将为马死不能更买事		吐鲁番	土（一/153）
4	高昌延昌六年（566）	吕阿子求买桑葡萄园辞		吐鲁番	土（四/247）
5	高昌延昌十七年	史天济求买田辞		吐鲁番	土（四/248）
6	高昌延昌三十四年（594）	吕浮屠乞贸葡萄园辞		吐鲁番	土（四/249）
7	唐贞观十四年（650）	西州高昌县弘宝寺主法绍辞稿为请自种判给常田事		吐鲁番	土（四/46）
8	唐上元三年（676）	某人辩辞为买鞍马事		吐鲁番	土（五/205）
9	唐	残辞为买马柳中报蒲昌府马匹事		吐鲁番	土（五/251）
10	唐	某人申状为欠练马事		吐鲁番	土（五/227）
11	唐	石染典往西州市易辩辞		吐鲁番	
12	唐麟德二年（665）	牛定相辞为请勘不还地子事		吐鲁番	
13	唐	辩词为阿刀妇人博换事		吐鲁番	新/51

附表三　涉及瑕疵担保的券契

契约简称	瑕疵担保主体	保人数量
唐总章元年高昌张潘追卖草契	妻儿及保人	3
吐蕃未年敦煌尼明相卖牛契	本主	4
唐大中六年敦煌僧张月光博园田契	僧张月光	7
唐咸亨四年康国康乌破延卖驼契	本主及保人	3
唐开元十九年高昌商胡米禄山卖婢市券	本主及保人	5
唐开元二十一年西州康思礼卖马契	本主及保人	3
唐开元二十年高昌田元瑜卖婢市券	本主及保人	5
唐开元二十九年于阗兴胡安忽娑卖牛契	本主及保人	2
唐天宝三载-至德三载间敦煌行客王修智卖胡奴市券	本主及保人	5
吐蕃寅年敦煌令狐宠宠买牛契	本主及保人	3

附表四　涉及先买权的汉文契约

年　代	契约简称	涉及"亲属"相关条款	备　　注
唐大中五年（851）	敕内庄宅使牒	其价钱入门悉是僧正言衣……并不干同学门徒亲情等事。其正词即……	张传玺 218
丙子年（856）	敦煌沈都和卖舍契	若右（有）亲因（姻）论治此舍来者，一仰丑挞チ畔（判）觅上好舍充替一院……	北图生字 25 号
唐乾宁四年（897）	平康乡百姓张义全卖舍契（习书）	中间若有亲姻兄弟兼及别人，称为自己者，一仰旧舍主张义全及男粉子、支子祇（支）当还替，不干买舍人之事……	斯 3877 号 2V
唐乾宁四年（897）	平康乡百姓张义全卖舍契（习书）	中间若有亲姻兄弟兼及别人，称为（主己）者，一仰旧舍主张义全及男粉子，祇当还替，不干买舍人之事……	斯 3877 号 3V4V
唐天复九年（909）	洪润乡百姓安力子卖地契	中间若亲姻兄弟及别人，争论上件地者，一仰口承人男……兄弟祇（支）当，不干买人之事。	斯 3877 号 5-6V
后周显德三年（956）	兵马使张骨子买舍契	中间或有兄弟房从以及至姻亲干斉，称为主记者，一仰舍主宋欺忠及妻男邻近稳便买舍充替，更不许异语东西…	伯 3331 号
后周显德四年（957）	敦煌乡百姓吴盈顺卖地契	后为唯有吴家兄弟及别人，侵射此地来者，一仰地主面上，并畔觅好地充替……	伯 3649 号
五代	敦煌姚文清买舍契	后若房从兄弟及亲因（姻）论谨（竞）来者，为邻看上好舍充替……	斯 5700 号
年次不详	洛晟晟卖园舍契	兄弟同户人，悕……园地充替。其舍及……	HBX1355
9 世纪后期	阴国政等卖地契	别已后，不许别房侄男侵劫，如若无辜非理争论……	BLS2385
年次不详	买舍契尾	（兄）索庆进，（舍）人房兄索俊子，房弟索进子……	俄藏 06051 号

附表五　涉及先买权回鹘文券契

年　代	简　　称	涉及"姻亲优先"相关条款
某年戌月	答拉罕卖地契	弟兄、家人、亲戚不得说三道四。他们说三道四的话……
羊年一月	布尔特卖地契	弟兄、家人、亲戚不得说三道四。他们依仗有权力官吏……
羊年戌月	艾德归卖地契	弟兄、家人、亲戚、儿子、女儿不得说三道四……
猴年六月	夏比卖地契	弟兄、家人、亲戚、嫂子、叔不得说三道四……
鼠年三月	托赫里勒卖葡萄园契	弟兄、家属、亲戚不得说三道四……

唐代买卖制度研究

续表

年 代	简 称	涉及"姻亲优先"相关条款
兔年十一月	孜米西卖地契	弟兄、家人、亲戚也不得争执,不得说三道四……
牛年十一月	托赫里勒卖地契	弟兄、家人、亲戚,无论是谁不得争执,不得说三道四……
马年四月	艾德归卖草地契	弟兄、家人、亲戚也不得争执,谁要依仗有权力的官吏……
鸡年一月	萨达卖葡萄园契	萨达的兄弟、子孙、家属,我的儿子、我的……谁也不许争执

附表六 涉及"悔约"条款的券契

编号	立券契年代	券契名称	违约条款	出 处
1	高昌承平八年(509)九月廿二日	翟绍远买婢券	各不得反悔,悔者罚丘慈锦七张,入不悔者	TTⅢA(3/3)
2	高昌章和十一年(541)	某人从左某得买田券	悔者,民……	TTⅢA(4/3)
3	高昌年次未详	某人买桃券	券成之……悔,悔者罚中行叠……入不悔……	TTⅢA(5/4)
4	高昌延寿四年(627)月十八日	赵明儿买作人券	各不得返悔,悔者一罚二人不悔者	TTⅢA(6/4)
5	高昌延寿五年(628)三月十八日	赵善众买舍地券	各不得反悔,悔者一罚二人不悔者	TTⅢA(7/4)
6	高昌延寿八年(631)十一月十八日	孙阿父师买舍券	各不得返悔,悔者一罚二人不悔者	TTⅢA(8/5)
7	高昌延寿十四年(637)	康保谦买园券	若有先悔者,罚银钱一伯文,入不悔(者)	TTⅢA(9/5)
8	高昌年次未详三月廿八日	张元相买桃券	一罚二人不悔者	TTⅢA(10/6)
9	高昌年次未详	某人买田券	各不得(悔者)倍罚	TTⅢA(11/6)
11	高昌延寿十五年(638)五月廿八日	……买田券	各不得返悔。悔者罚二人(悔者)	TTⅢA(13/6)
12	高昌延寿十五年(638)六月一日	周隆海买田券	一罚二人不悔者	TTⅢA(14/6)
13	高昌或唐初年次未详	某人用练买物券	罚白练廿匹,入不悔……	TTⅢA(17/7)

续表

编号	立券契年代	券契名称	违约条款	出　处
14	唐贞观年间（640）	高昌县赵怀愿买舍券	各悔者一罚二人……	TTⅢA（18/9）
15	唐贞观十八年（644）十一月九日	张阿赵买舍券	各不得（返悔，悔者一）罚二人不悔者	TTⅢA（19/10）
16	唐贞观二十三年（649）	卫士范欢进买马契	悔者……有政法，民……	TTⅢA（20/10）
17	唐年次未详	范阿伯买舍契	悔，悔者一罚二人不悔（者）	TTⅢA（24/11）
18	唐龙朔元年（661）五月廿三日	前庭府卫士左憧熹买奴契	三日得悔	TTⅢA（25/12）
19	唐总章元年（668）六月三日	崇化乡左憧熹买草契	如到高昌之日，不得草九（十）韦者，还银钱六十文	TTⅢA（28/13）
20	唐大历四年（769）十二月廿日	天山县张无价买地券	若违此约，地府主吏，自当祸。主人内外，存亡安吉	TTⅢA（34/15）
21	吐蕃未年（803）闰十月廿五日	尼明相卖牛契	有人先悔者，罚麦三石，入不悔人	TTⅢA（257/80）
22	吐蕃寅年（822）正月廿日	令狐宠宠卖牛契	三日已外，依契为定，不许休悔。如先悔者，罚麦五硕，入不悔人	TTⅢA（259/80）
23	吐蕃未年（827）十月三日	上部落百姓安环清卖地契	一卖后，如若翻悔，罚麦五硕，入不悔人	TTⅢA（260/81）
24	唐大中五年（851）二月十三日	僧光镜负僚布买钏契	立契后，不许休悔。如先悔，罚布一疋，入不悔人	TTⅢA（261/81）
25	唐大中六年（852）十月廿七日	僧张月光父子廻博田地契	如先悔者，罚麦二十驮，入军粮，仍决杖卅	TTⅢA（262/82）
26	唐乾宁四年（897）正月十二日	平康乡百姓张义全卖舍契	一定已后，两不休悔。如先悔者，罚麦二十硕，充入不悔人……	TTⅢA（263/82）
27	唐乾宁四年（897）正月二十九日	平康乡百姓张义全卖舍契	一定已后，两不休悔。如先悔者，罚麦三十驮，充入不悔人……	TTⅢA（264/83）
28	唐天复二年（902）月十三日	赤心乡百姓曹太行换舍地契	不许休悔。如先悔者，罚麦二驮，入不悔人	TTⅢA（265/83）

唐代买卖制度研究

续表

编号	立券契年代	券契名称	违约条款	出　　处
29	丁卯年（907?）九月十一日	张氏换舍契	永世更不休悔。如充纳入……官	TTⅢA（268/84）
30	唐天复九年（909）十月七日	洪润乡百姓安力子卖地契	准法不许休悔。如先悔者，罚上耕牛一头充入不悔人	TTⅢA（269/84）
31	后梁贞明九年（923）闰四月	都头某出卖奴仆契	如若先悔者，罚麦三十驮充，入不悔人……	TTⅢA（271/85）
32	后唐清泰三年（936）十一月廿三日	百姓杨忽律哺卖舍契	准法不许休悔，如先悔者，罚青麦十五驮，充入不悔人	TTⅢA（273/85）
33	后周显德三年（956）十一月廿八日	兵马使张骨子买舍契	翻悔。如先悔者，罚黄金三两，充入官家……	TTⅢA（277/87）
34	丙辰年（956?）十二月十八日	神沙乡百姓兵马使氾流卖铛契	先悔者，罚……	TTⅢA（278/87）
35	丁巳年（957?）正月十一日	通颊乡百姓唐清奴买牛契	其绢限至未戌年十月，利头填还。若于时限不还者，看乡元生利。	TTⅢA（279/87）
36	后周显德四年（957）正月廿五日	敦煌乡百姓吴盈顺卖地契（习书）	准法不许休悔。如若先悔者，罚上马一匹，充入不悔人……	TTⅢA（280/88）
37	宋开宝八年（976）三月一日	莫高乡百姓郑丑挞卖舍契（习书）	准格不许休悔，如若先悔者，罚楼机绫一匹，充入不悔人……	TTⅢA（282/88）
38	宋太平兴国七年（982）二月廿日	赤心乡百姓吕住盈兄弟卖地契	不许休悔…者，绫一匹。充入不悔人	TTⅢA（283/89）
39	宋太平兴国七年（982）	赤心乡百姓吕住盈兄弟卖舍契（习书）	黄麻九驮，充入不悔人	TTⅢA（284/89）
40	宋淳化二年（991）十一月十二日	押衙韩愿定卖女契	准格不许翻悔。如有先悔者，罚楼绫一匹，仍罚大羯羊两口，充入不悔人……	TTⅢA（286/89）
41	年次未详（9世纪后期?）	阴国政卖地契	天倾地陷，一定以后，更不许翻悔。如有再生翻悔，罚麦九硕，充入不悔之人	TTⅢA（287/90）
42	年次未详（9世纪?）	某人买地契	悔者，罚麦三驮，充入不……	TTⅢA（288/90）

附表七　涉及保人的券契

年　代	契券名称	保人身份	保人姓名	保人年龄
唐总章元年（668）	左憧熹买草契		樊曾	
		僧	竹阿阇利（僧）	
未年（803）	尼僧卖牛契	尼僧	净情	年十八
		僧	寅照	
			王忠敬	年廿六
寅年（822）	令狐宠宠卖牛契		宗广	年五十二
			赵日进	年卅五
			令狐小郎	年卅九
未年（827）	安环清卖地契	母	安	年五十二
唐大中六年（852）	僧张月光、吕智通易地契	男	坚坚	
		男	手坚	
		弟	张日兴	
唐天宝年间	行客王修智卖胡奴券公验	百姓	安神庆	年五十九
		行客	张思禄	年四十八
		百姓	左怀节	年五十七
		健儿	王奉祥	年三十六
		健儿	高千丈	年三十三

附表说明：

1. 省略语

TT Ⅲ A = Tun-huang and Turfan Documents concerning Social and Economic History，Ⅲ contract，（A）（号/页）

IDP = International Dun-huang Project

沙 =《敦煌契约文书辑校》（页）

真 =《敦煌社会经济文献真迹释录》（辑/页）

资 =《敦煌资料》（页）

土 =《吐鲁番出土文书》（册/页）

讼 =《敦煌残卷争讼文牒集释》（页）

新=《新获吐鲁番文书》（页）

回=《回鹘文社会经济文书研究》（页）

2. 回鹘文契约

表五回鹘文买卖契约及汉语译文出自刘戈《回鹘文买卖契约译注》（中华书局，2006）。原契文无标题，表内简称系著者自拟。

参考文献

一 正史

《史记》，中华书局，1982。

《汉书》，中华书局，1962。

《后汉书》，中华书局，1965。

《晋书》，中华书局，1974。

《南齐书》，中华书局，1972。

《隋书》，中华书局，1973。

《旧唐书》，中华书局，1975。

《新唐书》，中华书局，1975。

《旧五代史》，中华书局，1976。

《新五代史》，中华书局，1974。

《宋史》，中华书局，1985。

《资治通鉴》，中华书局，1956。

二 其他史料

（一）经部

《论语》，中华书局，2006。

《孟子》，中华书局，2006。

《礼记正义》，上海古籍出版社，2008。

《礼记译注》，上海古籍出版社，2004。

《周礼注疏》，上海古籍出版社，2010。

《孝经注疏》，上海古籍出版社，2009。

《仪礼注疏》，上海古籍出版社，2008。

《尚书译注》，上海古籍出版社，2004。

《尚书正义》，上海古籍出版社，2007。

（二）史部

（汉）刘歆：《西京杂记校注》，上海古籍出版社，1991。

（唐）长孙无忌等：《唐律疏议》，刘俊文点校，中华书局，1983。

（唐）李林甫等：《唐六典》，中华书局，1992。

（唐）杜佑：《通典》，中华书局，1984。

（五代）王仁裕等：《开元天宝遗事十种》，上海古籍出版社，1985。

（宋）王溥：《唐会要》，上海古籍出版社，2006。

（宋）宋敏求：《唐大诏令集》，学林出版社，1992。

（宋）窦仪等：《宋刑统》，中华书局，1984。

（清）阎镇珩：《六典通考》，扬州古籍书店发行，1990。

（清）赵翼：《廿二史札记校证》，王树民校证，中华书局，1984。

〔日〕仁井田陞：《唐令拾遗》，东京大学出版会，1983。

〔日〕仁井田陞：《唐令拾遗补》，东京大学出版会，1997。

天一阁博物馆等：《天一阁藏明钞本天圣令校证》，中华书局，2006。

李希泌：《唐大诏令集补编》，上海古籍出版社，2003。

(三) 子部

《夷坚志》，中华书局，2006。

《册府元龟》，中华书局，2003。

《太平广记》，中华书局，2008。

《封氏见闻记》，中华书局，2005。

《鸡肋编》，中华书局，1983。

《明皇杂录 东观奏记》，中华书局，1994。

《唐语林校证》，中华书局，1987。

〔日〕圆仁：《入唐求法巡礼行记》，上海古籍出版社，1986。

(四) 集部

《白居易文集校注》，中华书局，2011。

《王维集校注》，中华书局，1997。

《柳宗元集》，中华书局，1979。

《樊川文集》，上海古籍出版社，1978。

《刘禹锡集笺证》，上海古籍出版社，1989。

《刘禹锡集》，中华书局，1990。

《柳河东全集》，中国书店，1991。

《元稹集》，中华书局，1982。

《全唐诗》，中华书局，1960。

《韩集校诠》，中华书局，1986。

《李太白全集》，中华书局，1977。

《高适集校注》，上海古籍出版社，1984。

三 敦煌吐鲁番文献

Yamamoto, Tatsuro, On Ikeda, Makoto Okano, Yoshikazu Dohi, Yusaku Ishida eds., *Tun-huang and Turfan Documents Concerning Social* and Economic History, Tokyo, The Toyo Bunko, 1987.

唐耕耦、陆宏基编《敦煌社会经济文献真迹释录》，全国图书馆文献缩微复制中心，1986~1990。

武汉大学历史系等：《吐鲁番出土文书》，文物出版社，1981~1991。

荣新江等编《新获吐鲁番出土文献》，中华书局，2008。

沙知：《敦煌契约文书辑校》，江苏古籍出版社，1998。

张传玺：《中国历代契约会编考释》，北京大学出版社，1995。

郝春文编著《英藏敦煌社会历史文献释录》，科学出版社，2001。

中国科学院历史研究所资料室编《敦煌资料》（第一辑），中华书局，1961。

乜小红：《俄藏敦煌契约文书研究》，上海古籍出版社，2009。

李经纬：《吐鲁番回鹘文社会经济文书研究》，新疆人民出版社，1995。

耿世民：《回鹘文社会经济文书研究》，中央民族大学出版社，2006。

刘戈：《回鹘文买卖契约译注》，中华书局，2006。

王震亚、赵荧：《敦煌残卷争讼文牒集释》，甘肃人民出版社，1993。

方广锠：《敦煌佛教经录辑校》，江苏古籍出版社，1997。

项楚：《敦煌变文选注》，中华书局，2006。

四 宗教文献

《佛教十三经》，中华书局，2010。

《大藏经》，万卷出版公司，2010。

《根本说一切有毗奈耶》，（唐）玄奘等译，新文丰出版公司，1982。

《分别善恶报应经》，（宋）释天息灾译，大正新修大藏经。

《佛说轮转五道罪福报应经》，中国佛教协会，文物出版社，1989。

《坛经》，中华书局，2010。

《无量寿经》，中华书局，2010。

《梵网经》，中华书局，2010。

圣严法师：《戒律学纲要》，宗教文化出版社，2006。

王孺童：《佛教三字经汇解》，中国人民大学出版社，2009。

五 著作类

陈登武：《从人间世到幽冥界》，北京大学出版社，2007。

陈惠馨：《传统个人、家庭、婚姻与国家：中国法制史研究的方法》，五南图书股份有限公司，2006。

陈重业：《〈折狱龟鉴补〉译注》，北京大学出版社，2006。

陈高华：《陈高华文集》，上海辞书出版社，2005。

陈国灿：《唐代的经济社会》，文津出版社，1999。

陈金全：《彝族、仫佬族、毛南族习惯法研究》，贵州民族出版社，2008。

陈顾远：《中国文化与中国法系》，中国政法大学出版社，2006。

陈俊强：《皇权的另一面》，北京大学出版社，2007。

陈永胜：《敦煌吐鲁番法制文书研究》，甘肃人民出版社，2000。

陈志英：《宋代物权关系研究》，中国社会科学出版社，2006。

崔建远：《合同法》，法律出版社，2006。

戴炎辉：《中国法制史》，三民书局，1979。

戴建国：《唐宋变革期的法律与社会》，上海古籍出版社，2010。

邓建鹏：《财产权利的贫困》，法律出版社，2006。

杜文玉：《唐史论丛》，三秦出版社，2006。

公丕祥：《民俗习惯司法运用的理论与实践》，法律出版社，2011。

侯家驹：《中国经济史》，新星出版社，2008。

韩国磐：《隋唐五代史论集》，三联出版社，1979。

韩国磐：《隋唐五代史纲》，人民出版社，1979。

韩国磐：《唐代社会经济诸问题》，文津出版社，1999。

何汝泉：《唐代转运使初探》，西南师范大学出版社，1987。

黄茂荣：《买卖法》，中国政法大学出版社，2002。

柳立言：《宋代的家庭和法律》，上海古籍出版社，2008。

李季平：《唐代奴婢制度》，上海人民出版社，1985。

胡留元等：《夏商西周法制史》，商务印书馆，2009。

高其才：《中国习惯法论》，中国法制出版社，2008。

郭东旭：《宋代法制研究》，河北大学出版社，2000。

姜亮夫：《敦煌学概论》，北京出版社，2004。

孔庆明等编：《中国民法史》，吉林人民出版社，1996。

李锦绣：《唐代财政史稿》，北京大学出版社，1995。

李可：《宗教社会纠纷解决机制》，法律出版社，2010。

李淑媛：《争财竞产：唐宋的家产与法律》，北京大学出版社，2007。

李并成：《敦煌学教程》，商务印书馆，2007。

厉尽国：《法治视野中的习惯法》，中国政法大学出版社，2010。

梁慧星：《民法总论》，法律出版社，1996。

林立：《波斯纳与法律经济分析》，上海三联书店，2005。

刘俊文主编《日本中青年学者论中国史：六朝隋唐卷》，上海古籍出版社，1995。

刘俊文：《日本学者中国史论著选译》，中华书局，1993。

刘俊文：《唐代法制研究》，文津出版社，1999。

龙大轩：《乡土秩序与民间法律》，中国政法大学出版社，2010。

牛致功：《唐代碑石与文化研究》，三秦出版社，2002。

荣新江：《唐代宗教信仰与社会》，上海辞书出版社，2003。

汤用彤：《隋唐佛教史稿》，凤凰出版传媒集团，2007。

贾二强：《唐宋民间信仰》，福建人民出版社，2002。

翦伯赞：《中国史纲要》，人民出版社，1996。

姜伯勤：《唐五代敦煌寺户制度》，中华书局，1987。

强昌文：《契约伦理与权利》，山东人民出版社，2007。

全汉昇：《中国经济史研究》，稻乡出版社，1975。

郭建：《中国古代财产法史稿》，中国政法大学出版社，2005。

钱大群：《唐律研究》，法律出版社，2000。

钱大群、郭成伟：《唐律与唐代吏治》，中国政法大学出版社，1994。

屈超立：《宋代地方政府民事审判职能研究》，巴蜀书社，2003。

苏基朗：《唐宋法制史研究》，中文大学出版社，1996。

宋家钰：《唐代户籍与租庸调制度》，中州古籍出版社，1988。

沈履伟：《唐宋笔记小说释译》，天津古籍出版社，2004。

史尚宽：《民法总论》，中国政法大学出版社，2000。

谭英华：《两唐书食货志校读记》，四川大学出版社，1988。

向达：《唐代长安与西域文明》，三联出店出版，1957。

汪辟疆：《唐人小说》，上海古籍出版社，1978。

王斐弘：《敦煌法论》，法律出版社，2008。

王云海主编《宋代司法制度》，河南大学出版社，1999

王启涛：《吐鲁番出土文书词语考释》，巴蜀书社，2005。

王启涛：《中古及近代法制文书语言研究》，成都，巴蜀书社，2003。

　　王永兴：《唐勾检制研究》，上海古籍出版社，1991。

　　王云海：《宋代司法制度》，河南大学出版社，1999。

　　王泽鉴：《民法学说与判例研究》，中国政法大学出版社，2005。

　　王泽鉴：《债法原理》，北京大学出版社，2009。

　　王泽鉴：《民法概要》，北京大学出版社，2009。

　　王泽鉴：《民法总则》，北京大学出版社，2009。

　　汪世荣：《中国古代判例研究》，中国政法大学出版社，1997。

　　吴志忠：《买卖合同法研究》，武汉大学出版社，2007。

　　谢怀栻：《外国民商法精要》，法律出版社，2006。

　　徐道邻：《唐律通论》，台湾中华书局，1966。

　　许章润：《萨维尼与历史法学派》，广西师范大学出版社，2004。

　　严耀中：《佛教戒律与中国社会》，上海古籍出版社，2008。

　　杨鸿烈：《中国法律发达史》，中国政法大学出版社，2009。

　　杨建新主编《古西行记选注》，宁夏人民出版社，1987。

　　杨一凡总主编《中国法制史考证》，中国社会科学出版社，2003。

　　杨奉琨：《疑狱集、折狱龟鉴校释》，复旦大学出版社，1988。

　　叶孝信：《中国民法史》，上海人民出版社，1993。

　　于语和：《民间法》，复旦大学出版社，2008。

　　袁闾琨等主编《唐宋传奇总集》，河南人民出版社，2001。

　　岳纯之：《唐代民事法律制度论稿》，人民出版社，2006。

　　郑显文：《唐代律令制研究》，北京大学出版社，2004。

　　赵云旗：《唐代土地买卖研究》，中国财政经济出版社，2000。

　　赵晓耕：《宋代官商及其法律调整》，中国人民大学出版社，2001。

　　赵丰：《唐代丝绸与丝绸之路》，三秦出版社，1992。

　　赵冈等：《中国经济制度史论》，新星出版社，2006。

张友鹤选注《唐宋传奇选》，人民文学出版社，2007。

张中秋：《唐代经济民事法律述论》，法律出版社，2002。

〔古罗马〕优士丁尼：《买卖契约》，中国政法大学出版社，2001。

〔古罗马〕盖尤斯：《盖尤斯法学阶梯》，中国政法大学出版社，2007。

〔意〕桑德罗·斯奇巴尼：《契约之债与准契约之债》，中国政法大学出版社，1998。

〔英〕马纳·萨夫：《合同法基础》，武汉大学出版社，2004。

〔英〕盖斯特：《英国合同法与案例》，中国大百科全书出版社，1998。

〔法〕克洛德·商波：《商法》，商务印书馆，1998。

〔日〕我妻荣：《中国民法债编总则论》，中国政法大学出版社，2003。

〔日〕池田温：《中国古代籍帐研究》，中华书局，2007。

〔日〕池田温：《敦煌文书的世界》，中华书局，2008。

〔日〕池田温：《唐研究论文选集》，中国社会科学出版社，1999。

〔日〕加藤繁：《唐宋时代金银之研究》，中华书局，2006。

〔日〕加藤繁：《中国经济史考证》，商务印书馆，1976。

〔日〕仁井田陞：《補訂中國法制史研究：土地法　取引法》，東京大學出版會，1991。

〔日〕仁井田陞：《補訂中國法制史研究：法と慣習　法と道德》，東京大學出版會，1991。

〔日〕仁井田陞：《補訂中國法制史研究：刑法》，東京大學出版會，1991。

〔日〕仁井田陞：《補訂中國法制史研究：奴隸農奴法　家族村落法》，東京大學出版會，1991。

〔日〕仁井田陞:《中國法制史》,岩波書店,2005。

〔日〕仁井田陞:《中國身份法史》,東京大學出版會,2001。

〔日〕仁井田陞:《唐宋法律文書の研究》,東京大学出版会,1983。

Austin M Chinhengo, *Essential Jurisprudence*, Cavendish Publishing Limited, 2000.

Edited by tahirich V. Lee., *Contract, guanxi, and Dispute resolution in China*. Garland Publishing, Inc. New York and London, 1997.

Geoffrey Mac Cormark, *The Spirit of Traditional Chinese Law*, The University of Georgia press, Athens & London, 1996.

John W. Head and Yanping Wang, *Law Codes in Dynastic China*, Carolina Academic Press, Durham, North Carolina, 2005.

Robert J. Nordstrom, *Law of Sales*, West Publishing Co., 1970.

Liu Yongping, *Oringins of Chinese Law*, Oxford University Press, 1998.

Marnah Suff, *Essential Contract Law*, Cavendish Publishing Limited, 1997.

六 论文类

敖特根:《莫高窟北区出土回鹘蒙古文卖身契约残片》,《敦煌研究》2010年第1期。

曹伊清:《房地产契证制度与清末社会稳定》,《北方法学》2010年第1期。

陈明光:《唐代除陌释论》,《中国史研究》1984年第4期。

陈明光、毛蕾:《唐宋以来的牙人与田宅典当买卖》,《中国史研究》2000年第4期。

陈胜强：《中人对清代土地绝卖契约的影响及其借鉴意义》，《法学评论》2010 年第 3 期。

陈高华：《元代土地典卖的过程和文契》，《中国史研究》1988 年第 4 期。

冯学伟：《契约文书之于古人生活的意义》，《法制与社会发展》2011 年第 1 期。

冯学伟：《敦煌吐鲁番文书中的地方惯例》，《当代法学》2011 年第 2 期。

郭东旭：《宋代买卖契约制度的发展》，《宋朝法律史论》，保定，河北大学出版社，2004。

高潮等：《敦煌所出买卖、借贷契约考评》，载《中国法制史考证》（乙编第四卷），中国社会科学出版社，2003。

刘海年：《中国古代的经济法制》，载《中国法制史考证》（乙编第三卷），中国社会科学出版社，2003。

吕志兴：《中国古代不动产优先购买权制度研究》，《现代法学》2000 年第 2 期。

韩伟：《唐都长安市法述论》，《长安大学学报（社会科学版）》2010 年第 4 期。

韩伟：《唐宋买卖契约的瑕疵担保》，《兰州学刊》2010 年第 2 期。

韩伟：《习惯法视野下中国古代亲邻之法的源起》，《法制与社会发展》2011 年第 3 期。

韩伟：《唐五代民间买卖契约中的违约处分——一种习惯法的视角》，《民间法》，厦门大学出版社，2012。

韩伟：《民间法视野下的黑水城出土卖地契研究》，《宁夏社会科学》2013 年第 2 期。

韩伟：《民间法视野下陕南的条规与乡治》，《原生态民族文化学刊》2013年第3期。

韩伟：《立法者、医生与良法之治》，《读书》2013年第4期。

梁太济：《两宋的土地买卖》，《宋史研究论文集》，上海古籍出版社，1980。

马俊民：《唐与回纥的绢马贸易》，《中国史研究》1984年第1期。

乜小红：《中古西域民汉文买卖契约比较研究》，《西域研究》2011年第2期。

鲁西奇：《汉代买地券的实质、渊源与意义》，《中国史研究》2006年第1期。

黄正建：《重读汉译本〈唐令拾遗〉》，《中国史研究》2006年第3期。

耿元骊：《十年来唐宋土地制度史研究综述》，《中国史研究动态》2008年第1期。

颜廷亮：《关于敦煌地区早期宗教问题》，《敦煌研究》2010年第1期。

敏春芳：《敦煌契约文书中的证人，保人流变考释》，《敦煌学辑刊》2004年第2期。

龚静：《反映唐代义商与唐人财富观的三方墓志》，《考古与文物》2010年第2期。

柳立言：《何谓"唐宋变革"？》，载《宋代的家庭和法律》，上海古籍出版社，2008。

杨鹏亮、杨卉青：《宋代契约担保法律制度研究》，《中国社会科学院研究生院学报》2010年第4期。

杨惠玲：《敦煌契约文书中的保人、见人、口承人、同便人，同取人》，《敦煌研究》2002年第6期。

余俊：《国家司法中民间习俗的影响力评析》，《现代法学》2011

年第 4 期。

郑显文：《中国古代关于商品买卖的法律文书研究》，《中国经济史研究》2004 年第 2 期。

周玉英：《从文契看明清福建土地典卖》，《中国史研究》1999 年第 2 期。

周东平：《论佛教礼仪对中国古代法制的影响》，《厦门大学学报》2010 年第 3 期。

刘高勇：《清代买卖契约研究》，博士学位论文，中国政法大学，2008。

唐红林：《中国传统民事契约格式研究》，博士学位论文，华东政法大学，2008。

张姗姗：《古代中国的契约"自由"：文本与实践的考察》，博士学位论文，吉林大学，2009。

后　记

　　2009年盛夏，在获知将要开始一段新的学习生涯时，笔者前往位于成都市的四川省档案馆，开始了对慕名已久的"巴县档案"的研读。当时，档案原版已经不再开放，只能按照馆藏的档案目录，按图索骥，请管理人员调阅档案的胶片。在略显老旧的胶片机上阅读，无论是精神，还是身体，对我都是一个考验。当时的目的是想搜集有关清代土地纠纷的案卷，但在阅读了部分资料后，发现不管是土地的继承、土地的租佃，还是土地的买卖，主审官员及诉争双方非常关注的一个重要方面都是"契约"，即所争土地是否有合法的所有权凭证。甚至在官版的诉状中，直接写明："告田土债负，不粘连契约地图者，不准。"这是我注意到中国古代契约的第一个机缘。

　　后来，又偶然阅读了美国学者韩森（Valerie Hansen）的名著《传统中国日常生活中的协商》。作为一位受到严格的美国式学术训练的学者，韩森的契约史研究也充满了西方的风格，社会史、文化史的切入，对于民间的契约实践和官方的态度，刻画得入木三分。再加上她对冥世契约——买地券的关注，以及从宗教观和世俗信仰出发，对民众与鬼神订约的新颖阐释，使得这样一本相对专业的学术著作，读起来不仅不枯燥，反而令人兴味盎然。除此之外，让人印象深刻的，还有该书译者鲁

后 记

西奇的一段话,他在译序中略带沉重地说:"这是西方中国史学者的普遍倾向:研究中国史,首先关注日本学者的研究,主要采信日本学者整理的史料,作为一个中国学者,我对此觉得非常沮丧而且伤心。"事实上,作为历史与法学交叉的法史学,似乎也难逃这样的定律。以中国契约的法史学研究而言,早期的有仁井田陞、池田温等学者对敦煌契约的研究,近来又有中岛乐章以徽州文书为材料对明代乡村纠纷及其解决的研究,当然还有寺田浩明、岸本美绪等一大批日本学者对明清契约文书更为广泛又不乏深入的研究。尽管国内也有不少学者注意到了对契约文书的研究,然而,从法史学、法律文化的角度,对其进行深入、系统地探讨,确实还有不尽完善之处,特别是与日本学者比较之下。

这些,促使我展开了围绕中古时代的买卖契约及买卖法为主题的一系列研究,由于研究涉及敦煌学、历史学、法学等多个学科,要想真的有所突破,其难度可想而知。犹记得2011年岁末某位编辑转来的一份论文评审意见,其中言及对于敦煌文书的使用存在诸多错讹,结论是"完全不适合作敦煌文书研究"。我虽有些沮丧,但诚恳地接受了这些批评,并把它当作一种鞭策、一种动力,并努力补充相关学科的知识,力争让研究更为扎实、规范。令我略感欣慰的是,毕业一年之后,我获悉该论文有幸荣获了首届"曾宪义法律史奖学金"优秀博士论文奖,这也算是一个专业的肯定吧!当然,回头来看,这仍然是一份并不完满的答卷,惜时不我待,也只能以"爱因斯坦的小板凳"聊作安慰,虽然粗陋,但已经尽力。

在这一研究即将告一段落时,偶然看到今天的江苏省农村地区,买卖中仍存在"三日不食"的种猪要退回卖方的民间习惯,看到广西仫佬族,在买卖田地时,不仅要先从近亲到远亲问族内购买意愿,而且还要问过本屯,本族、本屯都无人承买时,才可以卖给外屯。我不禁再次为民间习惯巨大而长久的力量感到极大的讶异。同时，这也更坚定了沿着这条路走下去的信心。

按照惯例，这也是一种"乡法"，我应该感谢很多人，当然这一定是由衷的。首先应感谢我的导师程天权教授，论文的选题和具体思路来自于和导师的数次长谈，每次谈话总是让人受益良多。论文初稿完成后，他又在百忙中进行了细细审读，甚至详查了我初稿中所使用"乡元"的词源，对论文提出严厉批评的同时，也提出了不少建设性的意见，还不断地鼓励我要专注地在学术道路上前进。感谢我的启蒙老师叶秋华教授，是她让我感受到了学术的乐趣，同时又让我感受着家人般的温暖，虽然我的这些研究已经偏离了她的专业旨趣，但她并不以为忤，仍时时处处给予我各种关怀。还要感谢教研室的曾宪义、赵晓耕、马小红、王云霞、姜栋、高仰光等诸位老师，他们在论文的写作和修改中，给予了悉心的指导和帮助，提供了非常有价值的修改意见。感谢"全国法律文化博士论坛"及其发起者范忠信老师，特别是2011年上海会议，让我得以亲身聆听学界前辈戴建国、陈景良的精彩点评，这对论文的修改和完善具有重要的作用。不能不提的还有谢晖教授，我与谢老师素未谋面，仅仅是在他主持的民间法、习惯法年会上投过几次稿，谢老师即多次热情提携与推荐，不仅使拙作得以在《民间法》发表，今夏还专为我有关陕南民间法的一篇论文撰写了大段的评介，令人感动莫名。与沈玮玮、黄东海、王平原、陈玺、高学强、冯学伟等同道学友的多次讨论，也给我许多有益的启发。感谢陕西省社科院学术委员会的诸位评审专家，是他们的肯定，使拙著得以列入陕西省人文社科文库。当然，需要感谢的还有提供巨大帮助的家人，年迈的父母提前退休，默默地承担了一应家务和对小儿的照顾，将我从日常生活的烦琐中解脱出来；我的夫人红梅，始终坚定支持了我选择的方向，不仅帮忙购置了大

后 记

部分图书资料，还要每天忍受我谈论那些与她工作生活相去甚远或许还令她耳朵出茧的"玄幻"理论。没有他们，也就没有这本书的面世。当然还有儿子，好玩的天性，虽然给我带来许多烦恼，但也给了我无尽的欢乐。

韩 伟

二〇一三年十二月二十日

于西安崇德坊

图书在版编目(CIP)数据

唐代买卖制度研究/韩伟著. —北京：社会科学文献出版社，2014.6
 ISBN 978-7-5097-5762-8

Ⅰ.①唐… Ⅱ.①韩… Ⅲ.①买卖合同-经济制度-研究-中国-唐代 Ⅳ.①D929.42

中国版本图书馆 CIP 数据核字（2014）第 044410 号

唐代买卖制度研究

著　　者	韩　伟
出 版 人	谢寿光
出 版 者	社会科学文献出版社
地　　址	北京市西城区北三环中路甲 29 号院 3 号楼华龙大厦
邮政编码	100029
责任部门	人文分社　(010) 59367215
电子信箱	renwen@ssap.cn
项目统筹	关志国
责任编辑	关志国
责任校对	安瑞匣
责任印制	岳　阳
经　　销	社会科学文献出版社市场营销中心　(010) 59367081　59367089
读者服务	读者服务中心　(010) 59367028
印　　装	三河市东方印刷有限公司
开　　本	787mm×1092mm　1/16
印　　张	19
版　　次	2014 年 6 月第 1 版
字　　数	256 千字
印　　次	2014 年 6 月第 1 次印刷
书　　号	ISBN 978-7-5097-5762-8
定　　价	89.00 元

本书如有破损、缺页、装订错误，请与本社读者服务中心联系更换

版权所有　翻印必究